Jens Poll

Die Bewertung von Krankenhäusern Kompakt

2010
HDS-Verlag
Weil im Schönbuch

Der Autor

Prof. Dr. Jens Poll, Rechtsanwalt, Fachanwalt für Steuerrecht, Wirtschaftsprüfer, Steuerberater, geschäftsführender Gesellschafter der RöverBrönner GmbH & Co. KG, Berlin. Seine Schwerpunkte sind die Prüfung und Beratung national und international tätiger mittelständischer Unternehmensgruppen, Gesellschafts- und Kapitalmarktrecht sowie Unternehmenskauf und Privatisierung, Rechnungslegung, Branchenschwerpunkte u.a. Health Care, Non Profit, öffentliche Hand. Professor Poll lehrt als Honorarprofessor Wirtschaftsrecht an der Universität Ulm.

Vorwort

Was ist ein Krankenhaus wirklich wert?

Die Ausgangsposition

In den letzten Jahren gab es eine Vielzahl von Transaktionen (Kauf und Verkauf von Krankenhäusern), zahlreiche werden in den nächsten Monaten und Jahren erwartet. Hat ein Krankenhaus überhaupt einen Wert? Vor einigen Jahren wurden Krankenhäuser für 1,- DM oder 1,- € übertragen, heute für nennenswerte zwei und dreistellige Millionenbeträge. Woher kommt das? Sind diese Werte angemessen? Ist das rechtlich und ethisch gerechtfertigt? Krankenhäuser dienen einem sozialen und gemeinnützigen Zweck unabhängig von der steuerlichen Betrachtung: „Krankheit ist keine Ware". Es stellen sich Fragen nach der Verantwortlichkeit: Ist Gesundheitsversorgung eine Hoheitsaufgabe, wie stehen Versorgungsauftrag versus Deregulierung und welche Rolle spielt das Europarecht (z.B. Monti, d.h. die Zulässigkeit von offenen oder versteckten Subventionierungen kommunaler Krankenhäuser durch die Kommunen wird kontrovers diskutiert).

Die gesetzliche Entwicklung zielt auf mehr Wettbewerb (die Reformvorhaben der Bundesregierungen der letzten Jahre stimmen insoweit überein). Damit bestehen Chancen und Risiken der Werterzielung in der Zukunft (Ertragswertüberschüsse, Liquiditätsüberschüsse) und daher haben Krankenhäuser auch einen Wert! Aber welchen?

Unternehmensbewertung und Krankenhäuser:

Unternehmensbewertung ist der verzweifelte Versuch, in die Zukunft zu blicken, der bislang immer gescheitert ist, da die Zukunft ungewiss ist. Mittels Planungen und Annahmen versucht man daher Szenarien zu verdeutlichen. Jede Planung ist aber falsch (in einem objektiven Sinn), jedenfalls wenn sie den kurzfristigen Zeitraum überschreitet. Man könnte also die Frage nach dem Sinn und Unsinn von Bewertungen stellen. Dennoch sollen die unterschiedlichen Arten von Unternehmensbewertungen (Substanz-/Ertragswert, Vereinfachungsmethoden, z.B. multiple, Anhaltezahlen, Faustformeln) behandelt und dargestellt werden, insbesondere auch klassische Verfahren (IDW S 1 – Ertragswert, DCF). Dabei ist vor einer „Pseudogenauigkeit" in sog. „business cases" zu warnen, insbesondere wenn Planungsgenauigkeit auf der einen und pauschalierende Zu- und Abschläge auf der anderen Seite in die Formeln einfließen. Es geht hier um die Verdeutlichung der Stellschrauben und der Auswirkungen, wenn an einzelnen Schrauben „gedreht" wird. Daher sind auch die klassischen Verfahren für Krankenhäuser anwendbar, auch wenn von teilweise anzutreffenden unsinnigen Annahmen (z.B. Erträge und Aufwendungen steigen linear) zu warnen ist.

Der Wert eines Krankenhauses lässt sich auch als eine Lizenz zum Betrieb eines Krankenhauses in einer bestimmten Region beschreiben. Die Fungibilität und Mobilität ist beschränkt, der Betrieb ist von Lage, Zustand und Funktionalität der Immobilie (einer Spezialimmobilie) abhängig, es besteht ein i.d.R. nur regionaler Versorgungsauftrag. Daher ist die richtige Frage: Welches Potenzial hat dieses Krankenhaus? Dabei spielen die Struktur (z.B. Ballast), die regionale Entwicklung (z.B. Bevölkerungsentwicklung, Altersstruktur etc.) eine maßgebliche Rolle. In vielen Krankenhäusern besteht zudem ein Problem der Überinvestitionen in der Vergangenheit, gemeint ist damit eine z.T. Überdimensionierung von Gebäuden und Technik, die zu Problemen im heutigen, vom medizinischen Fortschritt und Effizienz geprägten Betriebsalltag führt. Daher setzt eine vernünftige Unternehmensbewertung eine Feinanalyse des Unternehmens voraus.

Der Blick in die Praxis

Wie sieht nun eine Transaktion aus? Da gibt es eine Verkäufer- und eine Käuferperspektive (Datenräume, Probleme der Informationsüber- und -unterversorgung). Es besteht die Gefahr des Ausnutzens der Unwissenheit auf beiden Seiten. Was wird in den Verträgen vereinbart? Wertbildende Faktoren sind echter Kaufpreis, Schuldenübernahme, Risiken der Zukunft und der Vergangenheit, Gewährleistungen und Garantien, Beschränkung der Haftung, Investitionsverpflichtungen aus Eigenmitteln, Vertragsstrafen, Kapitalmaßnahmen, Mehrerlösklauseln für Grundstücke, Betriebspflichten, Arbeitnehmerinteressen. Wie werden Kaufpreise im Vertrag definiert (debt free, cash free ...). Häufig wird der unspezifische Begriff „Transaktionsvolumen" verwendet, für den es keine klare Definition gibt.

Was ist ein Marktwert? Dies ist ein am Markt entwickelter Wert (durch Unternehmensbewertung, Ausschreibungsverfahren). Manchmal gibt es aber nur einen potenziellen Erwerber. Was ist der „wahre" Wert eines Unternehmens? Ist der Börsenwert der Marktwert eines Unternehmens? Sicherlich nicht, wie die Höhen und Tiefen und teilweise irrationalen Reaktionen am Kapitalmarkt gezeigt haben.

Es stellt sich folgender Gegensatz dar: „Preis versus Wert"!

Müssen Potenziale zum vollen Wert verkauft werden oder spielt hier das unternehmerische Können des Erwerbers in der Zukunft die entscheidende Rolle, das nicht „mitbezahlt" werden sollte? Warum werden dann aber sog. strategische Kaufpreise bezahlt?!

Was wird für ein Krankenhaus derzeit bezahlt? Es werden unterschiedliche Bandbreiten und Vervielfacher genannt, z.B. das 0,5-1,5fache der Umsatzerlöse. Eigentlich sind Preise aber nicht vergleichbar, bitte glauben Sie nicht einfachen Zahlenangaben, wie sie z.B. in der Presse kommuniziert werden, da häufig die Berechnungen durcheinandergehen (z.B. liquiditätswirksamer Kaufpreis, Investitionen, Schuldübernahmen, Garantien, Besserungsscheine, Optionen für Minderheitenanteile, Putt-/Call-Optionen). Ich habe in den letzten Jahren an über 100 Transaktionen teilgenommen, nie waren die in der Presse gehandelten Preise oder Werte korrekt wiedergegeben!

Marktentwicklung und der Wert eines Krankenhauses

Folgt man den hier dargestellten Prämissen, dann stellen sich für die Bewertung von Krankenhäusern insbesondere folgende Fragen:

- Wie kann ich die Erlösperspektive eines Krankenhauses ermitteln?
- Welche Annahmen sind realistisch?
- Zu welchen Werten führt eine solche strukturierte Erlösbetrachtung?

Fazit

Ohne genaue Analyse der Vergangenheit und Zukunft ist ein Krankenhaus eigentlich nicht kaufbar oder verkaufbar. Der Verkäufer wie der Käufer müssen ein eigenes Interesse haben, diese Analyse aus ihrer jeweiligen Perspektive sorgfältig vorzunehmen (vornehmen zu lassen). In der Praxis stehen sich aber häufig Zeitbedarf für einen sorgfältigen Prozess und die Notwendigkeit eines zügigen Handelns gegenüber. Letzteres liegt aber im Interesse aller Beteiligten, insbesondere auch der betroffenen Mitarbeiter.

Dieses Buch ist nur durch die Einbindung vieler meiner Kollegen im Hause RöverBrönner (www.roeverbroenner.de) möglich geworden. Ich möchte mich insbesondere bei Frau WPin/StBin Ute Lerchenmüller, Frau Dipl.-Kffr. Sylvia Ehlers und Herrn Dipl.-Kfm. (FH) Kai Specht herzlich für die tatkräftige Unterstützung und kritische Durchsicht bedanken.

Für Anregungen, Fragen, Verbesserungsvorschläge und Kritik bin ich sehr dankbar.

Berlin im Oktober 2010 **Jens Poll** (j.poll@roeverbroenner.de)

Inhaltsverzeichnis

Abbildungsverzeichnis

1. Einleitung

Der **Unternehmensbewertung** kommt sowohl in der betriebswirtschaftlichen Lehre als auch im Wirtschaftsleben ein hoher Stellenwert zu. Der Themenkomplex Unternehmensbewertung bewegt sich in einem weiten Spannungsfeld interdisziplinärer Bereiche. Eine Unternehmensbewertung erfordert Know-how im branchenspezifischen Umfeld des zu bewertenden Unternehmens, fundierte Kenntnisse in der Bilanzanalyse, Kosten- und Leistungsrechnung, Gesellschaftsrecht, Steuer- und Bilanzrecht. Die komplexen Anforderungen an eine Unternehmensbewertung kommen schon alleine in dem Satz „Price is what you pay, value is what you get" zur Geltung.

Der **Wert eines Unternehmens** ist eine mathematische Ableitung geschätzter Planzahlen und verschiedener Prämissen. Preis und Wert eines Unternehmens können in der Praxis erheblich voneinander abweichen und unterliegen konjunkturellen Schwankungen. Kaufpreise werden erheblich beeinflusst durch subjektive Prämissen des Käufers – individuelle Werttreiber, für deren Kaufpreisrechtfertigung in der Praxis oft Unternehmensbewertungen als Grundlage dienen. Insofern stellt die Unternehmensbewertung hohe Anforderungen an die Durchführung von Unternehmensbewertungen.

2. Allgemeine Spezifika bei Krankenhäusern

2.1 Ausgangssituation im Gesundheitssektor

Der **Gesundheitssektor** bildet eine wichtige Säule im deutschen Wirtschaftsleben, der aufgrund der demografischen Entwicklung der Bevölkerung und der damit einhergehenden Veränderungen der sozialen Bedürfnisse immer mehr an Bedeutung gewinnt. Im Jahr 2008 waren rund 4 Mio. an Erwerbstätigen im Gesundheitssektor tätig. Der Gesundheitssektor selbst hatte in 2008 einen Anteil am Bruttosozialprodukt in Höhe von rund 10%.

Einer Studie der Deutschen Industriebank (IKB) zufolge ist **bis zum Jahr 2030 mit einer bis zu 50%igen Steigerung der Bruttowertschöpfung zu rechnen**. Diese voraussichtliche enorme Entwicklung ist bedingt durch:

- die demografische Entwicklung und damit einhergehend eine auf immer mehr ältere Menschen abgestimmte medizinische Versorgung und Pflege,
- dynamische Innovationsentwicklungen: Eröffnung neuer Behandlungsmöglichkeiten durch Entwicklung in Medizintechnik und Pharmaindustrie,
- die Zunahme des Gesundheitsbewusstseins: immer größere Bereitschaft in der Bevölkerung eigenes Geld in ihre Gesundheit zu investieren und damit einhergehend Steigerung des Bruttosozialprodukts in den Bereichen Fitness, Wellness und Ernährung.

Der **demografische Wandel in der Bevölkerung** führt allerdings insbesondere im Gesundheitssektor zu einem **Mangel an Personalressourcen**, denn die Zahl derjenigen Menschen mit chronischen und schweren Krankheiten steigt. Ebenso steigt der Bedarf an Fachpersonal wie Fachärzte, Intensivpflegekräfte oder auch medizinisch-technischen Assistenten.

Beschäftigte im Gesundheitssektor (Quelle: Gesundheitsberichtserstattung des Bundes)		
Art der Einrichtung	**Art der Beschäftigung**	
	Beschäftigungsverhältnisse insgesamt in Tausend	**davon Teilzeit**
Einrichtungen insgesamt	4.369	1.323
– Gesundheitsschutz	40	11
– Ambulante Einrichtungen	1.847	547
– Stationäre/teilstationäre Einrichtungen	1.808	622
– Rettungsdienst	48	11
– Verwaltung	201	40
– Sonstige Einrichtungen	114	30
– Vorleistungsindustrien	311	62

Indikatoren der Gesundheitsausgabenrechnung (Quelle: Krankenhausreport 2007)												
Jahr	**1992**	**1993**	**1994**	**1995**	**1996**	**1997**	**1998**	**1999**	**2000**	**2001**	**2002**	**2003**
Anteil der Gesundheitsausgaben am BIP in %	10,1	10,2	10,4	10,8	11,1	10,9	10,8	10,8	10,8	11,0	11,2	11,3
Gesundheitsausgaben je Einwohner in €	2.020	2.070	2.210	2.370	2.480	2.480	2.540	2.610	2.670	2.770	2.850	2.900
Anteil der Beschäftigten im Gesundheitswesen an allen Beschäftigten in %	–	–	–	–	–	10,7	10,5	10,3	10,2	10,3	10,6	10,7

Von den **Gesamtkosten im Gesundheitssektor im Jahr 2007** i.H.v. 252.751 Mio. € entfielen 59.810 Mio. € auf den Krankenhaussektor. Die Entwicklung der Kostenbelastung im Gesundheitssektor ist auch im Detail im Krankenhaussektor zu erkennen. So erwirtschafteten rund 43 % der öffentlichen Kliniken im Geschäftsjahr 2003 ein positives Jahresergebnis, während rund 34 % ein knapp ausgeglichenes und rund 23 % ein negatives Jahresergebnis erzielt hatten.

Jahresergebnis der Krankenhäuser (Quelle: Krankenhaus-Report 2007)				
	2002	**2003**	**2004**	**2005**
Jahresüberschuss	43,7 %	39,5 %	51,1 %	46,7 %
Ausgeglichenes Ergebnis	11,4 %	14,6 %	11,3 %	16,8 %
Fehlbetrag	41,3 %	44,0 %	34,5 %	32,8 %

2.2 Rahmenbedingungen im Krankenhaussektor

Die Entwicklung der Kosten auf der einen Seite und die immer restriktivere Gesundheitspolitik auf der anderen Seite führen zu deutlich finanziellen Defiziten in den Krankenhäusern. Entsprechend den **statistischen Krankenhausdaten** (vgl. Krankenhaus-Report 2007, 279 ff.) gab es in 1995 noch 2.325 Krankenhäuser, während die Statistik für das Jahr 2007 nur noch 2.087 ausweist.

Strukturdaten des Krankenhauswesens (Quelle: Statistisches Bundesamt, Fachserie 12 Reihe 6.1.1, 2007)							
	Krankenhäuser			**Patientenbewegung**			
	Insgesamt	**Aufgestellte Betten insgesamt**		**Fallzahl**	**Berechnungs- und Belegungstage**	**Durchschnittliche Verweildauer**	**Durchschnittliche Bettenauslastung**
Jahr	**Anzahl**		**je 100.000 Einwohner**	**Anzahl**	**Anzahl in Tausend**	**in Tagen**	**in %**
1991	2.411	665.565	832	14.576.613	204.204	14	84,1
1993	2.354	628.658	774	15.191.174	190.741	12,5	83,1
1995	2.325	609.123	746	15.931.168	182.627	11,4	82,1
1997	2.258	580.425	707	16.429.031	171.837	10,4	81,1
1999	2.252	565.268	689	17.092.707	169.696	9,9	82,2
2001	2.240	552.680	671	17.325.083	163.536	9,4	81,1
2003	2.197	541.901	657	17.295.910	153.518	8,9	77,6
2005	2.139	523.824	635	16.539.398	143.244	8,7	74,9
2007	2.087	506.954	616	17.178.573	142.893	8,3	77,2

Der bestehende und weiter wachsende Konkurrenzdruck wurde zudem durch die **Umstellung des Vergütungssystems auf die DRG** seit 2004 erhöht. Während durch die Gesundheitsstrukturgesetze zum 01.01.1993 eine Kostendämpfungspolitik eingeleitet wurde, rückte mit der **Einführung des DRG-basierten Vergütungssystems** eine Wettbewerbsorientierung hinsichtlich wirtschaftlicher Leistungserbringung in den Focus der Krankenhausführung. Das DRG-Vergütungssystem basiert auf der Abrechnung von **DRG-Fallpauschalen**, die sich aus dem Durchschnitt der Werte aller Krankenhäuser Deutschlands je Fall errechnen. Krankenhäuser, die mit ihren Kosten über den Durchschnittswerten liegen, erhalten somit für ihre Leistungserbringung in Höhe des überschießenden Differenzbetrages keine Vergütung. Damit einhergehend verhindern fehlende liquide Mittel auch Investitionen in Rationalisierungsmaßnahmen und -investitionen. Viele öffentliche Haushalte befinden sich in schwierigen wirtschaftlichen Situationen, was bedingt, dass sich die Gebietskörperschaften von ihren defizitären Krankenhäusern um eine Entlastung ihrer eigenen Haushalte darzustellen, trennen. Ehemals durch Einrichtungen der öffentlichen Hand betrieben, wechseln mehr und mehr Kliniken den Betreiber. **Öffentliche Betreiber** sehen sich einem stark florierenden Übernahmegeschäft gegenüber. In nur 15 Jahren soll Schätzungen zufolge der **Marktanteil der privaten Krankenhausbetreiber** von derzeit 5 auf über 50 % steigen (vgl. H. Hauschildt, Deutscher Klinikmarkt im Übernahmefieber, Handelsblatt vom 10./11.08.2001).

2.2.1 Strukturmerkmale des Krankenhausmarktes

Die **Struktur des Krankenhaussektors** ist grundsätzlich sehr übersichtlich. Der Krankenhaussektor kann nach folgenden Kriterien unterschieden werden (vgl. H. Ruh, Unternehmensbewertung von Krankenhäusern, 6 ff.):

- Originäre Aufgaben und Zulassung zur stationären Krankenhausbehandlung,
- Ausbildungs-/Lehraufgaben und Forschungstätigkeit,
- Trägerschaft,
- Rechtsform,
- Anforderungs- und Versorgungsstufen.

Krankenhäuser werden nicht nur hinsichtlich ihrer Ausrichtung, sondern auch in **sachlicher, personeller und fachlich-medizinischer Weise** unterschieden. So wird die sachliche Komponente beispielsweise durch die Anzahl der aufgestellten Betten, die Anzahl der medizinisch-technischen Großgeräte bestimmt. Das fachlich-medizinische Kriterium bezieht sich auf die Anzahl der Fachabteilungen.

2.2.2 Originäre Aufgaben und Zulassung

Gem. **§ 2 Krankenhausfinanzierungsgesetz** (KHG) sind „Krankenhäuser Einrichtungen, in denen durch ärztliche und pflegerische Hilfeleistungen Krankheiten, Leiden oder Körperschäden festgestellt, geheilt oder gelindert werden sollen oder Geburtshilfe geleistet wird und in denen die zu versorgenden Personen untergebracht und verpflegt werden können".

Krankenhäuser im Sinne des § 107 Abs. 1 Sozialgesetzbuch V (SGB V) sind „Einrichtungen, die der Krankenhausbehandlung oder Geburtshilfe dienen, fachlich-medizinisch unter ständiger ärztlicher Leitung stehen, über ausreichende, ihrem Versorgungsauftrag entsprechende diagnostische und therapeutische Möglichkeiten verfügen und nach wissenschaftlich anerkannten Methoden arbeiten, mit Hilfe von jederzeit verfügbarem ärztlichem, Pflege-, Funktions- und medizinisch-technischem Personal darauf eingerichtet sind, vorwiegend durch ärztliche und pflegerische Hilfeleistung Krankheiten der Patienten zu erkennen, zu heilen, ihre Verschlimmerung zu verhüten, Krankheitsbeschwerden zu lindern oder Geburtshilfe zu leisten, und in denen die Patienten untergebracht und verpflegt werden können".

Während nach den beiden vorgenannten Definitionen die **betriebliche Funktion von Krankenhäusern** die ärztliche und pflegerische Hilfeleistung für die Erfüllung des Versorgungsauftrages ist, sind gem. § 107 Abs. 2 SGB V **Vorsorge- oder Rehabilitationseinrichtungen** „Einrichtungen, die der stationären Behandlung der Patienten dienen, um eine Schwächung der Gesundheit, die in absehbarer Zeit voraussichtlich zu einer Krankheit führen würde, zu beseitigen oder einer Gefährdung der gesundheitlichen Entwicklung eines Kindes entgegenzuwirken (Vorsorge) oder eine Krankheit zu heilen, ihre Verschlimmerung zu verhüten oder Krankheitsbeschwerden zu lindern oder im Anschluss an Krankenhausbehandlung den dabei erzielten Behandlungserfolg zu sichern oder zu festigen, auch mit dem Ziel, eine drohende Behinderung oder Pflegebedürftigkeit abzuwenden, zu beseitigen, zu mindern, auszugleichen, ihre Verschlimmerung zu verhüten oder ihre Folgen zu mildern (Rehabilitation), wobei Leistungen der aktivierenden Pflege nicht von den Krankenkassen übernommen werden dürfen, fachlich-medizinisch unter ständiger ärztlicher Verantwortung und unter Mitwirkung von besonders geschultem Personal darauf eingerichtet sind, den Gesundheitszustand der Patienten nach einem ärztlichen Behandlungsplan vorwiegend durch Anwendung von Heilmitteln einschließlich Krankengymnastik, Bewegungstherapie, Sprachtherapie oder Arbeits- und Beschäftigungstherapie, ferner durch andere geeignete Hilfen, auch durch geistige und seelische Einwirkungen, zu verbessern und den Patienten bei der Entwicklung eigener Abwehr- und Heilungskräfte zu helfen, und in denen die Patienten untergebracht und verpflegt werden können."

Demnach **unterscheiden sich Krankenhäuser von Vorsorge- und Rehabilitationseinrichtungen** dadurch, dass die Aufgabe für Erstere ist, Krankheiten zu erkennen, zu heilen und zu verhindern, während Vorsorgeeinrichtungen dazu dienen Krankheiten durch entsprechende frühzeitige Maßnahmen zu vermeiden und Rehabilitationseinrichtungen den Krankenhäuser nachgelagerte Funktionen haben und den Behandlungserfolg sichern und festigen sollen.

Unter Bezugnahme auf das Statistische Bundesamt lassen sich Krankenhäuser untergliedern in (vgl. Statistisches Bundesamt, Fachserie 12 Reihe 6.1, 2005):

- **Allgemeine Krankenhäuser** (Einrichtungen mit Betten in vollstationären Fachabteilungen),
- **Sonstige Krankenhäuser** (Krankenhäuser mit lediglich psychiatrischen, psychotherapeutischen und/oder neurologischen Betten sowie reine Tages- und Nachtkliniken) und
- **Bundeswehrkrankenhäuser** (Krankenhäuser, die primär der Behandlung von Bundeswehrangehörigen dienen, aber auch Leistungen an Zivilpatienten erbringen.

Eine **weitere Unterscheidung** von Krankenhäusern gibt § 108 SGB V hinsichtlich der **Zulassung** wieder:

1. **Hochschulkliniken im Sinne des Hochschulbauförderungsgesetzes**,
2. **Krankenhäuser, die in den Krankenhausplan eines Landes aufgenommen sind (Plankrankenhäuser)**, oder
3. **Krankenhäuser, die einen Versorgungsvertrag mit den Landesverbänden der Krankenkassen und den Verbänden der Ersatzkassen abgeschlossen haben**.

Sämtliche Krankenhäuser, die nicht unter den Aufgliederungen 1.–3. zu subsumieren sind, werden als **„sonstige"** bezeichnet und gehören nicht zu den nach § 108 SGB V zugelassenen Krankenhäuser.

Die **Struktur und Steuerung der Hochschulkliniken** wird durch die Hochschulgesetzte der jeweiligen Länder geregelt. In Deutschland gibt es derzeit 32 Universitätsklinika, die hinsichtlich ihrer dreigliedrigen Aufgabenstellung von Forschung, Lehre und Patientenversorgung einige Besonderheiten aufweisen (vgl. B. Högemann, Due Diligence, Schriftenreihe: Gesundheitswirtschaft, Band 3, 37 ff.).

Plankrankenhäuser sind Krankenhäuser, die in die Krankhausplanung des jeweiligen Bundeslandes aufgenommen sind. Die Bundesländer stellen gem. § 6 Abs. 1 KHG einen Krankenhausplan auf, um die bedarfsgerechte Versorgung der Bevölkerung sicherzustellen. Ein Anspruch auf Fördermittel gemäß § 8 Abs. 1 KHG hängt von der Aufnahme in den Krankenhausplan ab, wobei dies keinen Rechtsanspruch begründet.

Gem. § 109 Abs. 1 SGB V kommt „der **Versorgungsvertrag nach § 108 Nr. 3 SGB V** durch Einigung zwischen den Landesverbänden der Krankenkassen und den Verbänden der Ersatzkassen gemeinsam und dem Krankenhausträger zustande. Bei den Hochschulkliniken gilt die Aufnahme der Hochschule in das Hochschulverzeichnis nach § 4 des Hochschulbauförderungsgesetzes, bei den Plankrankenhäusern die Aufnahme in den Krankenhausplan nach § 8 Abs. 1 Satz 2 des Krankenhausfinanzierungsgesetzes als Abschluss des Versorgungsvertrags. Dieser ist für alle Krankenkassen im Inland unmittelbar verbindlich.

Gem. § 109 Abs. 2 SGB V haben Krankenhäuser außerhalb des Krankenhausplans keinen Anspruch auf Abschluss eines Versorgungsvertrags nach § 108 Nr. 3 SGB V. So entscheiden die Landesverbände der Krankenkassen und die Verbände der Ersatzkassen gemeinsam unter Berücksichtigung der öffentlichen Interessen und der Vielfalt der Krankenhausträger bei der Auswahl von Krankenhäusern, die sich um den Abschluss eines Versorgungsvertrages bewerben, nach pflichtgemäßem Ermessen, welches Krankenhaus den Erfordernissen einer bedarfsgerechten, leistungsfähigen und wirtschaftlichen Krankenhausbehandlung am besten gerecht wird.

2.2.3 Krankenhausträger und Versorgungsstufe

Krankenhausträger betreiben ein Krankenhaus und sind in der Regel auch die Eigentümer des oder mehrerer Krankenhäuser. Krankenhausträger können juristische oder natürliche Personen sein. In Deutschland wird unterschieden in:

1. **Freigemeinnützige Krankenhausträger**
   Krankenhäuser mit freigemeinnützigem Trägern sind Einrichtungen, die von Trägern der kirchlichen und freien Wohlfahrtspflege, Kirchengemeinden, Stiftungen oder (gemeinnützigen) Vereinen unterhalten werden.
2. **Öffentliche Krankenhausträger**
   Krankenhäuser mit öffentlichem Träger sind Einrichtungen, die von Gebietskörperschaften (Bund, Land, Kreis, Gemeinde) oder von Zusammenschlüssen solcher Körperschaften wie Arbeitsgemeinschaften oder Zweckverbänden oder von Sozialversicherungsträgern wie Landesversicherungsanstalten und Berufsgenossenschaften betrieben oder unterhalten werden.
   Unter dieser Kategorie wird unterschieden zwischen kommunalen Trägern, den Ländern als den Trägern der Universitätskliniken und dem Bund als Träger der Bundeswehrkrankenhäuser. Des Weiteren gibt es noch öffentliche Krankenhäuser, deren Träger die Träger der gesetzlichen Unfallversicherung sind, die berufsgenossenschaftlichen Unfallkrankenhäuser.
3. **Private Krankenhausträger**
   Krankenhäuser mit privatem Träger sind Einrichtungen, die als gewerbliches Unternehmen einer Konzession nach § 30 Gewerbeordnung bedürfen.

Entwicklung der Krankenhausträgergruppen in Deutschland (Quelle: Krankenhausstatistik, www.dkgev.de/downloads, Stand 08.01.2009)						
	Öffentliche Träger		**Freigemeinnützige Träger**		**Private Träger**	
	Anzahl	**Anteil in %**	**Anzahl**	**Anteil in %**	**Anzahl**	**Anteil in %**
2003	689	36,9	737	39,5	442	23,7
2004	671	36,7	712	39,0	444	24,3
2005	647	35,0	712	38,6	487	26,4
2006	614	33,9	692	38,3	503	27,8
2007	587	32,8	678	37,9	526	29,4

Öffentliche Krankenhäuser werden i.d.R. in öffentlich-rechtlichen Rechtsformen, wie:

- nicht (voll) rechtsfähige Anstalten (z.B. Landesbetriebe, kommunale Eigenbetriebe oder Regiebetriebe),
- selbstständig juristische Personen des öffentlichen Rechts (z.B. Zweckverband, Anstalten, Stiftungen des öffentlichen Rechts)

oder in **privatrechtlichen Rechtsformen**, die für private und freigemeinnützige Krankenhäuser mögliche Rechtsformen darstellen, wie:

- juristische Personen des privaten Rechts – Kapitalgesellschaften (AG, GmbH, gemeinnützige GmbH),
- Personengesellschaften,
- andere Körperschaften (eingetragene Vereine, Stiftungen des bürgerlichen Rechts)

betrieben.

Krankenhäuser nach Trägerschaft (Quelle: Krankenhaus-Report 2008/2009)							
	Krankenhäuser						
	Öffentlich	**Freigemeinnützig**	**Privat**	**Öffentlich**	**Freigemeinnützig**	**Privat**	**Insgesamt**
	in %			**Absolut**			
1991	46,0 %	39,1 %	14,8 %	1.110	943	358	2.411
1992	44,6 %	39,9 %	15,5 %	1.062	950	369	2.381
1993	43,5 %	40,4 %	16,2 %	1.023	950	381	2.354
1994	42,2 %	40,6 %	17,2 %	987	949	401	2.337
1995	41,8 %	40,6 %	17,6 %	972	944	409	2.325
1996	41,1 %	40,9 %	17,9 %	933	929	407	2.269
1997	40,7 %	40,7 %	18,6 %	919	919	420	2.258
1998	39,3 %	40,7 %	20,0 %	890	920	453	2.263
1999	37,9 %	41,3 %	20,8 %	854	930	468	2.252
2000	37,6 %	40,7 %	21,7 %	844	912	486	2.242

Krankenhäuser nach Trägerschaft (Quelle: Krankenhaus-Report 2008/2009)							
	Krankenhäuser						
	Öffentlich	**Freigemeinnützig**	**Privat**	**Öffentlich**	**Freigemeinnützig**	**Privat**	**Insgesamt**
	in %			**Absolut**			
2001	36,8 %	40,3 %	22,9 %	825	903	512	2.240
2002	36,8 %	39,5 %	23,7 %	817	877	527	2.221
2003	36,2 %	39,0 %	24,8 %	796	856	545	2.197
2004	36,0 %	38,4 %	25,6 %	780	831	555	2.166
2005	35,1 %	38,2 %	26,6 %	751	818	570	2.139
2006	34,1 %	38,2 %	27,8 %	717	803	584	2.104

Die **Trägerschaft von Krankenhäusern** sagt nicht unbedingt etwas über die Rechtsform, in der das Krankenhaus betrieben wird, aus. So gibt es durchaus kommunale (gemeinnützige) GmbHs und AG, wie Kapitalgesellschaften bei freigemeinnützigen Trägern.

Der Krankenhausträger ist der Vertragspartner der Krankenkassen im Hinblick auf die Budgetverhandlungen. Er ist auch Adressat des Versorgungsauftrages.

Krankenhauspläne der einzelnen Bundesländer kategorisieren **Allgemeinkrankenhäuser** in folgende Versorgungsstufen:

I. **Versorgungsstufe:** Krankenhaus der Grundversorgung,
II. **Versorgungsstufe:** Krankenhaus der Regelversorgung,
III. **Versorgungsstufe:** Krankenhaus der Schwerpunktversorgung,
IV. **Versorgungsstufe:** Krankenhaus der Maximalversorgung.

Zu I.: I. Versorgungsstufe: Krankenhaus der Grundversorgung

Krankenhäuser der Grundversorgung sollen einen Beitrag zum Grundbedarf der Bevölkerung leisten, demzufolge verfügen sie entweder über eine Abteilung der Fachrichtung Innere Medizin oder Chirurgie oder sie haben beide Fachrichtungen. Oft sind an diesen Krankenhäuser Belegärzte tätig.

Zu II.: II. Versorgungsstufe: Krankenhaus der Regelversorgung

Krankenhäuser der Regelversorgung stellen die Grundversorgung der Bevölkerung sicher. Sie verfügen zwingend über die Fachrichtungen Innere Medizin und Chirurgie. Ergänzend können sie auch Fachrichtungen wie Gynäkologie und Geburtshilfe, HNO, Augenheilkunde und gegebenenfalls Urologie und Orthopädie haben. Krankenhäuser der Regelversorgung haben keine Unterabteilungen einzelner Fachrichtungen. Häufig sind hier Belegärzte tätig.
In Nordrhein-Westfalen sind die Krankenhäuser der I. und II. Versorgungsstufen zusammengefasst in Krankenhäuser der Grund- und Regelversorgung.

Zu III.: III. Versorgungsstufe: Krankenhaus der Schwerpunktversorgung

Krankenhäuser der III. Versorgungsstufe werden in manchen Bundesländern Schwerpunktversorgung, in anderen Zentralversorgung genannt. Sie erfüllen in Diagnose und Therapie auch überörtliche Schwerpunktaufgaben. Ein Krankenhaus dieser Versorgungsstufe hat mindestens eine Abteilung der Inneren Medizin, getrennte Abteilungen für Unfallchirurgie und Viszeralchirurgie sowie Radiologie und Anästhesie. Sofern entsprechender Bedarf besteht, werden auch Fachabteilungen wie Pädiatrie, Neurologie und Mund-, Kiefer- und Gesichtschirurgie vorgehalten.

Zu IV: IV. Versorgungsstufe: Krankenhaus der Maximalversorgung

Krankenhäuser der IV. Versorgungsstufe halten neben den Fachabteilungen der III. Versorgungsstufe medizinische Großgeräte, wie Computertomografie oder Kernspintomografie vor. Die bedeutet, dass ihr Leistungsangebot wesentlich über das der Krankenhäuser der III. Versorgungsstufe hinauszugehen hat.

2.2.4 Krankenhausrelevante Gesetzgebung

Die wichtigsten **gesetzlichen Regelungen die Krankenhäuser betreffen** sind:

a) Sozialgesetzbuch SGB V,
b) Krankenhausfinanzierungsgesetz KHG,
c) Krankenhausentgeltgesetz KHEntG,
d) sonstige Regelungen.

Zu a): Das SGB V regelt die Vertragsverhältnisse der verschiedenen Parteien im Gesundheitssektor (wegen weiterer Ausführungen s. Kapitel 2.2.2).

Zu b): Aufgabe des KHG ist die wirtschaftliche Sicherung von Krankenhäusern um eine bedarfsgerechte Versorgung der Bevölkerung zu gewährleisten. Das KHG bestimmt den Finanzierungsrahmen, die Ausgestaltung obliegt jedoch den einzelnen Bundesländern. Das KHG bildet die Grundfeste der dualen Finanzierung. Gem. § 4 KHG wird die Wirtschaftlichkeit der Krankenhäuser dadurch gesichert, dass die „Investitionskosten im Wege öffentlicher Förderung übernommen werden“ und die Krankenhäuser „leistungsgerechte Erlöse aus den Pflegesätzen, die nach Maßgabe dieses Gesetzes auch Investitionskosten enthalten können, sowie Vergütungen für vor- und nachstationäre Behandlung und für ambulantes Operieren erhalten.“

Zu c): Durch die Einführung des KHEntgG – **Gesetz über die Entgelte für voll- und teilstationäre Krankenhausleistungen** – zum 01.01.2003 wurde die BPflV in allen wesentlichen Punkten bei Krankenhäusern, die dem DRG-Vergütungssystem nach § 17b KHG unterliegen, ersetzt.

Das KHEntgG regelt unter anderem die stufenweise Einführung des DRG-Systems. Zudem ermächtigt § 16 S. 1 Nr. 7 KHG die Bundesregierung eine Rechtsverordnung über die **Rechnungs- und Buchführungspflichten der Krankenhäuser** zu erlassen. Diese Ermächtigung wurde in der **Krankenhaus-Buchführungsverordnung** umgesetzt, die die Mindestanforderungen an das Rechnungswesen eines Krankenhauses, flankiert durch die Anlagen zur KHBV, enthält. Die KHBV enthält nicht nur Regelungen zur Gliederung von Bilanz, GuV, des Anlagespiegels und der jeweils diesbezüglichen Posten, sondern auch hinsichtlich der Kosten- und Leistungsrechnung. Anlage 5 der der KHBV enthält einen Kostenstellrahmen.

2.2.5 Finanzierung der Krankenhäuser

Die Grundkonzeption der **Krankenhausfinanzierung** in Deutschland stellt § 1 Abs. 1 KHG dar:

Zweck dieses Gesetzes ist die wirtschaftliche Sicherung der Krankenhäuser, um eine bedarfsgerechte Versorgung der Bevölkerung mit leistungsfähigen, eigenverantwortlich wirtschaftenden Krankenhäusern zu gewährleisten und zu sozial tragbaren Pflegesätzen beizutragen.“

Das **Gesetz zur wirtschaftlichen Sicherung der Krankenhäuser** und die **Regelung der Krankenhauspflegesätze** wurde am 29.06.1972 (Krankenhausfinanzierungsgesetz, KHG) erlassen und seitdem mehrfach geändert bzw. grundlegend novelliert. Gegenwärtig findet das KHG Anwendung in der Fassung der Bekanntmachung vom 10.04.1991 (BGBl I 1991 S. 886), geändert durch das Gesetz über die Bereinigung von Bundesrecht im Zuständigkeitsbereich des Bundesministeriums für Arbeit und Soziales und des Bundesministeriums für Gesundheit vom 14.08.2006 (BGBl I 2006 S. 1869), das Föderalismusreform-Begleitgesetz vom 05.09.2006 (BGBl I 2006 S. 2098) und das Gesetz zum ordnungspolitischen Rahmen der Krankenhausfinanzierung ab dem Jahr 2009 (Krankenhausfinanzierungsreformgesetz) vom 17.03.2009 (vgl. M. Graumann/A. Schmidt-Graumann, Rechnungslegung und Finanzierung der Krankenhäuser, S. 19 ff.; T. Wolke/J. Poll, Finanz- und Investitionsmanagement im Krankenhaus, 2010).

Seit 1972 werden Krankenhäuser dual finanziert. Dual – einmal durch den Staat, um seiner Aufgabe der bedarfsgerechten Versorgung der Bevölkerung nachzukommen und zum anderen durch die gesetzlichen und privaten Krankenkassen. Unterschieden werden dabei Betriebs- und Investitionskosten.

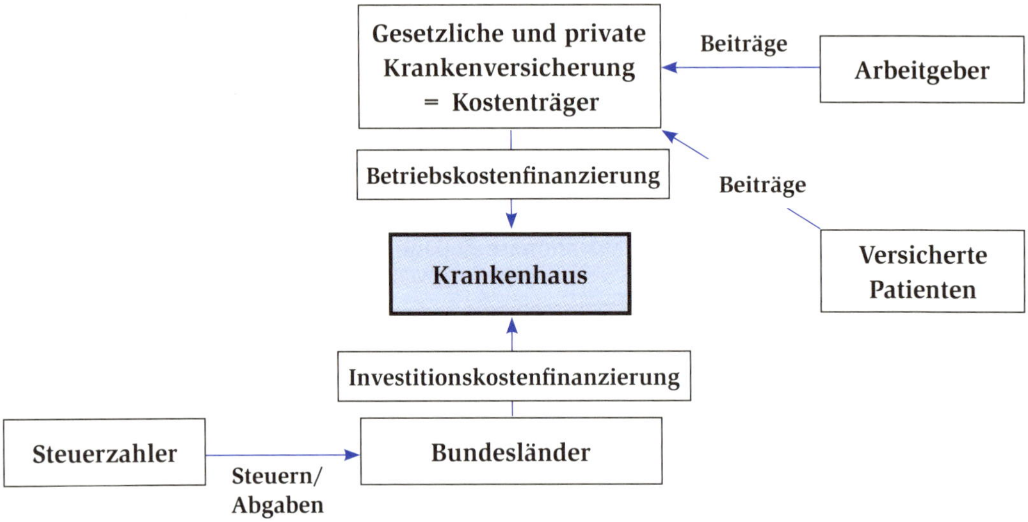

Abb. 1: Duale Finanzierung der Krankenhäuser in Deutschland (Quelle: In Anlehnung an: Unternehmensbewertung von Krankenhäusern, in: Finanzbetrieb 2004, Heft 1, 49–57)

Die **steuerfinanzierte Übernahme der Investitionskosten durch die Bundesländer** wird durch § 4 Nr. 1 KHG kodifiziert:

Die Krankenhäuser werden dadurch wirtschaftlich gesichert, dass ihre Investitionskosten im Wege öffentlicher Förderung übernommen werden“.

§ 9 KHG differenziert die Investitionskosten. Fördertatbestände sind u.a.:

1. „die Errichtung von Krankenhäusern einschließlich der Erstausstattung mit den für den Krankenhausbetrieb notwendigen Anlagegütern“,
2. „die Wiederbeschaffung von Anlagegütern mit einer durchschnittlichen Nutzungsdauer von mehr als drei Jahren.“ Ausgenommen von der Förderung sind Grundstücke.

Zu unterscheiden sind Investitionsförderungen, die aufgrund von Anträgen auf **Einzelmittelförderung** oder als **pauschale Fördermittel** gewährt werden. Gemäß § 9 Abs. 3 KHG fördern die Länder „die Wiederbeschaffung kurzfristiger Anlagegüter sowie kleine bauliche Maßnahmen durch feste jährliche Pauschalbeträge“.

Durch **Einzelförderung** werden Wirtschaftsgüter der Errichtung von Krankenhäusern einschließlich der Erstausstattung finanziert, wie z.B. Gebäude, Umbauten oder Anbauten. Die Fördervoraussetzungen sind zum einen die Aufnahme des Krankenhauses in den Krankenhausplan eines Bundeslandes sowie die Aufnahme in den Bau- oder Investitionsplanes des Landes in einem bestimmten Jahr. Weitere Besonderheiten der Einzelförderung sind in den Landeskrankenhausgesetzten gesondert geregelt.

Die **Pauschalförderung** ist bundeslandspezifisch und wird durch Parameter wie z.B. Versorgungsstufe und Bettenanzahl bestimmt. Pauschalmittel sollen dem Krankenhaus ermöglichen, im Rahmen der Zweckbindung mit den Fördermitteln frei zu wirtschaften.

Darüber hinaus gilt natürlich gem. § 9 Abs. 5 KHG folgender Grundsatz: „die Fördermittel sind nach Maßgabe“ des KHG und des Landesrechts so zu bemessen sind, „dass sie die förderungsfähigen und unter Beachtung betriebswirtschaftlicher Grundsätze notwendigen Investitionskosten decken“.

Durch das **Gesetz zum ordnungspolitischen Rahmen der Krankenhausfinanzierung** ab 2009 wurde im § 10 KHG der Entwicklungsauftrag zur Reform der Investitionsfinanzierung der Krankenhäuser aufgenommen. Danach soll anstelle der Einzelförderung ab 2012 eine leistungsorientierte pauschalierte Investitionsförderung (bei psychiatrischen und psychosomatischen Krankenhäusern ab 2014) ermöglicht werden. Hierzu ist ein **landesorientierter Investitionsfallwert** zu ermitteln. Nähere Einzelheiten zu dem Verfahren legen Bund und Länder fest.

Als erstes Bundesland hat in 2008 das Land Nordrhein-Westfalen mit der Einführung des Krankenhausgestaltungsgesetzes ein **pauschaliertes Investitionsfördermittelverfahren** umgesetzt. Danach werden die im Landeskrankenhausplan aufgenommenen Krankenhäuser ohne Ermittlung eines Förderbedarfs und ohne eine gesonderte Beantragung jährlich mit einer festzulegenden Fördersumme gefördert. Ziel des Gesetzes ist es, zum einen aufwendige Antrags- und Prüfungsverfahren zu umgehen und zum anderen den Krankenhäusern Freiheiten bei der Investitionsplanung zu gewähren.

Krankenhäuser in Nordrhein-Westfalen können diese Fördermittel im Sinne des § 9 Nr. 1 KHG verwenden. Sie müssen hierzu keinen Bedarf anmelden und sind auch zeitlich hinsichtlich der Verwendung ungebunden. So besteht u.a. die Möglichkeit, die Fördermittel bis zur Durchführung einer größeren Maßnahme anzusparen oder aber diese für den Kapitaldienst zur Finanzierung aufgenommener Darlehen zu verwenden. Erste Erfahrungen in Nordrhein-Westfalen zeigen, dass die absoluten Förderbeträge insgesamt weiter zurückgehen, sodass neue **Formen der Finanzierung von Investitionen bei Krankenhäusern** (z.B. Leasing-Modelle, Mezzanine-Kapital, sale-and-lease-back-Verfahren etc.) u.U. verbunden mit neuen

Eigentümerstrukturen (venture-capital-Beteiligungen) entstehen. Der Einsatz eigener Mittel bei Investitionen wird weiter steigen, sodass perspektivisch nur ertragsstarke Krankenhäuser wirtschaftlich überleben werden. Umgekehrt erhöht sich der Druck auf wirtschaftlich weniger starke Krankenhäuser, sodass am Ende der Verkauf des Krankenhauses faktischer Zwang wird, zumal bei kommunalen Krankenhäusern öffentlichen Unterstützungen durch Verlustausgleiche oder sonstigen Zuwendungen aus EU-rechtlicher Sicht nach den Beschlüssen zum sog. **Monti-Paket** ein Riegel vorgeschoben wurde, bzw. sich erheblich erschwert haben.

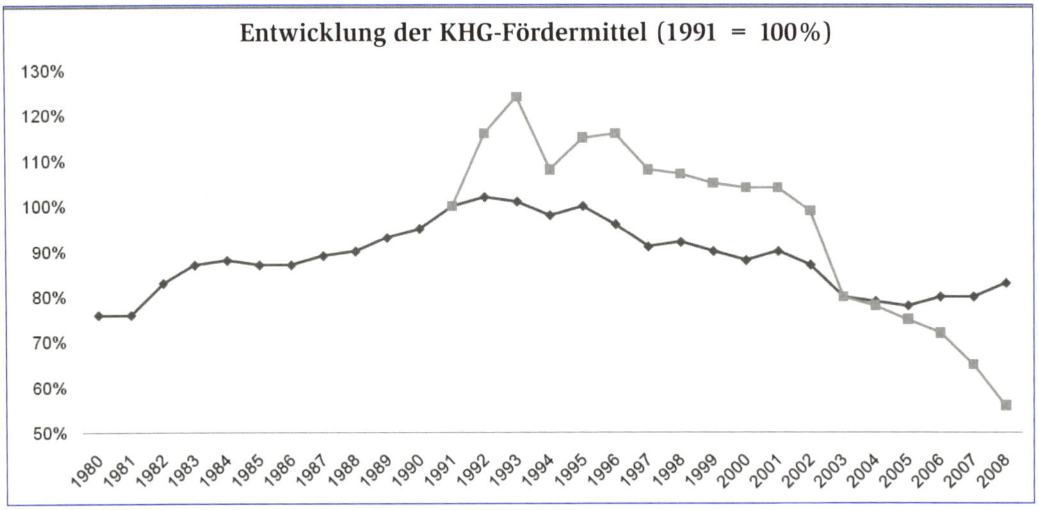

Abb. 2: Entwicklung der KHG-Fördermittel (Quelle: Krankenhausstatistik, www.dkgev.de/downloads, Stand 31.08.2009)

Nachdem in den Jahren 1991–2002 seitens der Länder an die Krankenhäuser rund 43 Milliarden € geflossen sind, wurden die Mittel in den letzten Jahren aufgrund der leeren Kassen der öffentlichen Haushalte dramatisch reduziert; derzeit wird daher von einem Investitionsrückstau in Höhe von rund 50 Milliarden € ausgegangen (vgl. B. Högemann, Due Diligence, Schriftenreihe Gesundheitswirtschaft, Band 3, S. 45 ff.). Gleichzeitig hat ein dramatischer **Bettenabbau** stattgefunden. Waren es in 1997 noch ca. 580.400 Krankenhausbetten in Deutschland, so verringerte sich die Zahl auf rund 507.000 in 2007. Möglich war diese Reduzierung durch ein Absenken der durchschnittlichen Verweildauer von 10,4 in 1997 auf 8,3 Tage in 2007 (vgl. Krankenhausstatistik, www.dkgev.de/downloads, Stand 08.01.2009).

Die Krankenhäuser sind nur solange förderfähig als sie in den **Krankenhausplan** eines Landes aufgenommen sind (vgl. §§ 6 Abs. 1 und 8 Abs. 1 KHG).

KHG Fördermittel 2008 – nach Bundesländern
(Quelle: Krankenhausstatistik, www.dkgev.de/downloads, Stand 31.08.2009)

Bundesland	KHG-Fördermittel	
	Mio. €	%
Schleswig-Holstein	93,9	3,50
Hamburg	101,1	3,76

KHG Fördermittel 2008 – nach Bundesländern
(Quelle: Krankenhausstatistik, www.dkgev.de/downloads, Stand 31.08.2009)

Bundesland	KHG-Fördermittel	
	Mio. €	%
Niedersachsen	185,5	6,91
Bremen	31,5	1,17
Nordrhein-Westfalen	516,0	19,22
Hessen	218,4	8,13
Rheinland-Pfalz	118,8	4,42
Baden-Württemberg	310,0	11,55
Bayern	477,6	17,79
Saarland	27,3	1,02
Berlin	99,4	3,70
Brandenburg	107,7	4,01
Mecklenburg-Vorpommern	73,2	2,73
Sachsen	107,0	3,99
Sachsen-Anhalt	97,7	3,64
Thüringen	120,0	4,47
Summe	**2.685,0**	**100,00**

Die **konsumptiven Ausgaben der Krankenhäuser** werden über die Erlöse durch die Kostenträger, d.h. die gesetzlichen und privaten Krankenkassen getragen. Die Vergütung stationärer Krankenhausleistungen hat zum 01.01.2003 eine einschneidende Änderung erfahren. Vor dem 01.01.2003 wurden die **Betriebskosten** im Wesentlichen über tagesgleiche Pflegesätze abgerechnet, in dem die Verweildauertage mit dem krankenhausindividuell vereinbarten Pflegesatz multipliziert wurden (vgl. §§ 15-21 BPflV und § 18 KHEntG). In der Pflegesatzvereinbarung konnten auch Faktoren wie zu erwartende Kostenentwicklungen des jeweiligen Krankenhauses mit einfließen. Dies führte dazu, dass von 1973–2003 die Ausgaben für die stationäre Krankenhauspflege jährlich um rund 25 % stiegen (vgl. B. Högemann, Due Diligence, Schriftenreihe Gesundheitswirtschaft, Band 3, S. 47 f.). Um diese Kostenexplosion in den Griff zu bekommen, wurde ab dem 01.01.2003 schrittweise das **diagnoseorientierte Fallpauschalensystem (Diagnosis Related Groups, DRG)** eingeführt. Die DRG sind Module, mittels derer Patienten anhand ihrer Diagnosen und der durchgeführten Behandlungen und demografischen Alter in Fallgruppen klassifiziert werden, die nach dem für die Behandlung erforderlichen ökonomischen Aufwand unterteilt und bewertet sind.

Wesentliche Parameter für die **Zuordnung eines Behandlungsfalles zu einer diagnosebezogenen Fallgruppe** sind:

- die Hauptdiagnose,
- im Krankenhaus durchgeführte Prozeduren (Operationen, aufwendige Untersuchungen)

sowie Nebendiagnosen und Komplikationen:

- die Beatmungszeit und
- patientenbezogene Faktoren, wie Alter, Geschlecht oder das Geburts-, bzw. Aufnahmegewicht bei Neonaten und Säuglingen.

Jede Fallgruppe erhält somit eine sog. **Bewertungsrelation** bzw. Kostengewicht oder auch Relativgewicht genannt. Der für das jeweilige DRG abzurechnende Preis ergibt sich aus dem Kostengewicht multipliziert mit einem sogenannten Basisfallwert. Dieser konnte in den Jahren 2003 und 2004 noch krankenhausindividuell verhandelt werden. Zwischen 2005 und 2008 wurde er jedoch schrittweise an einen bundeslandspezifischen Basisfallwert angeglichen (sog. Konvergenzphase). Der **Basisfallwert** wird jährlich aufgrund Kostenveränderungen neu angepasst. Ursprünglich war vorgesehen, ab 2009 gleiche Leistungen mit einem einheitlichen Basisfallwert auf der Ebene der einzelnen Bundesländer zu vergüten. Die Konvergenzphase ist jedoch bis 2010 verlängert worden.

Um Ausreißerfälle zu berücksichtigen, ist für jede DRG eine Grenzverweildauer nach oben und nach unten festgelegt. Bei **Unterschreiten der unteren Grenzverweildauer** erfolgt ein **Abschlag auf die DRG-Vergütung**, bei **Überschreiten der oberen Grenzverweildauer** erfolgt ein Zuschlag. Bei Verlegung eines Patienten, der nicht mindestens bis zur mittleren Verweildauer der betreffenden DRG behandelt wurde, erfolgt ebenfalls ein Abschlag.

Es gibt folgende Parameter für die **Ermittlung einer DRG**:

- die Bewertungsrelation, Kostengewicht oder auch Relativgewicht; die Kalkulation erfolgt über das Institut für das **Entgeltsystem im Krankenhaus (InEK)**,
- **Casemix** (CM): Der CM ist die Summe aller Kostengewichte aller innerhalb einer Zeiteinheit erbrachten DRG,
- **Casemixindex** (CMI): Der CMI berechnet sich aus dem Casemix durch die Zahl der Fälle innerhalb der Zeiteinheit,
- **Basisfallwert** oder **Baserate**: ermittelt sich aus dem **DRG-Budget** geteilt durch den Casemix.

Durch die **Umstellung auf das DRG-Vergütungssystem** sollte eine leistungsorientierte Vergütung eingeführt werden, die nicht in Abhängigkeit auf den vom Krankenhaus verursachten Kosten erfolgt. Krankenhäuser, die für ihre Leistungen weniger Kosten verursachen, als der länderspezifische Durchschnitt sind hier die Gewinner. Ein weiterer Vorteil der DRG ist, dass durch die Kostengewichte je Fall die Krankenhäuser in ihrer Leistungserbringung transparenter erscheinen. Ein Krankenhaus mit einem hohen CMI hat im Durchschnitt teurere Patienten, nicht notwendigerweise schwer kranke Patienten behandelt. Demzufolge erhalten kostenintensive Krankenhäuser durch den länderspezifischen Vergleich ihre konsumptiven Ausgaben nicht mehr in voller Höhe vergütet.

3. Umbrüche im Krankenhausmarkt

Da **Neugründungen von Krankenhäusern** aufgrund der Vorgaben des Krankenhausplanungsrechts und des diesbezüglich bestehenden Krankenhausplans äußerst schwierig sind, kommt eine Ausweitung der Krankenhauslandschaft tatsächlich nicht zum Tragen. Ein externes Wachstum ist in der Regel nur durch Akquisition bereits vorhandener Krankenhäuser möglich. Das Krankenhauswesen wird daher seit einigen Jahren von einer Welle der Krankenhaustransaktionen erfasst. Insbesondere kommunale Krankenhäuser wechseln in privatwirtschaftliche Trägerschaft.

3.1 Public Private Partnership (PPP)

Eine Vielzahl von Aufgaben, die der öffentlichen Hand obliegen, können und dürfen auch von der Privatwirtschaft erfüllt werden. Die Zusammenarbeit zwischen öffentlicher Hand und Privatwirtschaft bei der Bewältigung kommunaler Aufgaben erfordert auf beiden Seiten neue Herangehensweisen und besteht darin, dass sich private und öffentliche Partner auf formellem oder informellem Wege zusammenschließen, um gemeinsam die Entwicklung und Erneuerung kommunaler Aufgaben auszuführen (vgl. Gabler Wirtschaftslexikon, Stichwort: Public Private Partnership, http://wirtschaftslexikon.gabler.de/Archiv/6046/public-private-partnership-v7.html). Ein wichtiges Beispiel von Übertragung kommunaler Aufgaben auf Private ist das Krankenhauswesen.

Es wird zwischen der **institutionellen Public Private Partnership** und der **vertraglichen Public Private Partnership** unterschieden. Die institutionelle Public Private Partnership ist immer dann gegeben, wenn Aufgaben durch eine öffentlich-private Kooperation erfüllt werden. Bekannte Erscheinungsformen von institutionellen Public Private Partnership sind beispielsweise die Arbeits- und Verwaltungsgemeinschaften, Zweckverbände und gemischtöffentliche Unternehmen. Besonders kooperationsintensive Aufgaben sind beispielweise Wasser/Abwasser, Abfall, Wirtschaftsförderung und Tourismus. Eine institutionelle Public Private Partnership bei Krankenhäusern liegt beispielsweise bei der Erbringung nicht medizinischer Leistungen, Erbringung von Reinigungsleistungen, Speisenversorgung, vor. **Wesentliches Merkmal der institutionellen Public Private Partnership** ist, dass in der Regel ein Dienstleistungs- oder Konzessionsvertrag zwischen den kommunalen Auftraggebern und den Auftragnehmern geschlossen wird.

Öffentlich-private Partnerschaften liegen immer dann vor, wenn zwischen Kommune und Privaten eine eigene Gesellschaft gegründet wird. Weiterhin wird zwischen einer **echten** und einer unechten öffentlich-privaten Partnerschaft unterschieden. Erstere liegt vor, wenn dem Privaten ein wirtschaftliches Betreiberrisiko in der Weise obliegt, dass es über das Erfüllungsrisiko hinausgeht. Eine **unechte öffentlich-private Partnerschaft** liegt dann vor, wenn das Betreiberrisiko fehlt und die Partnerschaft nur der Kreditaufnahme dient (s. Hertwig, Praxis der öffentlichen Auftragsvergabe, Tz. 115 ff.).

3.2 Vergabe- und kartellrechtliche Aspekte

Als Teil des Wirtschaftsrechts besteht **Kartellrecht** i.e.S. aus den Regelungen in Bezug auf wirtschaftliche Kartelle, die zwischen Unternehmen und sonstigen Marktteilnehmern getroffen werden. I.w.S. umfasst es sämtliche Rechtsnormen, die auf den Erhalt eines ungehinderten und möglichst vielfältigen Wettbewerbs gerichtet sind.

Schwerpunkte des Kartellrechts sind insbesondere:

- Das Verbot bzw. die Überprüfung von Kartellen,
- das Verbot des Missbrauchs einer marktbeherrschenden Stellung,
- die Kontrolle von Unternehmenszusammenschlüssen.

Das **Vergaberecht** betrifft das öffentliche Auftrags-, Beschaffungs- und Verdingungswesen und umfasst die Gesamtheit der Regeln und Vorschriften, die Kommunen und Träger öffentlicher Körperschaften bei der Beschaffung von sachlichen Mitteln und Leistungen zu beachten haben. In gewissen Sonderfällen – z.B. bei der Inanspruchnahme öffentlicher Fördermittel – haben auch private Auftraggeber vergaberechtliche Vorschriften zu beachten.

Um die rechtlichen Rahmenbedingungen einer Krankenhaustransaktion richtig zu verstehen, ist ein Grundverständnis der kartellrechtlichen Vorschriften, insbesondere der vergaberechtlichen und fusionskontrollrechtlichen Vorschriften, hilfreich.

3.2.1 Vergaberechtliche Aspekte

Das Beschaffungswesen öffentlicher Auftraggeber hat der Gesetzgeber in Umsetzung der Vorgaben des europäischen Rechts in den §§ 97 ff. des **Gesetzes gegen Wettbewerbsbeschränkung** (GWB) geregelt. Durch das GWB soll gewährleistet werden, dass der Beschaffungsmarkt öffentlicher Auftraggeber dem Wettbewerb geöffnet bleibt und nicht durch die starke Stellung öffentlicher Auftraggeber verzerrt wird. Auch sollen die öffentlichen Auftraggeber durch die Regelungen gehalten werden, ihre Haushaltsmittel sparsam und wirtschaftlich zu verwenden.

Im Rahmen der Novellierung des Vergaberechts hat der Gesetzgeber versucht, die Vergaberegeln auf das notwendige Maß zu beschränken, um überflüssige bürokratische Vorgaben abzubauen. Demnach wurden einige Vorschriften des GWB-Vergaberechts durch das **„Gesetz zur Modernisierung des Vergaberechts“**, welches am 24.04.2009 in Kraft getreten ist, reformiert (BGBl I 2009, S. 790).

Weitere Rechtsquellen sind die **Sektorenverordnung** (SektVO), die die Vergabe von Aufträgen im Bereich des Verkehrs, der Trinkwasserversorgung und der Energieversorgung regelt, und die vom Deutschen Verdingungsausschuss für Leistungen (DVAL) verabschiedeten **Verdingungsordnungen** (z.B. Verdingungsordnung für Leistungen – Teil A (VOL/A)). Die Anwendungsverpflichtung für die Vergabeordnung für freiberufliche Dienstleistungen (VOF) nach § 98 GWB ergibt sich aus den Bestimmungen der **Vergabeverordnung** (VgV).

3.2.1.1 Subjektive und objektive Anwendungskriterien des Vergaberechts

Das Vergaberecht knüpft seine Anwendbarkeit an die Erfüllung folgender Voraussetzungen:
- Öffentlicher Auftraggeber (subjektiver Anwendungsbereich),
- Öffentlicher Auftrag (objektiver Anwendungsbereich),
- Schwellenwert (objektiver Anwendungsbereich).

Subjektiver Anwendungsbereich

Öffentliche Auftraggeber i.S.d. § 98 GWB sind u.a.:
- Gebietskörperschaften (Bund, Länder, Gemeinden), sowie deren Sondervermögen,
- Juristische Personen öffentlichen und privaten Rechts, die im Allgemeininteresse liegende Aufgaben nichtgewerblicher Art erfüllen und von der öffentlichen Hand beherrscht oder überwiegend finanziert werden,
- Natürliche oder juristische Personen des privaten Rechts bei Aufträgen, für die sie zu mehr als 50 % öffentliche Mittel erhalten,
- Natürliche oder juristische Personen des privaten Rechts, die auf dem Gebiet der Trinkwasser- oder Energieversorgung oder des Verkehrs tätig sind, wenn ihnen von der zuständigen

Behörde hierzu eine Erlaubnis erteilt wurde oder aber wenn eine juristische Person des öffentlichen Rechts auf dieses Unternehmen beherrschenden Einfluss ausübt.

Als **juristische Personen des öffentlichen Rechts** sind insbesondere Hochschulen, Kommunen, Sozialversicherungsträger, die kassenärztliche Vereinigung, die Bundesanstalten zu benennen.

Juristische Personen des privaten Rechts sind beispielsweise der eingetragene Verein (e.V.), die Aktiengesellschaft (AG), die Kommanditgesellschaft auf Aktien (KGAA), die Gesellschaft mit beschränkter Haftung (GmbH), die eingetragene Genossenschaft (e.G.), der Versicherungsverein auf Gegenseitigkeit. Zweites Tatbestandsmerkmal für den subjektiven Anwendungsbereich ist, dass die juristische Person „im Allgemeininteresse liegende Aufgaben nicht gewerblicher Art zu erfüllen" hat. Bisher ist der Begriff des **„Allgemeininteresses"** weder in der Rechtsprechung noch in der Literatur eindeutig geklärt. Der Europäische Gerichtshof (EuGH) hat in den Fällen „Österreichische Staatsdruckerei" und „Gemennte Arnhem" zum einen entschieden, dass ein Auftraggeber ein öffentlicher Auftraggeber im Sinne der Vergaberichtlinien ist, wenn er staatliche Aufgaben erfüllt und zum anderen, wenn er hoheitliche Befugnisse ausübt oder die Belange des Staates wahrnimmt (s. EuGH vom 12.01.1998, C 44/96, EuGHE 1998, S. I–73 – Mannesmann Anlagenbau Austria; vom 20.09.1988, C 31/87, EuGHE 1988, S. 4635 – Beentjes). Dies bedeutet, dass ein öffentlicher Auftraggeber nicht schon allein deshalb als solcher betrachtet werden kann, wenn er von einem öffentlichen Auftraggeber gegründet wurde oder seine Tätigkeiten mit Geldmitteln finanziert werden, die aus Tätigkeiten eines öffentlichen Auftraggebers fließen. Es muss sich vielmehr um eine Einrichtung handeln, die im Allgemeininteresse liegende Aufgaben erfüllt, die nicht gewerblicher Art sind. Unter Bezugnahme auf § 1 Abs. 1 Nr. 6 KStG sind Betriebe gewerblicher Art Einrichtungen, die einer nachhaltigen wirtschaftlichen Tätigkeit zur Erzielung von Einnahmen – außerhalb der Land- und Forstwirtschaft – dienen.

Demnach fallen insbesondere Krankenhäuser, die als **kommunale Eigenbetriebe** geführt werden, **Krankenhausträger in Form einer GmbH mit kommunalen Eigentumsverhältnissen** oder einer Anstalt öffentlichen Rechts unter den subjektiven Anwendungsbereich des Vergaberechts, da alle drei vorbenannten Tatbestände kumulativ erfüllt sind.

An dieser Stelle sei darauf hingewiesen, dass der Gesundheitsbereich immer mehr von Regelungen des Vergaberechts erfasst wird. Dies zeigt auch beispielsweise die Entwicklung der Rechtsprechung zur Thematik **Ausschreibungspflicht von Rettungsdienstleistungen** (BGH vom 01.12.2008, X ZB 31/08, BGHZ 179, 84), als auch die vergaberechtlichen Bestimmungen **im Gesetz zur Weiterentwicklung der Organisationsstrukturen in der gesetzlichen Krankenversicherung** (GKV-ORGWG, BGBl I 2008, S. 2426).

Objektiver Anwendungsbereich

Der **objektive Anwendungsbereich** ist gegeben, wenn der öffentliche Auftraggeber:

- einen öffentlichen Auftrag gem. § 99 GWB vergibt und
- die Schwellenwerte gem. § 100 Abs. 1 GWB überschritten werden und
- keine Ausnahmeregelung des § 100 Abs. 2 GWB greift.

Gem. § 99 Abs. 1 GWB ist unter einem **öffentlichen Auftrag** „entgeltliche Verträge von öffentlichen Auftraggebern über die Beschaffung von Leistungen, die Liefer-, Bau- oder Dienstleistungen zum Gegenstand haben, Baukonzessionen und Auslobungsverfahren, die zu Dienstleistungsaufträgen führen sollen“ zu verstehen.

Das GWB unterscheidet öffentliche Aufträge in:

- Lieferaufträge (Beschaffung von Waren),
- Bauaufträge, Dienstleistungsaufträge und Auslobungsverfahren (z.B. Architektenwettbewerb).

Öffentliche Aufträge eines Krankenhauses können beispielweise die Vergabe von Bauaufträgen, die Vergabe von Lieferaufträgen für Arznei-, Heil- und Hilfsmitteln oder Dienstleistungsaufträge wie beispielweise die Durchführung von laborärztlichen Untersuchungen durch ein externes Labor sein.

Das dritte und letzte Kriterium um in den Anwendungsbereich des GWB zu gelangen sind die **Schwellenwerte**. Das Vergaberecht teilt sich in zwei Bereiche mit der Folge unterschiedlicher Regelungen hinsichtlich des Vergabeverfahrens und des Rechtsschutzes bei Vergabefehlern. Entscheidendes Kriterium ist, ob das **Auftragsvolumen eine bestimmte Größenordnung** erreicht oder nicht. Für Aufträge, deren Auftragsvolumen die Schwellenwerte übersteigen, enthält der vierte Teil des GWB Regelungen für das Vergabeverfahren. Bei Bauaufträgen beträgt der Schwellenwert beispielsweise 5 Mio. €. Gem. § 101 Abs. 1 GWB erfolgt die „Vergabe von öffentlichen Liefer-, Bau- und Dienstleistungsaufträgen“ „in offenen Verfahren, in „nicht offenen Verfahren“, in „Verhandlungsverfahren“ oder im „wettbewerblichen Dialog.“ **Offene Verfahren** sind gem. § 101 Abs. 2 und 3 GWB „Verfahren, in denen eine unbeschränkte Anzahl von Unternehmen öffentlich zur Abgabe von Angeboten aufgefordert wird. Bei **nicht offenen Verfahren** wird öffentlich zur Teilnahme, aus dem Bewerberkreis sodann eine beschränkte Anzahl von Unternehmen zur Angebotsabgabe aufgefordert.“ Eingeführt durch das ÖPP-Gesetz vom 01.09.2005 gibt es darüber hinaus noch den **Wettbewerblichen Dialog**. Diese Vergabeart dient der Handhabung komplexer Materien und setzt sich aus den Komponenten des Nichtoffenen Verfahrens und des Verhandlungsverfahrens zusammen.

Unter dem **wettbewerblichen Dialog ist ein zweistufiges Verfahren** zu verstehen:

1. Öffentlicher Auftraggeber arbeitet im Dialog mit Bewerbern den Gegenstand der Vergabe heraus, § 6a Abs. 1–4 VgV,
2. darauf aufbauend erfolgt die Erstellung der Ausschreibung, an der sich die Dialogteilnehmer beteiligen können, § 6a Abs. 1–4 VgV.

Überblick Verfahrensarten	
Oberhalb Schwellenwert	**Unterhalb Schwellenwert**
– Offenes Verfahren – Nicht offenes Verfahren – Verhandlungsverfahren – Wettbewerblicher Dialog	– Öffentliche Ausschreibung – Beschränkte Ausschreibung – Freihändiges Verfahren

3.2.1.2 Wesentliche Vorgaben des Vergaberechts

Sofern sowohl der subjektive als auch der objektive Anwendungsbereich erfüllt ist, sind bei der Durchführung europaweiter und letztendlich auch bei nationalen Vergabeverfahren die drei in den europäischen Vergaberichtlinien und in § 97 Abs. 1 GWB **kodifizierte Prinzipien „Wettbewerb“, „Gleichbehandlung“ und „Transparenz“** zu beachten.

Im Hinblick auf die komplexen Vorgaben des Vergaberechts und der Vergaberichtlinien und der diesbezüglich vielfältigen Rechtsprechung wird nachfolgend ein kurzer **Überblick über die Anforderungen, die ein Krankenhaus im Rahmen der Beschaffung von Leistungen zu erfüllen hat**, dargestellt (vgl. B. Scheben/M. Pauka, Vergaberechtliche Beschaffungsregeln für Krankenhäuser, Das Krankenhaus 2010, S. 44 ff.):

a) **Vergabebekanntmachung**

Mit der **Bekanntmachung** wird das Vergabeverfahren eröffnet. Erforderlich ist zunächst eine europaweite Bekanntmachung. Hierzu muss das Krankenhaus die Ausschreibung über die Homepage des Amtes für amtliche Veröffentlichungen der Europäischen Union unter dem link http://simap.eu.int im Amtsblatt der Europäischen Union bekannt machen. Wichtig ist, dass die Bekanntmachung erst mit Abschluss der Konzeption des Vergabeverfahrens erfolgen darf.

b) **Zulässige Verfahrensarten**

Die **Verfahrensarten** bilden ein hierarchisches Verhältnis, zwischen denen der öffentliche Auftraggeber nicht frei wählen darf. Das offene Verfahren hat grundsätzlich Vorrang vor dem nicht offenen Verfahren, letzteres hat Vorrang vor dem Verhandlungsverfahren und dem wettbewerblichen Dialog (s. Schmidt, Das Krankenhaus in der Beratung, S. 124 ff.). Die maßgeblichen Regelungen die Verfahrensarten betreffen enthalten die §§ 3a VOB/A und 3a VOL/A.

c) **Informations- und Wartepflicht**

Gem. §§ 101a, 101b GWB hat der Auftraggeber die betroffenen Bieter, deren Angebote keine Berücksichtigung finden, über seine Vergabeentscheidung schriftlich zu informieren. Die Mitteilung muss folgende Komponenten enthalten:

- den Namen des Unternehmens, dessen Angebot angenommen wird,
- die Gründe weshalb das eingereichte Angebot keine Berücksichtigung gefunden hat,
- den frühesten Zeitpunkt des Vertragsschlusses.

Die Mitteilung hat in Textform zu erfolgen. Zu beachten ist, dass der Abschluss des Vertrages i.d.R. erst 15 Kalendertage nach Absendung der Mitteilung an abgelehnte Interessenten erfolgen darf, § 101a GWB. Wird die Mitteilung per Telefax oder auf elektronischem Weg versandt, so verkürzt sich die vorbenannte Frist auf 10 Kalendertage.

Gem. § 101b GWB ist zu beachten, dass ein **Verstoß des Auftraggebers gegen diese Informations- und Wartepflicht** die Nichtigkeit des vergebenen Auftrages begründet. Gleiches gilt auch, wenn der Auftrag in unzulässiger Weise ohne ein gebotenes Vergabeverfahren vergeben wurde.

Die Unwirksamkeit kann nur festgestellt werden, wenn sie im Nachtragsprüfungsverfahren innerhalb eines Zeitraums von 30 Kalendertagen ab Kenntnis des Verstoßes, jedoch nicht später als sechs Monate nach Abschluss des Vertrages geltend gemacht wird. Im Falle einer europaweiten Ausschreibung verkürzt sich die Frist zur Geltendmachung der Unwirksamkeit auf 30 Kalendertage.

Nach Ablauf der Informations- und Wartepflicht kann das Krankenhaus den Zuschlag für das wirtschaftlichste Angebot erteilen. Sofern, wie bei Transaktionsgeschäften üblich, auch Grundstücke mit übertragen werden sind besondere Formvorschriften hinsichtlich der Vertragsunterzeichnung einzuhalten – z.B. notarielle Beurkundung.

d) **Dokumentationspflicht**
Grundsätzlich besteht eine **Aufbewahrungspflicht für Geschäftsunterlagen**.
Insbesondere im Hinblick auf ein Nachprüfungsverfahren muss die Dokumentation in der Weise erfolgen, dass das Verfahren und die Entscheidungsfindung für einen Dritten in kürzester Zeit nachvollzogen werden kann. In jedem Fall muss die Aktenlage in der Weise aufbereitet sein, dass im Falle eines gerichtlichen Verfahrens das Gericht sich ein Bild über die Ableitung der Entscheidungsfindung machen kann. Die Beweislastführung liegt auf Seiten des Krankenhauses.

e) **Folgen der Nichtbeachtung des Vergaberechts**
Wesentliche **Risiken der Nichtbeachtung des Vergaberechts** sind:
- Abgelehnte Bieter können in einem **Nachtragsprüfungsverfahren** einen möglichen Vergaberechtsverstoß gerichtlich überprüfen lassen,
- **Schadensersatzpflicht aufgrund eines Verstoß gegen das Vergaberechtsverfahren**,
- Wurde in einem Nachtragsprüfungsverfahren gem. § 101b GWB ein **Verstoß gegen die Informations- und Wartepflichten** festgestellt, so ist der betreffende Vertrag nichtig,
- Wurden öffentliche Mittel verwendet und ist der Vertrag aufgrund der Nichtbeachtung der Verdingungsordnung und des Vergaberechts nichtig, so sind die verwendeten Mittel zurückzuzahlen,
- Verantwortliche Entscheidungsträger, wie Geschäftsführer, Vorstände, Aufsichtsräte können u.U. für die Schäden aus der Nichtbeachtung des Vergaberechts verantwortlich gemacht werden bzw. persönlich haften. Nicht auszuschließen ist gegebenenfalls auch der Anfangsverdacht von Korruption.

Der **Verkauf eines Krankenhauses** – sei es als share oder asset deal – fällt i.d.R. nicht unter das formelle Vergaberecht. Dennoch sind allgemeine Haushaltsgrundsätze und Grundsätze der Wirtschaftlichkeit, wie sie sich auch im Vergaberecht widerspiegeln (Transparenz und Gleichbehandlung), zu beachten. Daher haben sich sog. **strukturierte Bieterverfahren** sehr bewährt (J. Poll/S. Dulle, Vergaberechtliche Fragen bei Privatisierungen im Gesundheitswesen, in: Medizinrecht heute: Erfahrungen, Analysen, Entwicklungen, Festschrift 10 Jahre Arbeitsgemeinschaft Medizinrecht im DAV, Bonn 2008, S. 799-814).

3.2.2 Kartellrechtliche Aspekte

Der stetige Kostendruck im Gesundheitssystem übt auch einen Druck auf Krankenhausbetreiber aus. Immer mehr Krankenhäuser in kommunaler Hand werden nicht zuletzt aus diesem Grund privatisiert. So wechseln in erster Linie Krankenhäuser in kommunaler oder gemeinnütziger Hand an private Betreiber.

Erwerbe eines oder mehrerer Krankenhäuser unterliegen gem. §§ 35 GWB der **Zusammenschlusskontrolle** (**Fusionskontrolle**). Diese findet immer dann Anwendung, wenn im letzten Geschäftsjahr vor dem Zusammenschluss:

1. die beteiligten Unternehmen insgesamt weltweit Umsatzerlöse von mehr als 500 Mio. € und
2. im Inland mindestens ein beteiligtes Unternehmen Umsatzerlöse von mehr als 25 Mio. € und ein anderes beteiligtes Unternehmen Umsatzerlöse von mehr als 5 Mio. €

erzielt haben.

Lange Zeit war es umstritten, ob durch § 69 Abs. 1 SGB V die **Fusionskontrolle für Krankenhausfusionen** nicht ausgeschlossen ist. In der aktuellen Rechtsprechung wurde insbesondere durch die Entscheidung des OLG Düsseldorf vom 11.04.2007 – Rhön-Grabfeld, VI Kart 6/05 (V), beck online becklink 220869) bestätigt, dass die Vorschriften der Fusionskontrolle nicht durch § 69 SGB V ausgeschlossen werden. Gleichlautend hat dann auch der BGH in seiner Entscheidung „Kreiskrankenhaus Bad Neustadt“ entschieden (BGH vom 16.01.2008 – Kreiskrankenhaus Bad Neustadt, KVR 26/01, BGHZ 175, 333); vgl. T. Ellerbrock/H. Sauter, Krankenhausfusionen und ihre Kontrolle nach dem GWB, Das Krankenhaus 2009, S. 339).

Die **Pflicht zur Durchführung eines Zusammenschlusskontrollverfahren** ergibt sich gem. § 37 Abs. 1 GWB aus dem/der:

1. Erwerb des Vermögens eines anderen Unternehmens ganz oder zu einem wesentlichen Teil;
2. Erwerb der unmittelbaren oder mittelbaren Kontrolle durch ein oder mehrere Unternehmen über die Gesamtheit oder Teile eines oder mehrerer anderer Unternehmen. Die Kontrolle wird durch Rechte, Verträge oder andere Mittel begründet, die einzeln oder zusammen unter Berücksichtigung aller tatsächlichen und rechtlichen Umstände die Möglichkeit gewähren, einen bestimmenden Einfluss auf die Tätigkeit eines Unternehmens auszuüben, insbesondere durch:
   a) Eigentums- oder Nutzungsrechte an einer Gesamtheit oder an Teilen des Vermögens des Unternehmens,
   b) Rechte oder Verträge, die einen bestimmenden Einfluss auf die Zusammensetzung, die Beratungen oder Beschlüsse der Organe des Unternehmens gewähren;
3. Erwerb von Anteilen an einem anderen Unternehmen, wenn die Anteile allein oder zusammen mit sonstigen, dem Unternehmen bereits gehörenden Anteilen:
   a) 50 vom Hundert oder
   b) 25 vom Hundert des Kapitals oder der Stimmrechte des anderen Unternehmens erreichen. Zu den Anteilen, die dem Unternehmen gehören, rechnen auch die Anteile, die einem anderen für Rechnung dieses Unternehmens gehören und, wenn der Inhaber des Unternehmens ein Einzelkaufmann ist, auch die Anteile, die sonstiges Vermögen des Inhabers sind. Erwerben mehrere Unternehmen gleichzeitig oder nacheinander Anteile im vorbezeichneten Umfang an einem anderen Unternehmen, gilt dies hinsichtlich der Märkte, auf denen das andere Unternehmen tätig ist, auch als Zusammenschluss der sich beteiligenden Unternehmen untereinander;
4. jeder sonstigen Verbindung von Unternehmen, aufgrund deren ein oder mehrere Unternehmen unmittelbar oder mittelbar einen wettbewerblich erheblichen Einfluss auf ein anderes Unternehmen ausüben können.

Ein **Zusammenschluss** liegt auch dann vor, wenn die beteiligten Unternehmen bereits vorher zusammengeschlossen waren, es sei denn, der Zusammenschluss führt nicht zu einer wesentlichen Verstärkung der bestehenden Unternehmensverbindung.

3.3 Krankenhaustransaktionen

3.3.1 Privatisierung von Krankenhäuser

Im allgemeinen Sprachgebrauch wird unter einer **Privatisierung eines Krankenhauses** die vollständige oder mehrheitliche Veräußerung eines bisher in öffentlicher (kommunaler) Trägerschaft befindlichen Krankenhauses an einen privaten oder gemeinnützigen Klinikbetreiber verstanden.

In rechtlicher Hinsicht ist jedoch zwischen einer **formellen und einer materiellen Privatisierung** zu unterscheiden. Unter einer **formalen Privatisierung** ist die **„Umwandlung der Rechtsform eines in öffentlicher Trägerschaft befindlichen Krankenhauses aus der Form eines Eigenbetriebs oder eines Regiebetriebs in eine privatrechtliche Gesellschaftsform** zu verstehen" (http://www.bdpk.de/privatkliniken.php/cat/144/aid/349/preview/1). **Wesensmerkmal der Privatisierung** ist die Ausgliederung oder Einbringung des Krankenhauses aus dem Vermögen der Kommune an einen privaten Investor beispielsweise nach den Vorschriften des Umwandlungsgesetzes. Bei einer **Rechtsformänderung** bleibt der bisherige Krankenhausträger weiterhin Unternehmenseigner. Die Rechtsformänderung hat allerdings einen Einfluss auf die Mitspracherechte der Mitarbeiter sowie die Einflussnahme des Trägers auf die Geschäftstätigkeit.

Die Einflussnahme des Trägers beschränkt sich auf die Be- oder Abberufung der Geschäftsführung sowie auf die sonstigen gesetzlichen oder satzungsmäßigen Befugnisse in der Gesellschafterversammlung (GmbH) bzw. Hauptversammlung (AG). Häufig wird **die Geschäftsführung bei Gesellschaften in kommunaler Trägerschaft** im „Modell der Dreierspitze" Ärztlicher Direktor, Pflegedienstleiter und Verwaltungsleiter ausgeführt (http://www.bdpk.de/privatkliniken.php/cat/144/aid/349/preview/1).

Bei der **materiellen Privatisierung** wird das Krankenhaus an einen Investor verkauft. Dabei kann es sich durchaus um ein Krankenhaus handeln, welches zuvor formell privatisiert wurde.

Voraussetzung von Privatisierung ist, dass ein entsprechender Grundsatzbeschluss des bisherigen Trägers (Gemeinde oder Landkreis) vorliegt.

3.3.2 Kooperation von Krankenhäusern

Unter **Kooperation** ist die Zusammenarbeit von Unternehmen/Krankenhäusern zu größeren Wirtschaftseinheiten mit dem Ziel, bestimmte Vorhaben zu realisieren, zu verstehen. **Wesensmerkmal von Kooperationen** ist, dass sie durch die gemeinsame Absicht eine Steigerung der Wirtschaftlichkeit und Wettbewerbsfähigkeit der beteiligten Unternehmen herbeizuführen, geprägt sind. Im Krankenhausbereich sind Kooperationen hinsichtlich der gemeinsamen Nutzung von Großgeräten, die Notfallversorgung gängige Praxis oder auch um Kosteneffizienzen, wie wirtschaftliche Vorteile bei der Beschaffung von Lieferungen und Leistungen, beispielsweise durch Einkaufsgemeinschaften, zu erreichen. Insbesondere im Hinblick auf den steigenden Kostendruck im Gesundheitswesen wird sich dieser Trend noch weiter verstärken.

Kooperationen sind nicht mit einem einfachen Leistungsaustausch gleichzusetzen, sondern zeichnen sich dadurch aus, dass durch die gemeinsame Tätigkeit diese für alle Beteiligten effizienter und wirtschaftlicher gestaltet werden kann. Die bloße Vermietung der Krankenhauscafeteria stellt demnach noch keine Kooperation dar.

3.3.2.1 Rechtliche Gestaltungen von Kooperationen

Die **rechtliche Gestaltung von Kooperationen** kann hinsichtlich der Intensität der Zusammenarbeit differenziert werden. Bei Kooperationen mit geringer Organisationsintensität haben sich ein oder zwei Kooperationspartner für die Umsetzung bestimmter Ziele zusammengeschlossen. Sie arbeiten nur innerhalb dieses Teilbereichs zusammen. In ihrer übrigen Geschäftstätigkeit bleiben sie wirtschaftlich und rechtlich selbstständig. Die Kooperation kann alle Funktionsbereiche des Krankenhauses umfassen (s. Schmidt, Das Krankenhaus in der Beratung, S. 63, 66 ff.):

Medizinische Kooperationen	Versorgung/Verwaltung	Aus- und Weiterbildung
• Radiologie • Innere Medizin • Orthopädie • Neurologie • Dialyse • Laboratorium • Erbringung von OP-Leistungen	• Apotheke • Beschaffungswesen • Patientenbetreuung/ Sozialdienst	• Krankenpflege • Krankenpflegedienst • Pflegedienst

Die **Kooperationsintensität** drückt die Stärke der Zusammenarbeit aus. Sie kann von einer losen Rahmenvereinbarung bis hin zur straffen Formen des Kooperationsvertrages reichen. Die **Unterschiede in der Organisationsintensität** lassen sich wie folgt darstellen (vgl. J. Lutz, Zusammenschlüsse öffentlicher Unternehmen – Kooperationen und Fusionen im Spitalsektor, S. 109; vgl. Schmidt, Das Krankenhaus in der Beratung, S. 65):

Kriterium	Organisationsintensität ←→ niedrig	mittel	hoch
Bindungsmittel	**Einzelvertragliche Zusammenarbeit (in einzelnen Leitungsbereichen)**	**Kapitalbeteiligung (z.B. gemeinsame Tochtergesellschaft)**	**Vermögenserwerb (z.B. Fusion)**
Wirtschaftliche Selbstständigkeit	bleibt erhalten		wird aufgegeben
Rechtliche Selbstständigkeit	bleibt erhalten		wird aufgegeben
Ausmaß der Zusammenarbeit	Teilaufgabe		Gesamtaufgabe
Dauer	kurzfristig, befristet		langfristig
Austritts-/Kündigungsmöglichkeit	vorhanden	möglich	nicht/schwer möglich

Bei **Beteiligungen von Krankenhäusern in kommunaler Trägerschaft** sind die Regelungen des Vergaberechts zu beachten. Neben den rechtlichen sind auch die steuerlichen Aspekte einer Kooperation zu beachten. Darüber hinaus können auch die Landeskrankenhausgesetze Regelungen zu Kooperationen enthalten.

Eine weitere Unterscheidung besteht hinsichtlich der **horizontalen/vertikalen Struktur.**

Eine **horizontale Kooperation** besteht beispielsweise zwischen Betrieben derselben Produktions- oder Marktstufe. Durch Synergien bieten sich eine Vielzahl von Möglichkeiten für eine gemeinschaftliche Aufgabenerfüllung, etwaige Erfahrungsaustauschmöglichkeiten, gemeinsame Marktforschung und Kundenservice, Vertriebs-, Werbe- und Verkaufsgemeinschaften. Im Krankenhausbereich liegt eine horizontale Kooperation vor, wenn zwei Einrichtungen gleicher Versorgungsstufe kooperieren.

Bei einer **vertikalen Kooperation** arbeiten Betriebe unterschiedlicher Produktionsstufen zusammen. Durch diese Verbindung wird der Absatz gesichert, Wissen transferiert. Es besteht die Möglichkeit, Produktionsprozesse besser zu koordinieren. Bezogen auf den Krankenhausbereich erfolgt eine Kooperation zwischen Einrichtungen der vor- und oder nachgelagerten Versorgung (verschiedene Versorgungsstufen), wie beispielsweise niedergelassenen Ärzten oder Rehabilitationseinrichtungen.

3.3.2.2 Kooperationsformen

Schuldrechtliche Kooperationsformen liegen immer dann vor, wenn der vertragliche Austausch auf einzelvertraglicher – schuldrechtlicher Basis erfolgt. Die rechtliche Basis erfolgt auf Grundlage eines **Dienstvertrages** gem. § 611 BGB, eines Werkvertrages gem. § 631 BGB oder eines **Geschäftsbesorgungsvertrages** gem. § 675 BGB. Gegenstand eines Dienstvertrages ist die die Erbringung einer bestimmten Tätigkeit, beim **Werkvertrag** hingegen schuldet der zur Erbringung der vertraglichen Leistung verpflichtete den Eintritt eines bestimmten Erfolgs. Anders hingegen ist der Geschäftsbesorgungsvertrag. Gegenstand dieses Vertrages ist die Erbringung der vertraglichen Leistung durch die Wahrnehmung fremder Vermögensinteressen durch fremde Tätigkeit.

Im kommunalen Krankenhaussektor kommt es immer häufiger vor, dass **Managementaufgaben an Dritte vergeben werden**. Ziel dieser Kooperationsform ist es kompetente Betriebsführungskenntnisse zu nutzen, die in der Regel durch private Krankenhausbetreiber ausgeführt werden. Bei einem **Managementvertrag** handelt es sich in der Regel um einen Geschäftsbesorgungsvertrag gem. §§ 675 ff. BGB, der im Übrigen i.d.R. nach vorgenannten vergaberechtlichen Vorschriften ausschreibungspflichtig sein dürfte. Mit dem Abschluss eines Managementvertrages wird kein Trägerwechsel i.S.d. Krankenhausgesetzes begründet.

Die vom Kooperationspartner gestellte Geschäftsführung ist an die gesellschaftsvertraglichen und satzungsmäßigen Vorschriften und Regelungen gebunden. Die Leistungserbringung des Kooperationspartners erfolgt im Namen und im Interesse des zu führenden Krankenhauses. Als Gegenleistung für die Managementleistung erhält der Kooperationspartner eine Vergütung. Diese ist in der Regel in einen fixen und einen variablen Bestandteil aufgeteilt.

Als Beispiel für eine mittlere Form der Organisationsintensität kann die **Gründung von gemeinsamen Holdinggesellschaften** genannt werden.

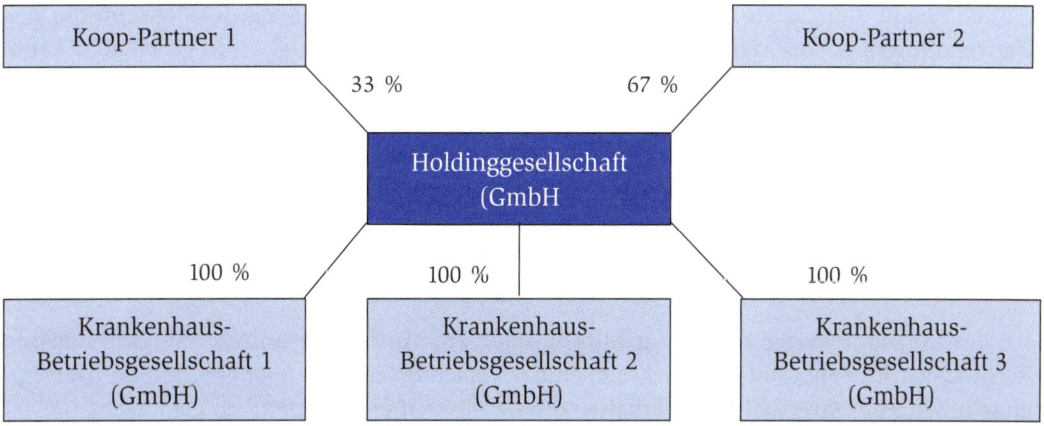

Abb. 3: Gründung von gemeinsamen Holdinggesellschaften (Quelle: Schmidt, Das Krankenhaus in der Beratung, S. 72)

Die **Holdinggesellschaft** wird i.d.R. in der Form einer GmbH oder AG **gegründet**. Die Krankenhausträger übertragen oder bringen ihre Beteiligungen an den Krankenhausbetriebsgesellschaften gegen Gewährung von Gesellschaftsanteilen ein. Bei der **Übertragung der Beteiligungen** bleiben die Träger grundsätzlich in ihrer rechtlichen und wirtschaftlichen Struktur unverändert. Es liegt kein Trägerwechsel (für den Krankenhausbetrieb) i.S.d. KHG vor.

Der Vorteil davon ist, dass die sich Krankenhausträger aus der aktiven Teilnahme an der operativen Tätigkeit der Krankenhausbetriebsgesellschaft zurückziehen können. Die Holdinggesellschaft nimmt selbst nicht an der operativen Tätigkeit teil. Ihre Funktion ist das Halten von Beteiligungen an den Betriebsgesellschaften. Die Einflussnahme der Holding, die Vorgabe und Umsetzung der strategischen Ausrichtung erfolgt durch die Alleingesellschafterstellung der Holding an den Betriebsgesellschaften durch Gesellschafterbeschlüsse in den Gesellschafterversammlungen. Weitere Einflussnahme auf die Geschäftsführung der Betriebsgesellschaften erfolgt durch gesellschaftsvertragliche oder satzungsmäßig festgelegten zustimmungspflichtigen Gesetze und/oder Geschäftsordnungen.

Die stärkste Ausprägung der Organisationsintensität ist der **Zusammenschluss von Krankenhäusern/Rechtsträgern**. Bei dieser Kooperationsform verliert zumindest einer der Kooperationspartner seine rechtliche und wirtschaftliche Selbstständigkeit. Die Träger sind i.d.R. gemeinsam an der „fusionierten" Einheit beteiligt.

Erfolgt die **Fusion im Rahmen der Einzelrechtsnachfolge**, so werden sämtliche aktiven und passiven Vermögenswerte und Verbindlichkeiten durch Rechtsgeschäft auf einen anderen Rechtsträger übertragen. Der übernehmende Rechtsträger tritt in alle vertraglichen Beziehungen des übertragenden Rechtsträgers ein. In der Praxis wird in einem solchen Fall ein Krankenhausbetrieb an eine neu zugründende oder eine bestehende Gesellschaft übertragen. Die Übertragung kann als **Sacheinlage gegen Gewährung von Gesellschaftsanteilen** oder als **Einbringung im Rahmen einer Gründung – Sachgründung** – erfolgen.

Für die an dem übertragenden Rechtsträger beschäftigten Personen gelten die Regelungen des § 613a BGB, d.h. die Arbeitsverhältnisse gehen automatisch auf den neuen Rechtsträger über. Die Fusion im Wege der **Einzelrechtsnachfolge** stellt einen **Trägerwechsel i.S.d. KHG** dar.

Eine **Fusion** kann auch im Wege der **Gesamtrechtsnachfolge** nach den Vorschriften des Umwandlungsgesetzes erfolgen (UmwG). Bei einer Gesamtrechtsnachfolge werden keine einzelnen aktiven und passiven Vermögenswerte und Verbindlichkeiten übertragen, sondern es gehen die gesamten Vermögenswerte und Verbindlichkeiten über. Es bedarf daher keiner Zustimmung der Gläubiger und Vertragspartner, da der aufnehmende Rechtsträger in die Rechte und Pflichten des übertragenden Rechtsträger eintritt („Fußstapfentheorie").

Die **Fusion im Wege der Gesamtrechtsnachfolge** kann:

- durch Verschmelzung zur Neugründung oder zur Aufnahme oder
- durch Spaltung zur Neugründung durch Aufnahme erfolgen.

Bei der **Verschmelzung zur Neugründung oder zur Aufnahme** erlischt der übertragende Rechtsträger im Zeitpunkt der Wirksamkeit der Verschmelzung, d.h. er geht mit der Übertragung unter. Zum Ausgleich dafür erhalten die Gesellschafter des übertragenden Rechtsträgers Gesellschaftsanteile an dem aufnehmenden Rechtsträger. Die Verschmelzung kann durch die Aufnahme des zu übertragenden Vermögens an den übernehmenden Rechtsträger oder im Zuge der Neugründung des aufnehmenden Rechtsträgers erfolgen.

Eine **Verschmelzung** stellt einen Trägerwechsel i.S.d. KHG dar. Für die Arbeitnehmer des untergehenden Rechtsträgers greifen die Vorschriften des § 613a BGB.

Es gibt drei **Formen der Spaltung**: die Aufspaltung, die Abspaltung und die Ausgliederung. Bei der Spaltung werden Vermögensteile als Gesamtheit im Wege der Gesamtrechtsnachfolge nach den Vorschriften des UmwG von einem Rechtsträger auf einen anderen Rechtsträger übertragen.

Bei der **Ausgliederung** überträgt der übertragende Rechtsträger unter Auflösung (ohne Abwicklung) sein Vermögen auf den aufnehmenden oder neu zugründenden Rechtsträger. Dabei teilt er seine Vermögen auf mindestens zwei Rechtsträger auf. Die Übertragung kann auf bereits bestehende Rechtsträger oder auf neu zu gründende Rechtsträger erfolgen. Die **Übertragung** erfolgt gegen die Gewährung von Gesellschaftsanteilen an dem aufnehmenden oder neu zugründenden Rechtsträger.

Bei der **Abspaltung** spaltet der übertragende Rechtsträger von seinem Vermögen einen Teil oder mehrere Teile ab. Die Übertragung kann jeweils als Gesamtheit auf einen bestehenden oder mehrere bestehende Rechtsträger (übernehmende Rechtsträger) oder neu gegründete Rechtsträger erfolgen. Der bisherige Rechtsträger bleibt bei der Abspaltung bestehen. Die Gesellschafter des bisherigen Rechtsträger erhalten Gesellschaftsanteile an den neuen Rechtsträgern.

Bei der **Ausgliederung** gliedert der übertragende Rechtsträger aus seinem Vermögen einen Teil oder mehrere Teile aus. Die Übertragung kann jeweils als Gesamtheit auf einen bestehenden oder mehrere übernehmende Rechtsträger oder auf neu gegründete Rechtsträger erfolgen. Die Gesellschaftsanteile an den neuen sowie an den übernehmenden Rechtsträgern werden an den ausgegliederten Rechtsträger entsprechend des Wertes der übertragenen Vermögenswerte übertragen (ausführlich s. H. Brönner, Die Besteuerung der Gesellschaften, C. V.).

Eine Spaltung stellt einen Trägerwechsel i.S.d. KHG dar.

3.3.3 Ablauf und Arten von Unternehmensakquisition

Bei Krankenhaustransaktionen müssen sich die beteiligten Parteien zwischen den beiden möglichen Formen des Unternehmenskaufs, Asset Deal oder Share Deal, entscheiden. Während beim Share Deal der Kauf des Krankenhauses durch den Kauf der Gesellschaftsanteile erfolgt, werden beim Asset Deal die Übernahmetransaktionen durch Aktivaverkäufe der übernommenen Gesellschaft realisiert.

Werden beim **Asset Deal** die wesentlichen Vermögensgegenstände und gegebenenfalls Verbindlichkeiten eines Unternehmens gekauft, so handelt es sich um einen Unternehmenskauf. Werden nur einige wenige Einzelgegenstände übernommen, so handelt es sich rechtlich um einen Sachkauf.

Ähnlich verhält es sich beim **Share Deal**: Werden Geschäftsanteile übertragen, die eine mehrheitliche Beeinflussung der Unternehmensgeschicke mit sich bringen (z.B. mehr als 75 % der Anteile, ggf. aber auch weniger bei entsprechender Regelung im Gesellschaftsvertrag) so handelt es sich bei der Transaktion um einen **Unternehmenskauf** (bzw. der Käufer wird Mehrheitseigner). Wird nur ein Teil der Gesellschaftsanteile (Minderheitsanteile) übernommen, handelt sich i.d.R. um einen sog. **Rechtskauf**.

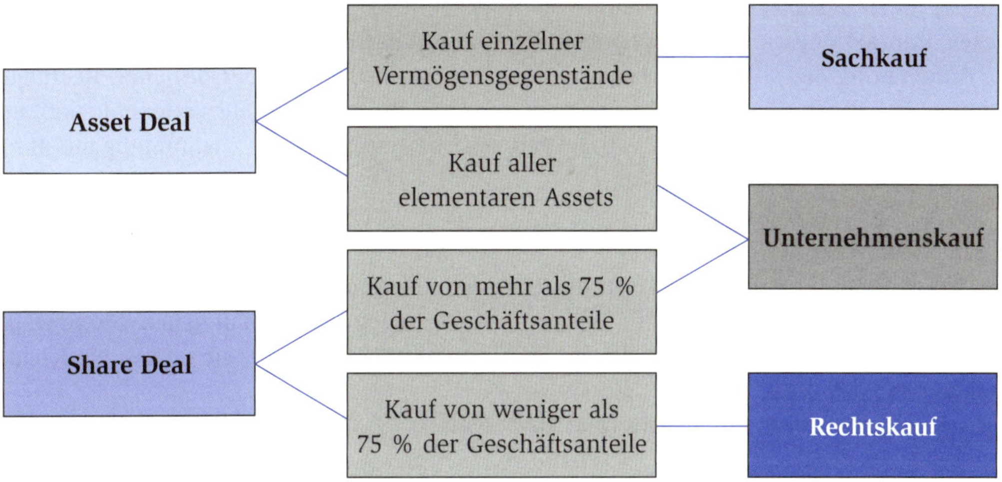

Abb. 4: Überblick über Asset Deal und Share Deal

3.3.4 Asset Deal

Beim **Asset Deal** werden wesentliche Vermögensgegenstände einzeln übertragen. Das verkaufende Unternehmen bleibt als wirtschaftlich und rechtlich selbstständiger Rechtsträger bestehen.

Der Asset Deal stellt die Veräußerung von Teilen des Aktivvermögens des Unternehmens dar. Hierbei steht die dingliche Übertragung im Vordergrund. Es erfolgt eine Auswahl derer Vermögensgegenstände, die übertragen werden sollen. Diese sind detailliert im Kaufvertrag aufzunehmen und darzulegen, welche Einzelbestandteile übergehen. Weiterhin muss im Kaufvertrag der Stichtag der Übertragung festgelegt werden, an dem die Assets endgültig übertragen werden. Werden Grundstücke übertragen, ist die notarielle Beurkundung notwendig.

Sollen darüber hinaus auch Vertragsverhältnisse übertragen werden, ist die Zustimmung des jeweiligen Vertragspartners nach § 415 BGB zwingend erforderlich. Für die Übernahme der Mitarbeiter ist keine gesonderte Zustimmung erforderlich. Allerdings haben diese gem. § 613a Abs. 6 Satz 1 BGB innerhalb eines Monats nach Bekanntgabe der Übertragung ein Widerspruchsrecht.

Soll der Firmenname weiterhin fortgeführt werden, haften sowohl der Käufer als auch der Verkäufer nach §§ 25 HGB und 75 AO für die Verbindlichkeiten. Allerdings kann für den Käufer nach § 25 Abs. 2 HGB ein **Haftungsausschluss** im Vertrag festgelegt werden, wenn dieser nicht alle Verbindlichkeiten übernimmt. Der Käufer haftet nach § 75 AO ausschließlich mit dem übertragenen Vermögen für betriebliche Steuern und Steuerabzugsbeträge.

Beim Asset Deal trifft der Käufer eine bewusste Auswahl der Assets, die übernommen werden sollen. Die Gefahr, dass aus Versehen versteckte Risiken oder Lasten übernommen werden, dürfte daher relativ gering sein. Da nur ausgewählte Aktivvermögen und Passivpositionen übernommen werden, ist es meist einfacher, diese in die eigene Unternehmensstruktur einzugliedern. Als weitere Vorteile dieser Akquisitionsform ist die relativ einfache und schnelle Umsetzung, weinige Formvorschriften, die es einzuhalten gibt, zu benennen. Der Asset Deal lässt weiterhin die Möglichkeit zur Abschreibung der Vermögensgegenstände im Zielunternehmen zu. Somit kann der Kaufpreis teilweise abgesetzt werden.

In der Praxis gestaltet sich diese Form von Unternehmenstransaktion insbesondere bei komplexen Transaktionen u.U. als sehr aufwendig und unübersichtlich. Als weitere Nachteile ist die **Aufdeckung der stillen Reserven** und der etwaige **Verlust der persönlichen Rechtspositionen** zu nennen. Darüber hinaus können Verträge, die eventuell sehr vorteilhaft sind, nur durch Zustimmung der jeweiligen Vertragsparteien übertragen und die Zustimmung nur durch Vertragsanpassungen erkauft werden.

3.3.5 Share Deal

Der **Share Deal** bezeichnet die Form des Unternehmenskaufs bzw. -verkaufs, bei dem der gesamte Rechtsträger innerhalb der Transaktion übertragen wird. Somit gehen alle bzw. die Mehrheit der Geschäftsanteile auf den Käufer über. Hierbei handelt es sich um einen Rechtskauf gemäß § 431 BGB.

Der **Kaufgegenstand beim Share Deal** kann sein:

- Aktien einer AG,
- Geschäftsanteile einer GmbH bzw.
- Geschäftsanteile an einer Personengesellschaft.

Geschäftsanteile werden an den Käufer abgetreten, verbriefte Aktien werden anhand einer Aktienurkunde übereignet, Namensaktien werden anhand eines Indossaments übertragen.

Die **Übertragung der Anteile einer GmbH** muss bei der Gesellschaft angemeldet werden und erfordert eine notarielle Beurkundung. Die Abtretung der Geschäftsanteile einer OHG, KG bzw. einer GbR erfolgt formlos.

Im Rahmen der Transaktion werden alle der Gesellschaft zugehörigen Vermögensgegenstände übertragen, nicht aber Garantien und Zusicherungen des Gesellschafters oder anderer Dritter. Ebenso werden Vermögensgegenstände, die nicht der Gesellschaft selbst gehören, sondern einem Gesellschafter persönlich bzw. Dritten, nicht übertragen. Dies können zum Beispiel Grundstücke sein, die dem Unternehmen bisher eventuell unentgeltlich zur Verfügung gestellt wurden.

Die Vertragsgegenstände werden vertraglich genau erfasst. Hierzu gehören zum Beispiel Handelsregistereintragungen, Angaben zur Höhe des Stammkapitals und eventuelle Beteiligungsverhältnisse an weiteren Unternehmen. Zusätzlich wird meist eine Vereinbarung getroffen, in wie weit möglicherweise auftretende Risiken vom Käufer bzw. Verkäufer zu tragen sind. Hierbei sind umfassende Garantie- oder Gewährleistungskataloge üblich.

Da beim Share Deal das Unternehmen in seiner Gesamtheit übernommen wird, ist es ausgeschlossen, dass für die Weiterführung des Betriebs elementare Rechte bzw. Sachen bei der Übertragung nicht berücksichtigt wurden. Vertragsverhältnisse werden beim Share Deal automatisch und ohne weitere Zustimmung übertragen. Insgesamt bleiben durch die Übertragung des Rechtsträgers dessen rechtliche Beziehungen weiterhin bestehen.

Allerdings erfordert eine Unternehmensakquise im Rahmen eines Share Deals eine Vielzahl an Formalitäten. Darüber hinaus kann sich der Käufer den Altverbindlichkeiten des Unternehmens nicht entziehen, sondern ist zur Haftung verpflichtet.

4. Allgemeine Grundsätze der Unternehmensbewertung unter besonderer Berücksichtigung des IDW Standards 1

Das Institut der Wirtschaftsprüfer in Deutschland e.V. (IDW) hat durch Standard S 1 **„Grundsätze zur Durchführung von Unternehmensbewertungen"** in der Fassung 2008 (Stand 02.04.2008), veröffentlicht. Dieser ist im internationalen Vergleich die konkreteste und detaillierteste Norm im Zusammenhang mit der Methodik der Unternehmensbewertung und stellt die Berufsauffassung des Berufsstands der Wirtschaftsprüfer dar. Im Folgenden sollen wesentliche Aspekte dieses Standards betrachtet werden (vgl. hierzu auch V. Peemöller, Praxishandbuch der Unternehmensbewertung, S. 149).

4.1 Begriffliche Grundlagen

4.1.1 Inhalt des Unternehmenswertes

Der Wert eines Unternehmens bestimmt sich aus dem subjektiven Nutzen, den sein Eigentümer aus ihm ziehen kann. Hierbei kommen sowohl finanzielle als auch subjektive Wertschätzungen des Eigentümers zum Tragen. Unter der Bedingung ausschließlich finanzielle Ziele zu berücksichtigen, ergibt sich der Unternehmenswert aus dem **Barwert, der mit dem Eigentum an dem Unternehmen verbundenen Nettozuflüssen an die Unternehmenseigner verknüpft ist.** Demnach wird der Wert des Unternehmens allein aus seiner künftigen Ertragskraft abgeleitet. Der **Unternehmenswert** resultiert grundsätzlich aus den mit dem Kapitalisierungszinssatz abgezinsten erwarteten finanziellen Überschüssen, die durch das betriebsnotwendige Vermögen erwirtschaftet werden sollen. Der **Liquidationswert** kommt nur als Unternehmenswert in Betracht, wenn der Barwert der finanziellen Überschüsse, die sich bei Liquidation des gesamten Unternehmens ergeben, den Fortführungswert übersteigt. Bei dem Unternehmenswert handelt es sich immer um einen Zukunftserfolgswert. Hierzu haben sich in der Praxis zwei Verfahren (Ertragswertverfahren und die Discounted-Cashflow-Verfahren) durchgesetzt, welche auf den gleichen konzeptionellen Grundlagen basieren. Unter der Bedingung, dass die gleichen Bewertungsannahmen und -vereinfachungen herangezogen werden, führen beide Verfahren zum gleichen Unternehmenswert (vgl. WP Handbuch 2008, Band II, 13. Auflage, S. 3 ff.). Im Rahmen der durchgeführten Umfrage bei Wirtschaftsprüfungsgesellschaften und Mergers & Acquisitions-Beratungen im Jahre 1993 zeigt sich, dass bei 72 % aller Bewertungen eines der beiden Verfahren verwendet wurde, obwohl anzumerken ist, dass eine leichte Präferenz zugunsten des Ertragswertverfahren besteht.

Bei der **Ermittlung des Unternehmenswertes** lassen sich vier Grundschwierigkeiten benennen (vgl. WP Handbuch 2008, Band II, 13. Auflage, S. 3 ff.):

1. Definition der künftigen finanziellen Überschüsse (Schwierigkeit I),
2. Prognose der künftigen finanziellen Überschüsse (Schwierigkeit II),
3. Bemessung des Kapitalisierungszinssatzes (Schwierigkeit III),
4. Berücksichtigung subjektiver Wertvorstellungen (Schwierigkeit IV).

Schwierigkeit I ergibt sich aus der **Ermittlung der künftigen finanziellen Überschüsse**. Hierbei sind sowohl steuerrechtliche und gesellschaftsrechtliche Bedingungen als auch die periodengerechte Erfolgsermittlung zu berücksichtigen.

Schwierigkeit II umfasst die **Prognose der künftigen finanziellen Überschüsse**. Um diese Schwierigkeit zu lösen, können die folgenden Instrumente Abhilfe schaffen:

- Aufteilung des Planungszeitraums in zwei Phasen: in Phase I erfolgt eine detaillierte Planung aller Parameter (Detailplanungsphase); in Phase II wird ein für die Ewigkeit nachhaltig erzielbares Ergebnis abgeleitet und mithilfe der mathematischen Formel für die ewige Rente abgebildet,
- Verplausibilisierungen in Form von Vergleichsrechnungen (z.B. Vergangenheitsanalysen und -bereinigungen, Soll-Ist und Benchmark-Vergleiche) sowie
- Analyse der Chancen und Risiken.

Schwierigkeit III ergibt sich im Zusammenhang mit der **Bemessung des Kapitalisierungszinssatzes**. Bei der Ermittlung des Zinssatzes sind folgende Aspekte zu berücksichtigen:

- gegenwärtige und/oder künftige Zinssätze,
- alternative Anlagemöglichkeiten,
- verschuldungsgradabhängiges Kapitalstrukturrisiko,
- Wachstum,
- Besteuerung,
- Unsicherheitsaspekte.

Schwierigkeit IV berücksichtigt die subjektive Komponente, die sich in der **unterschiedlichen Nutzenvorstellung** ausdrückt (vgl. WP Handbuch 2008, Band II, 13. Auflage, S. 3 ff.).

4.1.2 Bewertungsanlässe

Anlässe für die Durchführung von Unternehmensbewertungen können sehr vielfältig sein. Sie können sich zum Einen aus gesetzlichen Vorschriften zum anderen aus vertraglichen Vereinbarungen oder aus sonstigen Gründen ergeben. In der nachfolgenden Tabelle werden mögliche Anlässe schematisch für die drei unterschiedlichen Gründe dargestellt (in Anlehnung an U. Schacht/M. Fackler, Praxishandbuch Unternehmensbewertung, 2009, S. 12).

Gesetzliche Vorschriften	Vertragliche Vorschriften	Sonstige Gründe
Ermittlung eines angemessenen Abfindungs- oder Ausgleichsbetrages gemäß AktG/UmwG	Auseinandersetzungen im Zusammenhang bei Erbauseinandersetzungen	Kauf und Verkauf von Unternehmen

Gesetzliche Vorschriften	Vertragliche Vorschriften	Sonstige Gründe
Berechnung des maßgebenden Verhältnisses für den Umtauschwert nach dem UmwG	Ausnahme und Ausscheiden eines Gesellschafters bei einer Personengesellschaft	IPO
Ermittlung im Rahmen des Zugewinnausgleiches	Schiedsgutachten	Unternehmenssanierungen
Bewertung von Anteilen an Kapitalgesellschaften, die nicht börsennotiert sind		

Gesetzliche Vorschriften im Zusammenhang mit der Unternehmensbewertung lassen sich aus dem Umwandlungs- und Aktienrecht ableiten, wobei die Vorschriften des Aktienrechts analog auch für GmbHs gelten. In diesem Zusammenhang hat eine Überprüfung der anzubietenden Abfindungen bzw. Ausgleichszahlungen auf ihre Angemessenheit stattzufinden. Die Spaltung oder die Verschmelzung begründen eine Bewertung, um das Umtauschverhältnis zu bestimmen. Des weiteren existieren noch zusätzliche gesetzliche Regelungen im WpÜG sowie im Familienrecht bei der **Ermittlung des Zugewinnausgleiches** (vgl. U. Schacht/M. Fackler, Praxishandbuch Unternehmensbewertung, 2009, S. 12 f.).

Bei den **vertraglichen Vereinbarungen** sind die Bewertungsverfahren nicht gesetzlich kodifiziert, sondern durch die Vertragsparteien in Form eines Vertrages bestimmt worden. Der Gutachter der Unternehmensbewertung kann in diesem Fall mit der Problematik konfrontiert sein, dass die vertraglichen Regelungen nicht mit dem Standard S1 des IDW übereinstimmen. An dieser Stelle muss er verdeutlichen, dass die Erstellung des Gutachtens in Abkehr der beruflichen Auffassung erfolgte und damit auf den unabdingbaren vertraglichen Vorschriften der schriftlichen Vereinbarung beruht.

Sonstige Gründe, die zur Durchführung einer Unternehmensbewertung führen, sind freiwilligen unternehmerischen Initiativen geschuldet. Hauptanlass der Bewertung liegt in der **Mergers & Acquisitions-Transaktion**. Leichtfertige Kauf- und Verkaufspreisangebote sind nur schwer zu revidieren. Somit findet in der Regel im Vorfeld von Angebotsabgaben eine Unternehmensbewertung statt. Wie wichtig eine solche Unternehmensbewertung ist zeigt die Aussage von Hans Münstermann: „Für das Gewesene gibt der Kaufmann nichts!“ (vgl. H. Münstermann, 1970, S. 21 zitiert nach V. Peemöller, 2009, S. 33). Für die Beurteilung der wirtschaftlichen Lage im Rahmen einer Unternehmensbewertung ist nicht nur die aktuelle Situation relevant, sondern auch zwingend die künftige Entwicklung des Unternehmens. Dieses lässt sich quantitativ durch die Diskontierung der zukünftigen Barwerte im Rahmen der Unternehmensbewertung darstellen.

4.1.3 Funktionen des Wirtschaftsprüfers

Im Rahmen der Bewertung von Unternehmen kann der **Wirtschaftsprüfer**, der Adressat des IDW S 1 ist, in drei verschiedenen Funktionen tätig werden:

1. Neutraler Gutachter,
2. Berater,
3. Schiedsgutachter/Vermittler.

4.1.4 Wert und Preis von Unternehmen und Unternehmensanteilen

„Während sich der Unternehmenswert als Gesamtwert des Unternehmens auf alle Unternehmenseigner bezieht, entspricht der **Wert eines Unternehmensanteils** im Grundsatz dem jeweiligen Anteil eines Eigenkapitalgebers am Unternehmen." (IDW S 1, Tz. 13). Zu unterscheiden ist in diesem Zusammenhang zwischen dem objektivierten und subjektiven Wert. Der **objektivierte Unternehmensanteil** kommt dem prozentualen Anteil des Eigentümers am objektivierten Gesamtwert des Unternehmens gleich. Dagegen berücksichtigt der **subjektive Wert** darüber hinaus noch die individuellen persönlichen Verhältnisse und Ziele. Zur Ermittlung von Anteilen haben sich zwei unterschiedliche Herangehensweisen herauskristallisiert. Zum einen die **direkte Ermittlung** und zum anderen die indirekte Ermittlung. Bei der direkten Ermittlung wird direkt auf der Ebene der Ermittlung des Zahlungsstroms der Anteilswert berücksichtigt und daraus der Anteilswert des Anteilseigners abgeleitet. Die **indirekte Ermittlung** geht von dem Wert des Unternehmens als Ganzes aus und berücksichtigt den Anteil des Eigners über eine Multiplikation einer Anteilsquote. Gegebenenfalls erfolgen noch pauschale Korrekturen in Form von Zu- oder Abschlägen (vgl. WP Handbuch 2008, Band II, 13. Auflage, S. 12).

Der Preis eines Unternehmens oder eines Unternehmensanteils ist der Geldbetrag, der tatsächlich für den Eigentümerwechsel bezahlt wird. Dieser Preis ist das Ergebnis von Verhandlungen zwischen dem Käufer und dem Verkäufer und bildet sich auf freien Kapitalmärkten durch das Verhältnis von Angebot und Nachfrage. K. Born trifft in seinem Buch „K. Born, Unternehmensanalyse und Unternehmensbewertung, 2003, S. 8)" zum Thema Preise die folgende Aussage: „Den Wert schätzt man, den Preis bestimmt der Markt". Dies drückt aus, dass sich der Unternehmenswert und der Preis eines Unternehmens durchaus unterscheiden können. Ursachen können beispielweise die Wertschätzung der Einflussnahme auf das Unternehmen sein (vgl. WP Handbuch 2008, Band II, 13. Auflage, S. 12 ff.). Die in der Unternehmensbewertung ermittelten Werte dienen lediglich als Anhaltspunkte (vgl. W. Schultze, 2003, S. 18).

4.2 Grundsätze zur Ermittlung von Unternehmenswerten

Der IDW S 1 beschreibt in seinem Standard sieben allgemeine **Grundsätze zur Ermittlung von Unternehmenswerten**, auf die im Folgenden detailliert eingegangen wird. Schematisch lässt sich die Ermittlung mittels der Grafik auf der folgenden Seite darstellen.

4.2.1 Maßgeblichkeit des Bewertungszweckes

In Abhängigkeit von der Funktion des Wirtschaftsprüfers als Gutachter können sich unterschiedliche Unternehmenswerte ergeben. Ursächlich hierfür sind unterschiedlich zugrunde gelegte Annahmen über die **Prognose und Diskontierung der künftigen finanziellen Überschüsse**. Im Rahmen der Auftragserteilung sollte deshalb festgelegt werden, in welcher Funktion der Gutachter tätig sein soll, damit eine sachgerechte Unternehmenswertermittlung gewährleistet wird (vgl. IDW S 1, Tz. 17; WP Handbuch 2008, Band II, 13. Auflage, S. 16).

4.2.2 Bewertung der wirtschaftlichen Unternehmenseinheit

Der Wert eines Unternehmens wird nicht durch die Bewertung der einzelnen Bestandteile des Vermögens und der Schulden bestimmt, sondern durch die Kombination aller materiellen und immateriellen Werte, durch deren Zusammenwirken finanzielle Überschüsse erwirtschaftet

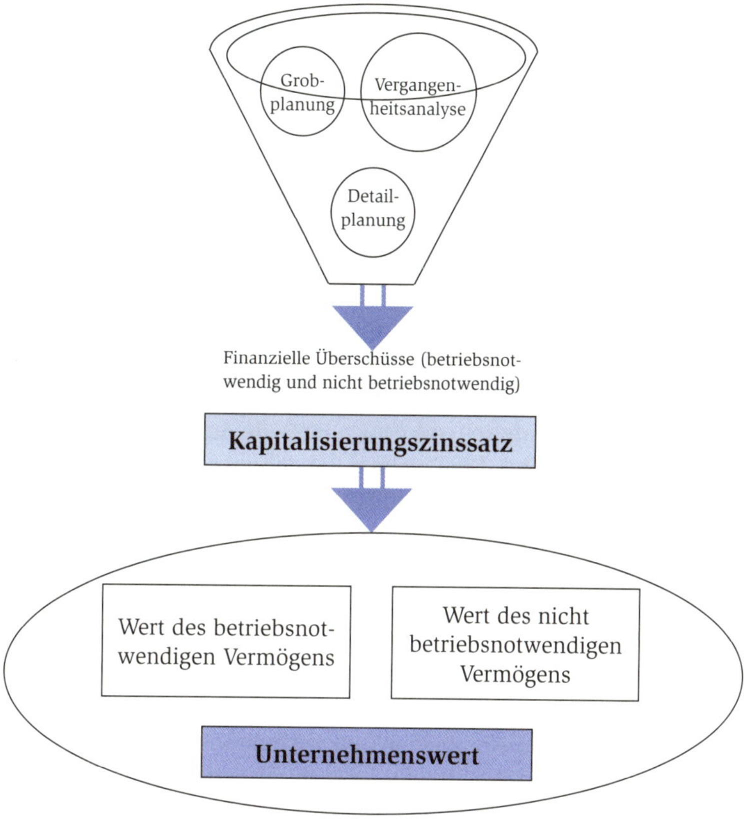

Abb. 5: Bestandteile der Unternehmensbewertung (Quelle: In Anlehnung an: U. Schacht/M. Fackler, 2009, S. 172)

werden. Der **Unternehmenswert** kann die Differenz aus Vermögen und Schulden sowohl übersteigen als auch unterschreiten. Dies ist abhängig von den zukünftigen zu erwartenden Liquiditätsüberschüssen und den unterstellten Prämissen. Die Fortführung des Unternehmens wird bei der Bewertung als generelle Prämisse gesetzt. Bei der Bewertung ist zwischen dem **betriebsnotwendigen und dem nicht betriebsnotwendigem Vermögen zu unterscheiden**. Die Durchführung der Unternehmensbewertung beruht grundsätzlich auf der Existenz einer rechtlichen und wirtschaftlichen Einheit. Das Bewertungsobjekt muss jedoch nicht zwingend mit der rechtlichen Einheit übereinstimmen. In diesem Fall ist die wirtschaftliche Betrachtungsweise maßgebend. Problemfelder können bei konzernverbundenen Unternehmen auftreten. Diese sind einerseits rechtlich selbstständig, andererseits wirtschaftlich in den Konzern eingebunden. Hierbei kann das Ertragspotenzial des einzelnen Unternehmens nicht herausgelöst vom Konzern betrachtet werden (vgl. WP Handbuch 2008, Band II, 13. Auflage, S. 16).

4.2.3 Stichtagsprinzip

Der Unternehmenswert ist zeitpunktbezogen zu ermitteln. Der Stichtag kann gesetzlich bestimmt sein oder von den Geschäftspartnern vertraglich bestimmt werden. Liegt keine der beiden Regelungen vor, so ist der Stichtag zum Anlass und Zweck der Bewertung angemessen zu bestimmen. Mit der Definition des Stichtages wird auch der relevante Kenntnisstand bestimmt. In diesem Zusammenhang kann sich die Problematik ergeben, dass der Bewertungsstichtag und der Tag der Erstellung des Gutachtens auseinanderfallen. In diesem Fall ist mit angemessener Sorgfalt zu berücksichtigen, dass nur Sachverhalte maßgebend sind oder als maßgebend angesehen werden, die zum Bewertungsstichtag bekannt waren. Dies bezieht sich sowohl auf unternehmensinterne Sachverhalte einschließlich möglicher steuerlicher Auswirkungen als auch auf die geplante Alternativinvestition. Das **Prinzip der Wertaufhellung** greift nur, falls die Ursache in der Zeit vor dem **Bewertungsstichtag** liegt (vgl. V. Peemöller, 2009, S. 33; U. Schacht/M. Fackler, 2009, S. 27). Die Praxisprobleme liegen in der Abgrenzung bewertungsrelevanter Erkenntnisse von irrelevanten Informationen.

Weitere Probleme können sich ergeben, wenn keine aussagefähigen Unterlagen vorliegen. Gründe hierfür können die **großen zeitlichen Spannen zwischen Bewertungsstichtag und der Durchführung der Bewertung** sein oder aber, dass die Auskunftspersonen selbst von dem Bewertungsergebnis betroffen sind. Eine weitere Schwierigkeit ergibt sich aus dem Umstand, dass kein Zugriff aufgrund rechtlicher Gründe auf erforderliche Unterlagen möglich ist (vgl. WP Handbuch 2008, Band II, 13. Auflage, S. 19).

Im Zusammenhang mit dem **Stichtagsprinzip** spielt auch das Management eine nicht unerhebliche Rolle. Bei Unternehmen, die stark durch die handelnden Personen geprägt sind, kann der Wechsel des Managements im Zuge der Transaktion einen wesentlichen Einfluss auf die zukünftigen finanziellen Überschüsse haben. Sofern in der Ergebnisrechnung noch kein Unternehmerlohn für den geschäftsführenden Gesellschafter berücksichtigt worden ist, sind die künftigen Überschüsse um einen angemessenen Unternehmerlohn zu korrigieren. Sofern das Management im Unternehmen verbleibt oder durch einen gleichwertigen Ersatz ausgetauscht wird, ist eine Korrektur nicht notwendig (vgl. IDW S 1, Tz 38 ff.).

Bei dem Unternehmenswert handelt es sich, wie bereits beschrieben, um einen diskontierten Wert von künftigen Überschüssen. Im Zusammenhang mit dem Stichtagsprinzip bestimmt sich der **Kapitalisierungszinssatz**. Basis hierfür stellt die erzielbare Rendite einer Alternativinvestition dar. Zinsanpassungen, die bereits am Bewertungsstichtag bekannt sind, sind bei der Ermittlung des Kapitalisierungszinssatzes zu berücksichtigen (vgl. WP Handbuch 2008, Band II, 13. Auflage, S. 19 f.).

4.2.4 Bewertung des betriebsnotwendigen Vermögens

Das Vermögen des zu bewertenden Unternehmens lässt sich differenzieren in **betriebsnotwendiges und nicht betriebsnotwendiges Vermögen**. Unterscheidungskriterium ist der **Unternehmenszweck**. Nicht betriebsnotwendiges Vermögen lässt sich veräußern, ohne dass der Unternehmenszweck berührt wird. Dieses Vermögen ist in dem Gutachten separat zu bewerten. Zur Bewertung des nicht betriebsnotwendigen Vermögens s. Kapitel 4.2.2.

4.2.4.1 Grundlagen der Ermittlung finanzieller Überschüsse

Der Unternehmenswert bemisst sich sowohl bei dem **DCF-Verfahren** als auch bei dem Ertragswertverfahren aus den diskontierten zukünftigen finanziellen Überschüssen, die sich aufgrund der Eigentumssituation des Unternehmens ergeben und in den Verfügungsbereich des Eigentümers gelangen (vgl. WP Handbuch 2008, Band II, 13. Auflage, S. 20). Basis einer fundierten Unternehmensplanung ist eine **Analyse des zu bewertenden Unternehmens einschließlich**

der Vergangenheit. Neben den reinen unternehmensbezogenen Daten werden auch Daten in Bezug auf die jeweilige Branche und deren Entwicklung im Markt benötigt. Im Folgenden werden einzelne Schritte zur Ermittlung der finanziellen Überschüsse dargestellt, ausgehend von der Vergangenheitsanalyse bis zur Planungsrechnung, die die Grundlage der Ermittlung der finanziellen Überschüsse bildet.

Grundlage einer jeden Unternehmensbewertung ist die **Vergangenheitsanalyse**. Diese stellt eine aussagekräftige Basis für die Ermittlung des Zukunftserfolges dar. Im Rahmen der Vergangenheitsanalyse sind Einmaleffekte und periodenfremde Einflüsse zu eliminieren. Bei diesen Effekten kann es sich gleichsam um positive als auch negative Effekte handeln. Beispiele hierfür sind die Stilllegung von einzelnen Betriebsteilen oder aber der Einfluss von seltenen oder einmaligen Ereignissen. Bei der **Analyse von mittelständischen Personengesellschaften** ist die Zuordnung der privaten und der betrieblichen Sphäre ein bedeutender Aspekt. Es gilt zu analysieren, ob die getätigten Ausgaben tatsächlich betrieblich veranlasst waren. Zu den gängigen vorzunehmenden Korrekturen entsprechend des IDW S1 gehören z.B.:

- Bereinigung der Aufwendungen und Erträge des nicht betriebsnotwendigen Vermögens,
- Eliminierung des periodenfremden Erfolgsausweises, aufgrund von langfristigen Fertigungsaufträgen,
- Korrektur von ausgeübten Bilanzierungswahlrechten, z.B. bei Herstellungskosten,
- Bereinigung von spezifischen und personenbezogenen Erfolgsfaktoren, z.B. Ansatz eines kalkulatorischen Unternehmerlohns und
- Berücksichtigung von Folgeänderungen aufgrund von vorgenommenen Korrekturen.

Die Analyse ist sehr stark von den vorhandenen Informationen über das Unternehmen abhängig. Liegen lediglich nur externe Informationen über das Unternehmen vor, die sich aus den veröffentlichten Jahresabschlüssen oder Geschäftsberichten ergeben, so kann nur eine eingeschränkte Analyse vorgenommen werden. Liegen hingegen interne Informationen vor, wie die Aussage über die Aufteilung von einzelnen Umsätzen oder Produkten, so lassen sich differenziertere Aussagen treffen.

Im Rahmen einer Vergleichsbetrachtung zwischen den prognostizierten Überschüssen und den in der Vergangenheit erzielten Überschüssen lässt sich erkennen, ob die **Prognoserechnung** eher optimistisch oder konservativ aufgestellt worden ist.

Die **Vergangenheitsanalyse** lässt nach der Bereinigung von Sondereffekten ablesen, welche Leistungstendenzen im Unternehmen bestehen. Im Anschluss an die Vergangenheitsanalyse schließt die Analyse des Marktes, in dem sich das Unternehmen bewegt, an. Sofern in der Vergangenheitsanalyse eine Aufteilung nach Produkten oder Märkten erfolgte, bietet es sich an, die Marktanalyse einzeln für diese durchzuführen. Die Analyse des Marktes dient dem Gutachter dazu, die Charakteristika des jeweiligen Markts zu erkennen, in dem sich das Unternehmen bewegt. Hierzu ist es wichtig, dass sich der Gutachter über die Wettbewerbssituation informiert und die Stärken und Schwächen des Unternehmens im Rahmen des Marktes und des Wettbewerbes darstellt. Hierzu kann eine **SWOT-Analyse (Strenghts-Weakness-Opportunies-Threats [Stärken-Schwächen-Chancen-Risiken])** hilfreich sein. Von Interesse, um die zukünftigen Überschüsse zu ermitteln bzw. zu bewerten, sind Lebenszyklen von Produkten und die Nachhaltigkeit der Branche.

Die Erkenntnisse aus der Vergangenheitsanalyse und der Analyse des wettbewerblichen Umfelds des Unternehmens sind bei der Beurteilung der künftigen finanziellen Überschüsse zu berücksichtigen. Grundlage der künftigen Überschüsse stellt eine **Plan-Gewinn-und Verlustrechnung** und **Planbilanz** dar. Für die Ermittlung dieser Zahlen dienen verschiedene Prognoseverfahren. Die in der Praxis am häufigsten verwendeten Verfahren sind einerseits die Pauschalmethode und andererseits die Phasenmethode. Die **Pauschalmethode** unterstellt für die Planungszeit ein konstantes Ergebnis ausgehend von dem bereinigten Überschuss. Die **Phasenmethode** unterteilt den Planungshorizont in (mindestens) zwei Phasen. Die erste Phase wird als Detailplanung bezeichnet und umfasst in der Regel drei bis fünf Jahre. Für diesen Zeitablauf lässt sich die Planung vergleichsweise detailliert darstellen. Es werden Einflüsse wie Wachstum des Unternehmens, Inflation oder auch Produktzyklen dargestellt. Für die sich anschließende Phase (**ewige Rente**) der Planung werden häufig die Überschüsse aus dem letzten detaillierten Planungsjahr fortgeschrieben. Dies verlangt allerdings, dass das Unternehmen sich in einem Gleichgewichtszustand befindet. Der ewigen Rente kommt einer bedeutenden Rolle zu, da diese Phase ca. 70 % bis 80 % des Barwertes des Unternehmenswertes ausmacht. Um den Unsicherheitsfaktor möglichst gering zu halten, wird zum Teil zwischen der Detailplanung und der ewigen Rente noch eine weitere Phase eingeschoben. Diese Phase wird aufgrund der weiter in der Zukunft liegenden Daten weniger genau geplant, sorgt jedoch auf der anderen Seite dafür, dass der Planungshorizont erweitert wird (vgl. U. Schacht/M. Fackler, 2009, S. 143 ff.).

Der **Planungsrechnung** kommt eine große Bedeutung zu. Sie gliedert sich in die Bestandteile Ergebnisplanung, Investitionsplanung, Finanzplanung und Bilanzplanung sowie die Steuerplanung und die **Plankapitalflussrechnung**. Die einzelnen Teilbereiche beeinflussen jeweils andere Teilbereiche und von daher ist neben der Richtigkeit der Daten auch die Stimmigkeit zwischen den einzelnen Teilbereichen sehr wichtig.

Die Abbildung 6 zeigt, wie ein Teilbereich einen anderen Teilbereich beeinflussen kann.

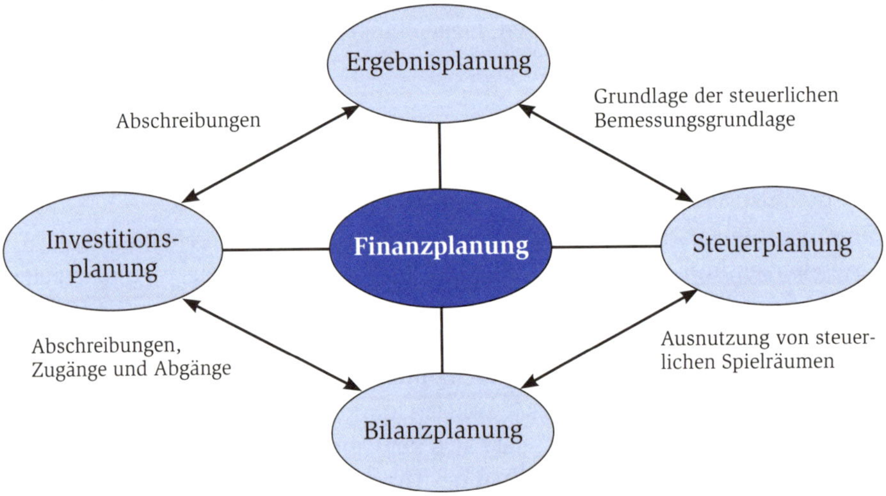

Abb. 6: Abstimmung der einzelnen Detailplanungen (Quelle: In Anlehnung an: U. Schacht/ M. Fackler, 2009, S. 178)

Bei der **Ermittlung der Planungswerte** können zum Teil die bereinigten Vergangenheitswerte mit einfließen, außerdem müssen Prämissen gesetzt werden, wie sich die Zukunft entwickeln wird. Zur Belegung dieser Entwicklungen können beispielsweise die Entwicklungen eines Gesamtmarktes oder einer Branche herangezogen werden. Bei der Festlegung der Prämissen ist darauf zu achten, dass nur Informationen verwendet werden, die auch bereits zum Stichtag der Bewertung bekannt waren. Dies ist von besonderer Bedeutung, wenn der Bewertungsstichtag und die Durchführung der Unternehmensbewertung sehr weit auseinander liegen. Des Weiteren ist bei den Prämissen darauf zu achten, dass sie untereinander widerspruchsfrei sind. Um den Gedanken der Objektivität zu berücksichtigen, sind Chancen und Risiken im Verhältnis ihrer Eintrittswahrscheinlichkeit zu berücksichtigen.

Wesentliche Planungsgrößen im Bereich der **Plan-Gewinn-und Verlustrechnung** stellen auf der einen Seite die Umsatzerlöse dar, bei der die Planung von zwei unterschiedlichen Stellgrößen abhängig ist. Sowohl die Absatzmengen als auch die Absatzpreise sind für die Zukunft zu bestimmen. Zur Bestimmung dieser Werte wird in der Regel auf die betrieblichen Planungswerte des Unternehmens zurückgegriffen. Zusätzlich nehmen die Erkenntnisse aus der Marktanalyse (Konjunktur- und Branchenentwicklungen) Einfluss auf diese Daten. Auf der anderen Seite spielen in der Regel die **Personalaufwendungen** einen weiteren wesentlichen Einfluss auf den Unternehmenswert, da diese häufig einen nicht unerheblichen Anteil der gesamten Aufwendungen eines Unternehmens ausmachen. Sofern keine **Personalanpassungsmaßnahmen** bekannt sind, werden die Personalaufwendungen auf der Basis der historischen Veränderungsraten weiterentwickelt. Von besonderer Bedeutung sind allerdings die Pensionsverpflichtungen, denn diese werden im Rahmen der Unternehmensbewertung nur in Höhe der tatsächlichen Aufwendungen berücksichtigt (vgl. U. Schacht/M. Fackler, 2009, S. 152 ff.).

Im Rahmen der **Investitionsplanung** sind sowohl die Abschreibungen der bereits getätigten Investitionen zu beachten als auch Ersatzinvestitionen oder auch ggf. Erweiterungsinvestitionen. Basis für die Ermittlung der Abschreibungen stellt die betriebsgewöhnliche Nutzungsdauer dar und der Investitionsbedarf ergibt sich aus der Produktions- bzw. Umsatzplanung in Abhängigkeit des zu Verfügung stehenden Kapitals. Grundlage der Kosten sollten die Anschaffungskosten bzw. Wiederbeschaffungskosten darstellen (vgl. U. Schacht/M. Fackler, 2009, S. 155 ff.).

Die **Finanzplanung** befasst sich mit der Entwicklung des künftigen Finanzierungsbedarfs. Hierzu wird in aller Regel auf die **Plan-Kapitalflussrechnung** zurückgegriffen, die die zahlungswirksamen Einflüsse auf das Unternehmen abbildet. Wesentlichen Einfluss auf den künftigen Finanzierungsrahmen hat die verfolgte Ausschüttungspolitik. Gemäß IDW S 1, Tz. 35 sind Ausschüttungsannahmen zu berücksichtigen, die sich aus dem dokumentierten Unternehmenskonzept als auch aus den rechtlichen Restriktionen ergeben (vgl. U. Schacht/M. Fackler, 2009, S. 157 ff.).

Die **Bilanzplanung** ergibt sich als Residualgröße aller im Vorfeld genannten einzelnen geplanten Teilbereiche. Das Anlagevermögen durch die Investitionsplanung, das Umlaufvermögen und die Verbindlichkeiten durch die Absatzplanung, wie sie sich in der Gewinn- und Verlustrechnung ausdrückt. Ein Anstieg von Umsatzerlösen lässt gleichzeitig einen Anstieg der Forderungen aus Lieferungen und Leistungen vermuten. Korrespondierend dazu werden vermutlich auch die Materialaufwendungen steigen, welches wiederum zu einem Anstieg der Verbindlichkeiten führt. Die liquiden Mittel ergeben sich aus der Finanzplanung und der Plan-Kapitalflussrechnung. Das Eigenkapital stellt sich als Ausgleichsgröße dar, um dem Bilanzgrundsatz, dass Aktiva gleich Passiva sind, zu entsprechen (vgl. U. Schacht/M. Fackler, 2009, S. 157 ff.).

4.2.4.2 Ermittlung eines objektivierten Unternehmenswertes

Gemäß IDW S 1 sind zur Bestimmung des Unternehmenswertes entweder das Ertragswertverfahren oder die Discounted-Cashflow-Methode anzuwenden. **Unterschiede zwischen den beiden Verfahren** liegen in der unterschiedlichen Herangehensweise der Ermittlung des Barwertes. Das Ertragswertverfahren ermittelt den Barwert des Unternehmens aus den zukünftigen Erträgen des Unternehmens, dagegen stellt das **DCF-Verfahren** auf die künftigen zahlungswirksamen Überschüsse ab. Um die künftigen Überschüsse/Erträge mit den heutigen zu vergleichen, müssen die Werte entsprechend des Stichtagsprinzips auf einen definierten Tag abgezinst werden. Überschüsse, unabhängig ob es sich um Erträge oder Cashflows handelt, haben einen geringeren Wert je weiter sie in der Zukunft liegen. Bei dem Abzinsungszinssatz spricht man im Bereich der Unternehmensbewertung von dem Kapitalisierungszinssatz. Die **Ermittlung eines unternehmensspezifischen Kapitalisierungszinssatzes** stellt eine wichtige Aufgabe im Rahmen des Unternehmensbewertungsprozesses dar (vgl. A. Reuter/S. Lenz, DB 2006, S. 1689 ff.). Der Zinssatz teilt sich in die Bereiche Basiszinssatz und Risikoprämie auf, die das individuelle Risiko des Unternehmens abbildet.

Basiszinssatz

Um die zukünftigen Überschüsse, die sich aus dem Ertragswertverfahren bzw. aus dem DCF-Verfahren ergeben mit einer Alternativanlage vergleichbar zu machen, müssen sie auf den Bewertungsstichtag abgezinst werden. Ausgangspunkt der Abzinsung stellt der **Basiszinssatz** dar. Entsprechend IDW S 1, Tz. 116, handelt es sich in diesem Fall um den landesüblichen Zinssatz für eine risikofreie Kapitalmarktanlage, in dem keine Risikogesichtspunkte berücksichtigt werden dürfen. Deshalb wird in diesem Zusammenhang auf die langfristig erzielbare Rendite öffentlicher Anleihen abgestellt, insbesondere wenn die Unternehmensbewertung unter der Prämisse der zeitlich unbegrenzten Lebensdauer erstellt wird. Um Schwankungen im Bereich der Zinssätze aufzufangen, werden Durchschnittswerte der vergangenen Zinszyklen gebildet. Hierdurch sollen Zufälligkeiten des Kapitalmarkts ausgeschlossen werden. Der Basiszinssatz soll sich an der Anleihe der öffentlichen Hand orientieren. Da diese Wertpapiere keine unbegrenzte Laufzeit haben, soll sich der Basiszinssatz an den aktuellen Zinsstrukturkurven orientieren (vgl. A. Reuter/S. Lenz, DB 2006, S. 1689 f.; WP Handbuch 2008, Band II, 13. Auflage, S. 104 ff.).

Im Rahmen von empirischen Studien haben Wissenschaftler die durchschnittlichen Renditen von Wertpapieren mit einer Restlaufzeit von 10 Jahren untersucht. Die sich daraus ergebenden Renditen ergaben durchschnittliche Werte von 6,1 % bis 7,5 %, jedoch lässt sich sagen, dass diese Werte Perioden im Zeitablauf von 1950 bis 2000 berücksichtigen. Im Rahmen der Finanzkrise und dem damit verbundenen Sinken der Zinsen sind diese Werte für den derzeitigen Zeitabschnitt nicht mehr als repräsentativ anzusehen (vgl. V. Peemöller, 2009, S. 307 ff.).

Um dem Gedanken der Nachprüfbarkeit der Bewertung Rechnung zu tragen, empfiehlt es sich auf die Methodik der Deutschen Bundesbank zurückzugreifen, die sich zur Ermittlung der **Zinsstrukturkurve der Svensson-Methode** bedient (vgl. A. Reuter/S. Lenz, DB 2006, S. 1689 f.; WP Handbuch 2008, Band II, 13. Auflage, S. 104 ff.).

In konkreten Unternehmensbewertungen können für jedes Planungsjahr die ermittelten Überschüsse unter Verwendung eines spezifischen Zinssatzes in Bezug auf die Laufzeit diskontiert werden. Aus Vereinfachungsgründen kann an dieser Stelle jedoch auch ein konstanter Zinssatz für die komplette Laufzeit unterstellt werden, der für die Ermittlung des Barwertes herangezogen werden kann (vgl. WP Handbuch 2008, Band II, 13. Auflage, S. 106).

Das individuelle Risiko des Unternehmens ist in nicht in dem Basiszinssatz zu berücksichtigen, sondern in entsprechenden **Zu- und Abschlägen innerhalb der Risikoprämie**.

Risikoprämie

Die künftigen finanziellen Überschüsse können aufgrund der Ungewissheit der Zukunft des Unternehmensverlaufes nicht mit Sicherheit prognostiziert werden. Aus dem unternehmerischen Engagement entsteht eine Vielzahl von Risiken und Chancen, die es innerhalb der Risikoprämie zu berücksichtigen gilt. Investoren messen einer Investition in ein Unternehmen ein größeres Risiko bei, als bei einer Investition in festverzinsliche Wertpapiere. Dieses Risiko wird bei der Bewertung in Form der Risikoprämie berücksichtigt. Als Risiko lässt sich jegliche Abweichung von den erwarteten künftigen Cash-Flows des Unternehmens – unabhängig ob positiv oder negativ – bezeichnen (vgl. D. Ernst/S. Schneider/B. Thielen, 2006, S. 52). Bei der Ermittlung des objektivierten Unternehmenswertes kommt der **Risikoprämie** eine große Bedeutung zu, da dieser Risikozuschlag als „Manipulationsinstrument erster Ordnung" gesehen wird (vgl. A. Reuter/S. Lenz, DB 2006, S. 1689 ff.). In der Bewertungspraxis wurden in der Vergangenheit Risikoprämien in Höhe von 5 % bis 6 % vorgeschlagen. Von den Gerichten werden zwar Risikozuschläge zum Basiszinssatz akzeptiert, jedoch werden nur selten Zuschläge von mehr als 2 % anerkannt (vgl. A. Reuter/S. Lenz, DB 2006, S. 1689 ff.; V. Peemöller, 2009, S. 312).

Um den Faktor der Subjektivität zu mindern, lässt sich die Risikoprämie mittels des **CAPM (Capital Asset Pricing Model)** bzw. des **Tax-CAPM** herleiten. Der Unterschied zwischen den beiden Modellen besteht darin, dass das Tax-CAPM im Gegensatz zum CAPM auch noch die ertragsteuerliche Auswirkung in dem Modell berücksichtigt. Beide Ansätze zur Ermittlung der Risikoprämie werden auch im Rahmen des IDW S 1 als verbindlich vorgeschlagen.

Ausgangspunkt des CAPM ist die **moderne Portfoliotheorie**. Im Folgenden werden nur die Grundgedanken des CAPM erläutert, auf eine differenzierte Herleitung des Modells wird verzichtet, da dies den Umfang dieses Buches sprengen würde.

Das CAPM befasst sich mit der Risikoreduzierung im Bereich von Wertpapieren. Die Erfinder dieses Modells haben festgestellt, dass durch die Mischung von risikobehafteten Wertpapieren ein so genanntes effizientes Portfolio erzielt werden kann. Ausgangspunkt der Betrachtung ist die Klassifizierung von Wertpapieren entsprechend ihrer Rendite und ihres Risikos, die jeweils auf den zwei Achsen eines Koordinatensystems abgetragen werden. Potenzielle Investoren entscheiden sich zwischen zwei Wertpapieren mit gleicher Rendite für das Wertpapier, welches das geringere Risiko birgt. Betrachtet man hingegen zwei Wertpapiere mit dem gleichen Risiko, aber unterschiedlicher Rendite, fällt die Entscheidung zugunsten der höheren Rendite aus. In dem gewählten Beispiel entscheidet sich der Investor für D statt für C. Analysiert man nicht nur einzelne Wertpapiere sondern Portfolios (Kombination aus diversen Wertpapieren), so wird sich ein Investor für die Portfolios entscheiden, die von keinem der beiden Faktoren Rendite bzw. Risiko dominiert werden. Er entscheidet sich somit für die effizientesten Portfolios. Die Kurve symbolisiert bei gegebenem Risiko eine maximale Renditeerwartung bzw. bei gegebener Rendite ein minimales Risiko (vgl. WP Handbuch 2008, Band II, 13. Auflage, S. 65 f.).

Das Modell berücksichtigt jedoch nicht nur risikobehaftete Wertpapiere, sondern kann auch risikofreie Wertpapiere, wie zum Beispiel Staatsanleihen, umfassen. Eine Beziehung zwischen Wertpapierportfolio und risikolosen Staatsanleihen lässt sich durch eine Gerade zwischen risikofreien Staatsanleihen und Aktienportfolio zum Ausdruck bringen. Der zentrale Gedanke in der Modellbetrachtung des CAPM ist, dass eine Gerade existiert, die alle Kombinationen von unterschiedlichen Portfolios bestimmt. Der Berührungspunkt zwischen der Geraden, die als Kapitalmarktlinie bezeichnet wird, und der Kurve, die das effiziente Portfolio ausdrückt, wird als **Marktportfolio** bezeichnet. Zur Optimierung des Portfolios sollten risikoscheue Investoren nicht in risikoärmere Aktien investieren, sondern das Marktportfolio durch eine Mischung mit sicheren Staatsanleihen absichern (E dominiert F). Der risikobereite Anleger sollte nicht riskantere Aktien kaufen, sondern in den risikofreien Zins investieren (G dominiert H; vgl. WP Handbuch 2008, Band II, 13. Auflage, S. 66).

Die Aussage des CAPM ist, dass alle Investoren eine Kombination aus der risikolosen Staatsanleihe und dem Marktportfolio halten. Leitet man entsprechend dieser Kenntnisse dieses auf die Unternehmensbewertung und insbesondere auf den Kapitalisierungszinssatz über, so gelangt man zu der Erkenntnis, dass sich der Zinssatz aus der Addition eines risikolosen Basiszinssatzes und einem unternehmensindividuellen Risikozuschlag ergibt. Der Risikozuschlag wird durch das Produkt aus der Marktrisikoprämie und dem Beta-Faktor ermittelt. Die Marktrisikoprämie resultiert aus der Differenz zwischen der Rendite des Marktportfolios (r_m) und der risikolosen Verzinsung der Staatsanleihe (r_f). Diese Prämie lässt sich erzielen, wenn anstatt in risikolose Staatsanleihen in riskantere Wertpapiere investiert wird. Der **Beta-Faktor** berücksichtigt dabei das nicht abzubauende Risiko und lässt sich als „**Kovarianz zwischen Unternehmens- und Marktrendite bezogen auf die Varianz der Marktrendite** ausdrücken." (WP Handbuch 2008, Band II, 13. Auflage, S. 67).

$$r_{EK} = r_f + \beta * (r_M - r_f) \quad \text{mit} \quad \beta_i = \frac{(\text{cov}\ (rM; Ri))}{\sigma M^2}$$

Zur Plausibilisierung des β_i können auch Werte von mehreren anderen Vergleichsunternehmen (Peer Group Betas) verwendet werden (vgl. V. Peemöller, 2009, S. 314).

Das CAPM ist ein relativ einfach anzuwendendes und verständliches Modell, welches in der Praxis anerkannt ist, um die Kapitalkosten zu bestimmen. Hierbei sollte jedoch immer berücksichtigt werden, dass es sich bei dem CAPM ausschließlich um eine Modell-Theorie handelt. Modelle versuchen die Realität abzubilden, spiegeln jedoch nicht die Realität eins zu eins wieder. Sie sind gekoppelt an die Prämissen, auf denen das Modell beruht. In den letzten Jahren wurde das CAPM unterschiedlichen empirischen Untersuchungen unterzogen. Diese Ergebnisse fielen sehr unterschiedlich aus. Tests, die vor über 25 Jahren durchgeführt wurden, bestätigten das CAPM, wohingegen neuere Untersuchungen kritische Diskussionen hervorgebracht haben. In der Studie von E. Fama und K. French aus dem Jahre 1992 ergaben sich Anhaltspunkte, dass nur ein geringer statistischer Zusammenhang zwischen dem Betafaktor und der Marktrendite besteht. Zusätzlich ergaben die Untersuchungen, dass es weitere Einflussfaktoren auf die Rendite eines Wertpapiers gibt, wie zum Beispiel das **Kurs-Gewinn-Verhältnis** oder die **Buch-/Marktwertrelation**. In der Wissenschaft wird die Kritik am CAPM kontrovers diskutiert, da bezweifelt wird, ob das Modell empirisch zu testen ist. Kritiker monieren an dem CAPM die Stationarität der Modellparameter im Zeitablauf und die Marktrendite als einzigen Parameter auf die Wertpapierrendite. Es haben sich deshalb noch weitere Modellvarianten wie die **Arbitrage-Pricing-Theory** (APT) entwickelt, die aber an dieser Stelle nicht vorgestellt werden soll (vgl. U. Schacht/M. Fackler, 2009, S. 128 f.).

Ein weiterer **Kritikpunkt am Modell des Capital Asset Pricing** ist, dass die Kapitalkosten sich aus den erzielten Marktrenditen der Vergangenheit ermitteln, diese Werte müssen nicht zwangsläufig auch in der Zukunft relevant sein (vgl. K. Born, 2003, S. 125).

Das Grundmodell, welches in diesem Abschnitt beschrieben worden ist, berücksichtigt nicht die persönlichen Ertragsteuern, jedoch sind diese entsprechend IDW S 1, Tz. 93, unmittelbar im Kapitalisierungszinssatz zu berücksichtigen. Aus diesem Grunde sollte in der Praxis das Tax-CAPM dem CAPM bevorzugt werden, sofern nicht Anhaltspunkte dafür sprechen, dass die Ertragsteuern in der Unternehmensbewertung keine Anwendung finden. Gründe könnten beispielsweise in der Gemeinnützigkeit liegen.

4.2.5 Bewertung des nicht betriebsnotwendigen Vermögens

Als **Charakteristikum des nicht betriebsnotwendigen Vermögens** werden Vermögensgegenstände gesehen, die nicht für die eigentliche Unternehmenstätigkeit benötigt werden. Dieses Vermögen ist im Rahmen der Bewertung isoliert zu betrachten und i.d.R. mit Liquidationswerten anzusetzen. Die Abgrenzung zwischen betriebsnotwendigem und nicht betriebsnotwendigem Vermögen kann sich im Einzelfall schwierig gestalten. Im Rahmen der Praxis haben sich die nachfolgenden Fälle herauskristallisiert:

- Nicht mehr benötigte Patente, Lizenzen,
- Privat genutzte Anlagen und Gebäude,
- Vermögensgegenstände von stillgelegten Betriebsteilen,
- Zur Veräußerung bestimmte Unternehmensanteile und Beteiligungen,
- Wertpapierbestände,
- Restvorräte von bereits eingestellten Produkten, Überbestände an Vorräten,
- Nicht benötigte Zahlungsmittel (sogenannte freie Liquidität; vgl. U. Schacht/M. Fackler, 2009, S. 183).

Als Basis der Verwertungsmöglichkeit wird der **Liquidationswert der einzelnen Vermögensgegenstände** gesehen, unter Berücksichtigung von Veräußerungskosten und Steuern, die sich sowohl aufseiten des Unternehmens als auch aufseiten der Eigentümer ergeben. Im Rahmen der Liquidationswerte ist zu berücksichtigen, dass diese unter Zeitdruck erzielt werden müssen, was unter Umständen zu einem niedrigeren Verkaufspreis führen kann. Übersteigt der Fortführungswert den Liquidationswert, wird unterstellt, dass der Vermögensgegenstand im Unternehmen verbleibt, da dies als vorteilhafter gesehen wird. Ausschlaggebend für die Bewertung ist dann der Fortführungswert.

Im Zusammenhang mit dem nicht betriebsnotwendigen Vermögen sind auch die in diesem Zusammenhang stehenden Aufwendungen und Erträge zu sehen. Bei der **Ermittlung der finanziellen Überschüsse** dürfen diese nicht mit berücksichtigt werden. Neben den zu berücksichtigenden GuV-Buchungen für das nicht betriebsnotwendige Vermögen sind auch mögliche Passivposten, die im Zusammenhang mit den Vermögensgegenständen stehen, in der Bewertung des nicht betriebsnotwendigen Vermögens zu berücksichtigen (vgl. U. Schacht/M. Fackler, 2009, S. 181 ff.).

Schematisch dargestellt ermittelt sich der Liquidationswert wie folgt (Quelle: V. Peemöller, 2009, S. 292):

	Bruttoliquidationserlös
./.	Kosten der Liquidation
./.	Steuern auf Veräußerungsgewinne
=	Nettoliquidationserlös
./.	direkt zurechenbare Schulden
=	**Liquidationswert**

Problembehaftet bei der Aussonderung von nicht betriebsnotwendigem Vermögen ist, dass dies zu einer Änderung der Finanzierungssituation im Unternehmen führen kann. In diesem Zusammenhang sei erwähnt, dass häufig Kredite auch durch nicht betriebsnotwendige Vermögensgegenstände besichert sein können. Eine geringe **Eigenkapitalausstattung** bei gleichzeitig hohem Investitionsbedarf führt entsprechend der Vorgaben von **Basel II** zu steigenden Fremdkapitalkosten, die sich wiederum negativ auf den Unternehmenswert auswirken (vgl. WP Handbuch 2008, Band II, 13. Auflage, S. 45).

Um den maßgeblichen Unternehmenswert zu ermitteln, sind die Werte aus der Ermittlung des objektivierten Unternehmenswerts mit dem abgezinsten nicht betriebsnotwendigen Vermögen zu addieren.

4.2.6 Unbeachtlichkeit des (bilanziellen) Vorsichtsprinzips

Die künftigen finanziellen Überschüsse, auf die sich der Unternehmenswert bezieht, lassen sich nur schwer vorhersagen und sind von daher als ungewiss zu qualifizieren. Um die Ungewissheit zu relativieren, sind die zukünftigen Chancen und Risiken in einem ausgewogenen Verhältnis zu berücksichtigen.

Für Bilanzierungszwecke sind Vermögensgegenstände entsprechend der handelsrechtlichen Regelungen vorsichtig zu bewerten. Das **Vorsichtsprinzip** ist in § 252 Abs. 1 Nr. 4 HGB kodifiziert und führt zu einer ungleichen Behandlung von Chancen und Risiken. Damit der Wirtschaftsprüfer seine Funktion als neutraler Gutachter oder als Schiedsgutachter erfüllen kann und keine der beiden Parteien einseitig benachteiligt, haben Anpassungen in der Analyse der vergangenen Perioden zu erfolgen. Die Überschüsse sind nicht nach den Vorgaben des Handelsgesetzbuches zu planen, sondern nach objektiven Gesichtspunkten. Üblicherweise greift der Gutachter bei der Umsatz- und Aufwandsplanung auf die vom Unternehmen zur Verfügung gestellten Unterlagen zurück. Bei der Planung sind Anforderungen, wie strenge Periodenzuordnung, Ansatz der betriebsgewöhnlichen Nutzungsdauer, Ansatz zu Vollkosten und die Dotierung der Pensionsrückstellung in Höhe der tatsächlichen Aufwendungen zu berücksichtigen.

Die **Nichtbeachtung des Vorsichtsprinzips** darf keinesfalls als unterstellte Risikoeinstellung des künftigen Investors betrachtet werden. Diese Risikoaversion, die typischerweise bei einem Investor anzutreffen ist, wird nicht bei der Ermittlung von künftigen Überschüssen ermittelt, sondern bei der Berechnung des Kapitalisierungszinssatzes. Eine gleichzeitige Berücksichtigung der Überschüsse und des Kapitalisierungszinssatzes würde zu einer Verdopplung des Risikopotenzials führen und dem Prinzip der Objektivität entgegenstehen.

Bei der **subjektiven Ermittlung des Unternehmenswertes** hat der Gutachter die von seinem Auftraggeber definierten Risikoeinstellungen zu beachten (vgl. V. Peemöller, 2009, S. 44).

4.2.7 Nachvollziehbarkeit der Bewertungsansätze

Die **Ermittlung des Unternehmenswertes** setzt eine Vielzahl von Prämissen voraus, die einen nicht unerheblichen Einfluss auf das Ergebnis der Bewertung haben. Gemäß dem **Grundsatz der Klarheit der Berichterstattung** hat der Wirtschaftsprüfer darzustellen, aus welchen Annahmen der Unternehmenswert hervorgeht. Damit sich keine Fehlinterpretationen aus dem Gutachten und seinen Formulierungen ergeben, hat der Gutachter eine verständliche Sprache zu verwenden. Die vollständige Anführung wesentlicher Erläuterungen im Gutachten hängt zum einen von der Komplexität der Bewertung ab und zum anderen von dem Kreis, an den das Gutachten adressiert ist. Sollen vertrauliche Daten nicht dem kompletten Adressatenkreis zur Verfügung gestellt werden, so können diese in einem separaten Anhang ausgegliedert werden. Aus den Dokumentationen der Arbeitspapiere muss ein sachverständiger Dritter in der Lage sein, das Bewertungsergebnis herzuleiten und nachzuvollziehen.

Zur **Sicherstellung der Nachvollziehbarkeit der Bewertungsansätze** sind in der Berichterstattung wesentliche zugrundeliegende Sachverhalte zu nennen und auf die daraus getroffenen Annahmen hinzuweisen. An dieser Stelle seien beispielhaft die folgenden Themenkomplexe genannt:

- Gesamtwirtschaftliche Rahmendaten,
- Entwicklung auf dem Absatz- und Beschaffungsmarkt,
- Entwicklung im Bereich des Personalwesens und Personalkosten,
- Prämissen der Finanzierung,
- Steuerbelastungen und
- Kapitalkosten.

Aus der **Berichterstattung des Gutachters** muss erkenntlich sein, von wem die getroffenen Annahmen stammen. Hierbei ist zu unterscheiden, ob es sich um Prämissen aus den Äußerungen des Managements des Unternehmens handelt, ob es sich um Stellungnahmen eines sachverständigen Dritten handelt oder ob es eigene Prämissen und Schätzungen des Gutachters sind. Werden bei der Ermittlung Vereinfachungen zugrunde gelegt, so sind auch diese im Gutachten zu erwähnen (vgl. WP Handbuch 2008, Band II, 13. Auflage, S. 46 f.).

Der Standard definiert in Tz. 179 den Mindestumfang der Berichterstattung. So hat das **Bewertungsgutachten des Wirtschaftsprüfers** folgende Inhalte zu umfassen:

- Darstellung der Bewertungsaufgabe,
- Ausführungen zu den angewandten Bewertungsgrundsätzen und -methoden,
- Abriss des Bewertungsobjektes mit seinen rechtlichen, wirtschaftlichen und steuerlichen Gegebenheiten,
- Darlegung der zugrundeliegenden Informationen,
- Beschreibung der Bewertung des betriebsnotwendigen Vermögens,
- Ausführungen zur gesonderten Bewertung des nicht betriebsnotwenigen Vermögens,
- Wiedergabe des Unternehmenswertes.

5. Due Diligence bei Krankenhäusern

5.1 Art und Inhalt einer Due Diligence

Der Begriff **„Due Diligence“** kommt aus dem US-amerikanischen Kapitalmarkt- und Anlegerschutzrecht und bedeutet im Zusammenhang mit Unternehmensbewertungen „notwendige/angemessene Sorgfalt“ bei der Prüfung durch einen (unabhängigen) Dritten, beispielsweise Rechtsanwälte, Wirtschaftsprüfer/Steuerberater sowie Fachleute mit spezifischen Kenntnissen, wie Bausachverständige, Architekten. Im Unterschied zur Jahresabschlussprüfung gem. § 317 HGB, die sich darauf zu erstrecken hat, ob die gesetzlichen Vorschriften und sie ergänzende Bestimmungen des Gesellschaftsvertrags oder der Satzung beachtet wurden, beinhaltet die **Due Diligence-Prüfung** insbesondere eine systematische Stärken-/Schwächen-Analyse. Im Mittelpunkt, der Due Diligence-Prüfung steht, die Frage nach den mit dem Kauf des Krankenhauses verbunden Risiken. Gegenstand der Prüfung sind Informationen aus dem Rechnungswesen, wie Jahresabschlüsse, unterjähriges Reporting, personelle und sachliche Ressourcen, strategische Positionierung, rechtliche und finanzielle Risiken, Umweltlasten. Ergebnis einer Due Diligence ist eine Aussage mit hinreichender Sicherheit darüber, ob nicht sogenannte **„Dealbreaker“** oder **„Show Stopper“** vorliegen, die dem Kauf entgegenstehen können. Dealbreaker können z.B. bestehende Altlasten in Grundstücken, Umweltauflagen oder ungeklärte Markenrechte sein. Das Augenmerk liegt also in der Ermittlung eines Erfolgspotenzials unter Berücksichtigung etwaiger Risiken, die entweder Auslöser für einen Verhandlungsabbruch oder Einfluss auf die Kaufpreisfindung haben. Die Due Diligence ist im Hinblick auf die Unternehmensbewertung ein Hilfsmittel, um die notwendigen Informationen zu beschaffen, die für die Berechnung eines Kaufpreises notwendig sind. Darüber hinaus und dies ist die weitaus wichtigere Funktion dient die Due Diligence der Risikoidentifizierung und der damit eingehenden Einflussnahme auf die Vertragsverhandlungen. Eine weitere Funktion der Due Diligence liegt in der Dokumentation und damit einhergehend der Beweissicherung, da anhand der zur Verfügung gestellten Informationen dokumentiert werden kann, was dem Käufer im Vorfeld des Kaufes offen gelegt wurde.

Zusammenfassend kann festgestellt werden, dass die **Due Diligence drei Hauptfunktionen** hat:

1. Informationsbeschaffung,
2. Ermittlung von Risikopotenzialen,
3. Dokumentation und Beweissicherung.

Um eine Beweislage über die im Vorfeld der Verkaufsverhandlungen vorhandenen Informationen und bereitgestellten Daten zu schaffen und um für etwaige Streitigkeiten entsprechende Beweismittel zur Verfügung zu haben, ist es wichtig, dass die Arbeitspapiere der Due Diligence die Prüfungshandlungen und Prüfungsergebnisse dokumentieren.

Es lassen sich folgende **Due-Diligence-Bereiche** unterscheiden (J. Poll/L.-O. Kolm, Due Diligence und Unternehmensbewertungen von Krankenhäusern, Das Krankenhaus 2004, S. 96 ff.):

- **Financial Due Diligence**

  Gegenstand der Financial Due Diligence ist die detaillierte Prüfung und Prognose der Vermögens-, Finanz- und Ertragslage, das Aufdecken stiller Reserven und Lasten, die Sicherung der materiellen Anwesenheit der Vermögensgegenstände und die vollständige

Erfassung aller finanziellen Risiken. So sind die wichtigsten Bereiche der Financial Due Diligence:

1. Jahresabschlüsse,
2. Analyse der Bilanzpolitik,
3. Analyse des zukünftigen Finanzierungsbedarfs, insbesondere im Hinblick auf die Investitionen,
4. Funktionsfähigkeit des Controllings und Rechnungswesen,
5. Analyse des Auftragsbestands.

In Bezug auf Krankenhäuser kommen noch ergänzend die Prüfung von Art und Umfang von Zuwendungen zur Finanzierung von Investitionen und die entsprechenden Mittelverwendungsnachweise, Pflegesatzvereinbarungen und bei gemeinnützigen Körperschaften der Umfang der wirtschaftlichen Geschäftsbetriebe in Betracht.

- **Tax Due Diligence**
  Im Mittelpunkt steht die Prüfung der Ordnungsmäßigkeit der steuerlichen Vergangenheit, die Feststellung des Stands der Veranlagungen, die Untersuchung von Eigentumsübergängen und die Steuerplanung der Zukunft. Wichtige Dokumente sind Steuerbescheide, Betriebsprüfungsberichte, Korrespondenzen mit den Finanzbehörden und den beratenden Steuerberatern/Wirtschaftsprüfern.
  Zentrale Bedeutung bei **gemeinnützigen Krankenhäusern** hat auch die Frage des Beibehaltens oder der Aufgabe der Gemeinnützigkeit und die daraus resultierende mögliche Steuerbelastung. Sofern Dienstleistungen auf nahestehende Personen/Gesellschaften übertragen wurden, sind Verrechnungspreisdokumentationen und die Thematik **„dealing at arms length" – Fremdvergleich der Preise** ebenfalls Gegenstand der Untersuchung.
- **Legal Due Diligence**
  Die **Legal Due Diligence** beinhaltet die Erfassung der gesellschaftsrechtlichen Struktur, rechtlichen Risiken und anhängigen Rechtsstreitigkeiten. Darüber hinaus ist sie auch eine Vertragsinventur. Hierzu erfolgt eine Aufstellung des Versicherungsschutzes, der wesentlichen Lieferanten- sowie Kundenbeziehungen, der Arbeitsverträge der leitenden Angestellten, Beraterverträge und Verträge, die eine Übertragung von dinglichen Rechten (Eigentum, Miete, Pacht, etc.) zum Gegenstand haben. Daneben sind Aufstellungen über die in eigenem oder in fremdem Eigentum stehenden, genutzten Grundstücke sowie erhaltene öffentlich-rechtliche Zulassungen (Krankenhausplan), Vereinbarungen und Genehmigungen (Einzelermächtigungen) anzufertigen.
- **Commercial/Market Due Diligence**
  Die Analyse des Marktes und insbesondere die der Wertschöpfungskette des zu betrachtenden Unternehmens stehen hier im Fokus.
  Es wird die Marktlage, interne und externe Unternehmensdaten analysiert um die spezifische Wettbewerbsposition herauszuarbeiten. Interne Unternehmensdaten können das Produktportfolio, das Einkaufs- und Vertriebssystem sein. Als externe Unternehmensdaten kommt die Analyse der Konkurrenzsituation, des Beschaffungsmarktes in Betracht.
  Maßgebend für den Krankenhaussektor sind hier:
  1. die Analyse von Einweisern und
  2. die Patientenzufriedenheit.

- **Human Ressources Due Diligence**
  Gegenstand dieses Bereiches sind neben arbeitsrechtlichen und hieraus resultierenden monetären Aspekten insbesondere die Qualifikation und die Motivation der Mitarbeiter; ebenso sind die aus der allgemeinen Unternehmenskultur abzuleitenden Signale für die Einstellung der Belegschaft zur anstehenden Transaktion an sich und die zu erwartenden Reaktionen im Vorfeld des Verkaufs wichtig. Hieraus können sich wesentliche Einflüsse auf die betriebsinternen Abläufe ergeben.
  Die **Analyse der Mitarbeiterstruktur** sollte korrespondierend mit der Analyse der Organisationsstruktur einhergehend, damit ersichtlich ist, welche Schlüsselpersonen im Unternehmen vorhanden sind, wie deren Arbeitsverträge hinsichtlich Wettbewerbsklauseln, Kündigungsfristen ausgestaltet sind und ob Managementaufgaben umstrukturiert werden können, ohne dass der operative Betrieb beeinträchtigt wird. Darüber hinaus sind sicherlich im Krankenhausbereich die Frage der Mitarbeiterfluktuation und -gewinnung, als auch die Umsetzung des Arbeitszeitgesetzes und die geltenden Tarifverträge zentrale Themen. Nicht zuletzt sollten auch die Qualität der Zusammenarbeit zwischen Betriebsrat und Geschäftsführung, anhängige Arbeitsgerichtsprozesse und arbeitsrechtliche Streitigkeiten untersucht werden.
- **Organizational Due Diligence**
  Für die Belange der Unternehmensführung und die **Beurteilung der Effizienz der Unternehmenssteuerung** ist es von elementarer Bedeutung, Kenntnisse über die Aufbau- und Ablauforganisation zu erlangen. Diesem Teilbereich kommt durch die Einführung der **Entsprechenserklärung für Vorstände und Aufsichtsräte börsennotierter Gesellschaften** nach § 161 AktG eine große Bedeutung zu.
- **Production/Technical Due Diligence**
  Schwerpunkt bei diesem Bereich ist die technische Ausstattung, der Zustand, d.h. die Bewertung von Instandhaltung und Modernisierungspotenzial von Immobilien und Produktion.
  Im Hinblick auf Krankenhäuser stehen hier das Niveau der medizinischen Versorgung sowie die Wirtschaftlichkeit der Leistungserbringung, die Qualität der medizinischen Geräte und die diesbezüglichen Kooperationen im Mittelpunkt der Betrachtung.
- **Environmental Due Diligence**
  Hier geht es um die **Aufdeckung von Risiken aus bestehenden Umweltschäden bzw. umweltschädigenden Verhalten**. Als Beispiele können hier Kontaminierung des Grund und Bodens, Asbestbelastungen angeführt werden. Aus diesem Grund sind bei dieser Prüfung Umweltsachverständige und Gutachter mit heranzuziehen und Umweltauflagen und Umweltvorschriften zu betrachten.

Verbreitungsgrade der Due Diligence-Arten und deren Durchschnittswerte in Prozent
(Quelle: K.-U. Marten/A. G. Köhler, Due Diligence in Deutschland – Eine empirische Untersuchung, in: Finanzbetrieb 1999, S. 337–348)

Transaktionsform	**Akquisition**			**Joint Venture**			**Merger**			
Größe des Transaktionspartners gemessen am Umsatz des Initiativunternehmens	kleiner	gleich	größer	kleiner	gleich	größer	kleiner	gleich	größer	**ø**
Due Diligence-Art										
Financial	95,61	96,55	100,00	84,71	96,43	87,50	90,14	83,72	100,00	93,53
Tax	81,34	82,76	83,87	59,41	78,57	81,25	70,42	67,44	80,00	77,52
Management	67,07	55,17	77,42	60,59	64,29	53,13	57,75	53,49	93,33	65,19
Legal	82,55	89,66	87,10	75,88	82,14	78,13	77,46	81,40	80,00	81,50
Environmental	47,20	27,59	67,74	51,76	50,00	62,50	43,66	23,26	53,33	47,37
Insurance	51,92	24,14	45,16	42,35	57,14	46,88	43,66	23,26	60,00	48,65
Technical	52,69	48,28	51,61	60,59	50,00	53,13	39,44	25,58	73,33	52,18
Organisatorisch	58,73	48,28	51,61	55,29	53,57	53,13	54,93	48,84	86,67	57,44
Market	77,39	82,76	67,74	76,47	67,86	84,38	64,79	72,09	93,33	76,47

Die **Ergebnisse aller Due Diligence Bereiche** sollten am Ende eine Aussage über die im Krankenhaus bestehenden Chancen- und Risikenportfolios ermöglichen. Das Ziel ist es, eine Fehleinschätzung/-entscheidung zu vermeiden bzw. zu minimieren.

5.2 Verfahrensablauf

Nach einer gründlichen Vorsondierung des Marktes und entsprechender Akquisitionsstrategie erfolgt die Kontaktaufnahme mit dem im Fokus stehenden Unternehmen/Krankenhaus. In der Regel wird nach einem **Interessenbekundungsverfahren** und der Bekundung des Transaktionsinteresses ein **Letter of Intent** (LoI) unterzeichnet. Ein **LoI** ist eine Absichtserklärung der Beteiligten, die Transaktion zum Abschluss bringen zu wollen und eine Darlegung der weiteren Vorgehensweise und des Zeitfensters für die Due Diligence Prüfung. Im LoI wird unter anderem die Vertraulichkeits- und Geheimhaltungsvereinbarung festgelegt, darüber hinaus dient er als Grundlage für die Vorbereitung von Entscheidungsfindungen für Gremien, Anfragen an Banken. Der LoI entfaltet keine rechtliche Bindungswirkung, für die rechtliche Verbindlichkeit kommt es gem. §§ 155, 157 BGB auf den Parteiwillen an. Der LoI führt noch zu keiner vertraglichen oder vorvertraglichen Verpflichtung, sondern entfaltet wichtige verhandlungspsychologische Wirkungen. Die Abgabe eines LoI ist Voraussetzung für den Zugang zu weiteren Informationen und in der Regel zum Datenraum.

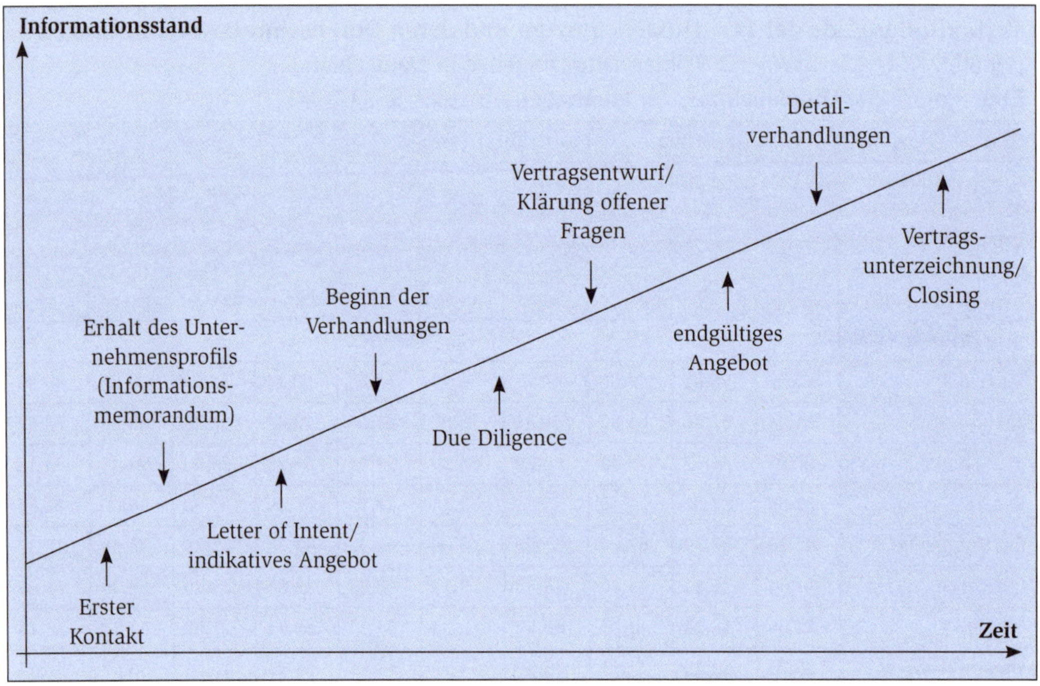

Abb. 7: Einordnung der Due Diligence in den Ablauf eines Unternehmenskaufs (vgl. J. Funk, Aspekte der Unternehmensbewertung in der Praxis, zfbfb 1995, S. 497 ff.)

Wird die Transaktion im **Auktionsverfahren** durchgeführt, wird ein sog. Informationsmemorandum an die potenziellen Erwerber ausgehändigt. Das **Informationsmemorandum** enthält alle wichtigen Daten und Informationen über das zu erwerbende Unternehmen. Insofern stellt die Aufbereitung des Informationsmemorandums ein sensibles Thema dar, denn es gilt gerade so viele Informationen bereitzustellen, dass sich der potenzielle Interessent ein Bild über die tatsächliche rechtliche und wirtschaftliche Situation des Krankenhauses machen kann, jedoch nicht zu viele Informationen bereitgestellt werden, um bei Abbruch des Interesses keinen Schaden entstehen zu lassen. Auf Grundlage der Daten und Informationen des Informationsmemorandums haben die Interessenten in der ersten Runde des Bieterverfahrens ein indikatives Angebot und gegebenenfalls einen Entwurf des Kaufvertrages abzugeben. Im Anschluss an die Abgabe der unverbindlichen Angebote – **„First Binding Bids"** – wird der Kreis der potenziellen Verhandlungspartner durch den Verkäufer eingeschränkt und der **Datenraum (Data Room)** aufbereitet. Im (echten oder elektronischen) Datenraum werden dem Interessenten alle relevanten Dokumente für den Unternehmenskauf bereitgestellt. Die Daten sollten übersichtlich und klar gegliedert sowie mit einem Gesamt- und Ordnerverzeichnis versehen sein. Um einheitliche Regeln gegenüber den die Due Diligence durchführenden Beratern und potenziellen Erwerbern zu dokumentieren, sollte im Vorfeld der Öffnung des Datenraums ein Leitfaden von sog. „Data Room Procedures" erarbeitet werden. In den Data Room Procedures ist beispielsweise ersichtlich, wer Ansprechpartner für die Due Diligence ist, ob und in welchem Umfang Kopien erlaubt, wie viele Personen im Datenraum gleichzeitig zugelassen sind.

Im Zeitalter der virtuellen Medien wird der Datenraum heutzutage oft elektronisch angeboten. Virtuelle Datenräume sind nur über das Internet zugänglich und werden durch Passwörter geschützt. Die Ordner des physischen Datenraums werden gescannt und in den virtuellen Datenraum eingestellt. Der Vorteil eines virtuellen Datenraums liegt darin, dass dieser unabhängig von der Örtlichkeit jederzeit verfügbar ist, der genaue Nachweis der Zurverfügungstellung der Daten erbracht werden kann und mehrere Interessenten im Auktionsverfahren sich gleichzeitig im Datenraum aufhalten können. Auf der anderen Seite ist ein solcher Datenraum für die Benutzer oft unübersichtlich und erschwert die Prüfbarkeit der Dokumente (vgl. H.-J. Holzapfel/R. Pöllath, Unternehmenskauf in Recht und Praxis, S. 18 ff.).

Im Anschluss an die Due Diligence folgen die Unternehmensbewertung und die **Abgabe des verbindlichen Angebots – „Final Binding Offer"**. Sind im Auktionsverfahren mehrere Bieter beteiligt, so erklärt spätestens jetzt der Verkäufer mit welchen Kaufinteressenten er die Verkaufsverhandlungen aufnehmen möchte. In der Praxis wird manchmal auch eine Exklusivitätsvereinbarung zwischen den beiden Parteien für die weiteren Verhandlungen geschlossen. Diese **Exklusivitätsvereinbarung** soll beiden Vertragsparteien relative Verhandlungssicherheit bieten. Um den Fall eines Verstoßes gegen die Exklusivität zu sanktionieren, wird in der Vereinbarung eine Vertragsstrafe vereinbart.

Nach erfolgreichen Vertragsverhandlungen kommt es letztendlich zum **Vertragsabschluss (Signing)**, häufig in notarieller Form. Der **Übergangsstichtag** wird als **„Closing"** bezeichnet und ist der nach dem schuldrechtlichen Vertragsabschluss liegender, zentraler Abwicklungszeitpunkt, zu dem die Unternehmensübertragung vollzogen und wirksam wird. Das Closing ist eine Art Zug-um-Zug Festlegung und kann z.B. folgende Elemente enthalten (vgl. H.-J. Holzapfel/R. Pöllath, Unternehmenskauf in Recht und Praxis, S. 34 ff.):

- Rechtlicher und wirtschaftlicher Übergang der Vermögensgegenstände und Schulden,
- Dingliche Übertragung,
- Zeitliche Begrenzung von Rücktrittsmöglichkeiten,
- Kaufpreiszahlungen,
- Gremienvorbehalte,
- Feststellung von Bilanzen und des endgültigen Kaufpreises.

5.3 Formelle und materielle Aspekte

In der Praxis kommt es häufig vor, dass seitens des veräußernden Krankenhausträgers parallel zum Bieterverfahren eine Kaufpreisermittlung in Auftrag gegeben wird. Damit soll die eigene Wertvorstellung vom Krankenhaus, auch gegenüber zustimmungspflichtigen Gremien, konkretisiert werden und gegebenenfalls eine professionelle Begleitung und Organisation durch externe Spezialisten gewährleistet werden. Im Übrigen wird damit zum Teil bestehenden kommunalrechtlichen Vorgaben entsprochen.

Die Due Diligence sollte als ein eigenständiges Projekt betrachtet werden, das hinsichtlich seiner Planung, seiner Organisation und seiner Durchführung mit einem selbstständigen Projektmanagement ausgestattet werden sollte. Das **Projektteam** sollte sich sinnvollerweise jeweils aus einem Mitglied der Geschäftsführung/Verwaltungsleitung, Leitung Rechnungswesen, Leitung Controlling, Pflegedienstleitung und Personalwesen zusammensetzen und falls ein Berater den Prozess auf Verkäuferseite begleiten sollte, was unbedingt zu empfehlen ist, natürlich dieser.

Die **Aufbereitung des Datenraummaterials** sollte geordnet sein. Dabei sind die jeweiligen Bereiche zu strukturieren und entsprechend ihrer Bedeutung mit weiteren Punkten indexmäßig zu erweitern. Nachfolgend ist beispielhaft ein Index für dargestellt, der die wesentlichen Untersuchungsbereiche des Krankenhauses darlegt (J. Poll/L.-O. Kolm, Due Diligence und Unternehmensbewertungen von Krankenhäuser, Das Krankenhaus 2004, S. 96 ff.):

- **Struktur des Unternehmens**
  1. Aktueller Handelsregisterauszug,
  2. Gesellschaftsvertrag, Satzung, Geschäftsordnung, Geschäftsverteilungsregelungen,
  3. Angabe der Organe der Gesellschaft, Aufstellung der Aufsichtsgremien, Protokolle der Beratungen/Sitzungen der letzten drei Jahre (z.B. Verwaltungsleiter- und Klinikleiterberatung).
- **Hauptniederlassung, Zweigniederlassung, Betriebe**
- **Kapitalstruktur und Vermögen**
  1. Angaben über:
     - das festgesetzte Kapital, erfolgte Kapitalerhöhungen,
     - Kapital- und andere Rücklagen,
  2. Kopien sämtlicher notarieller Urkunden bzw. Beschlüsse seit Gründung des Unternehmens bis heute zum Nachweis aller Kapitalerhöhungen, Übertragungen und Zusammenlegung von Geschäftsanteilen.
- Grundbuchauszüge und Beschreibung ähnlicher dinglicher Rechte (Sondereigentum, Erbbaurechte), Lage- und Flurpläne, Nutzungspläne, Denkmalschutz, ggf. Beleihungs-/Verkehrswertgutachten der Grundstücke, Liste aller öffentlich-rechtlichen Belastungen auf dem gesamten Grundbesitz und ähnlichen dinglichen Rechten, insbesondere Auszug aus dem Baulastenverzeichnis der zuständigen Gemeinde, Aufstellung nicht betriebsnotwendigen Vermögens.
- **Geschäftsführung und Kontrolle**
  1. Aufstellung der Krankenhausbetriebsleitung,
  2. Kopien aller Anstellungsverträge der Krankenhausleitung und leitender Angestellter,
  3. Liste der Prokuristen, General- und Handlungsbevollmächtigten und speziell Bevollmächtigten sowie ggf. Vorlage der Vollmacht,
  4. Liste aller Nebentätigkeiten der in Punkt 1. genannten Personen,
  5. Liste aller Betriebsräte,
  6. Liste aller Rechtsanwälte, Patentanwälte, Steuerberater, Wirtschaftsprüfer und Notare, sowie Unternehmens- und Wirtschaftsberater, die in den letzten fünf Jahren beauftragt worden sind, ggf. Befreiungserklärung der o.g. Personen vom gesetzlichen/vertraglichen Verschwiegenheitsgebot,
  7. Beschlüsse der Trägerverwaltung der letzten drei Jahre.
- **Sonstiges Vermögen/Verbindlichkeiten**
  1. Liste aller Bankkonten unter Angabe des aktuellen Kontostands, aller Verfügungsberechtigten, der Kontonummer, der Bankleitzahl und der Höhe von Überziehungskrediten,
  2. Liste aller Sicherungsrechte von oder gegenüber Dritten sowie Vorlage folgender Unterlagen,
  3. beglaubigte Kopien aller Grundpfandrechte an Grundbesitz oder ähnlichen dinglichen Rechten, Sicherungsübereignungen von Vermögen sowie Sicherungsabtretungen von Forderungen,

4. Kopien von Pfändungen oder Verpfändungen von Vermögen (Sicherungsverträge, Pfändungsprotokolle),
5. Kopien von Bürgschaftserklärungen und sonstigen Sicherungs- und gesetzlichen Pfandrechten,
6. Angaben, inwieweit Rückzahlungen auf gesicherte Forderungen erfolgt sind,
7. Liste der aufgenommenen Darlehen.

- **Wichtige Verträge**
  1. Vorlage aller in den letzten drei Jahren und der derzeit gültigen Versorgungsverträge,
  2. Vorlage des Feststellungsbescheids über die Aufnahme in den Krankenhausplan,
  3. Vereinbarungen zur Sicherung des Notarztdienstes,
  4. Angabe der behördlichen Genehmigung für Landemöglichkeiten auf dem Gelände der Krankenhäuser,
  5. Verträge zur Durchführung von Forschungs- und klinischen Studien.
- **Unternehmensverträge**
  1. Liste der innerhalb der letzten fünf Jahre geschlossenen Verträge hinsichtlich Erwerb oder Veräußerung von:
  2. Unternehmen oder Unternehmensteilen, Kapitalgesellschaften, Personengesellschaften,
  3. Betriebsstätten oder Betriebsteilen,
  4. Liste aller Kooperationsverträge z.B. Arbeitsgemeinschaften, Konsortien, Einkaufsgemeinschaften, Forschungs- und Entwicklungsarbeiten.
- **Leistungsspektrum und Leistungserstellung (soweit dies nicht bereits aus den Jahresabschlussberichten hervorgeht)**
  1. Personalstruktur (nach Dienstarten und bei Ärzten inklusive Facharztanteil) von … bis …,
  2. Entwicklung des Krankenstandes und der Fluktuation je Dienstart in Prozent, Köpfen und Vollkräften von … bis ….
  3. Liste der zur Zeit unbesetzten Stellen nach Betrieb, Klinik und Dienstart.
  4. Gerichtsverfahren/Verwaltungsverfahren
  5. Aufstellung aller abgeschlossenen, anhängigen, schwebenden oder drohenden Prozesse und Schiedsverfahren, behördlichen Untersuchungen, sofern der Streitwert im Einzelfall 5.000 € und in der Summe zusammenhängender Verfahren 25.000 € überschritt oder die von grundsätzlicher Bedeutung sind,
  6. Straf- und Ordnungswidrigkeitenverfahren gegen das Krankenhaus, Organe oder Leistungsträger, sofern sie mit dem Geschäftsbetrieb zusammenhängen.
- **Behördliche Genehmigungen**
  1. Vereinbarungen über die Inanspruchnahme oder Gewährung von Krediten, einschließlich der Einräumung oder bloßen Duldung der Inanspruchnahme von Kreditlinien und deren Sicherstellung,
  2. Pflegesatzvereinbarungen und sonstige Vergütungsvereinbarungen …. bis ….,
  3. wesentliche Korrespondenz mit den Krankenkassen seit …,
  4. Ausgleichsberechnungen für … bis …, soweit nicht in den Jahresabschlüssen enthalten.
- **Umweltschutzfragen**
  1. Darlegung wichtiger Dokumente/Betriebsvereinbarung zum Umgang mit umweltgefährdenden Stoffen; zentrales Gefahrstoffverzeichnis,

2. Liste aller unterirdischen/oberirdischen Lagerungsstätten umweltgefährdender Stoffe,
3. Angabe zu Belastungen/Schädigungen der Umwelt (Erdreich, Wasser) und zu deren Beseitigung.

- **Steuern und Finanzen**
  1. Jahresabschlüsse und Prüfungsberichte der Jahre …, …,
  2. aktuelle Summen- und Saldenliste,
  3. Wirtschaftspläne und Hochrechnungen für …,
  4. Planungsrechnungen (Planbilanzen und Plangewinn- und Planverlust- sowie Planliquiditätsrechnungen für die Jahre … – …),
  5. Kurzdarstellung der eingeleiteten oder geplanter Maßnahmen zur Reduzierung von Personalkosten,
  6. Investitionserfordernisse und -pläne bis …,
  7. Angaben zum aktuellen Veranlagungszeitraum und zu Betriebsprüfungen inklusive vorliegender Protokolle und Stellungnahmen,
  8. Steuerbescheide,
  9. Freistellungsbescheid für die Gemeinnützigkeit.

5.4 Abgrenzung von Due Diligence und Unternehmensbewertung

Ziel der Unternehmensbewertung ist es, einen Preis für das zu erwerbende Unternehmen zu ermitteln. Je nach Anlass der Unternehmensbewertung können verschiedene Verfahren angewendet werden. Soll das Krankenhaus zerschlagen werden, ist nicht der zukünftige Nutzen, den der Erwerber aus dem Kaufobjekt generiert von Bedeutung, sondern nur lediglich der Anteil des einzelnen Vermögensgegenstands am Kaufpreis. Der einzelne Vermögensgegenstand wird mit dem Wert gemessen, der für ihn am Markt erzielbar ist. Werden die Schulden mit erworben, so sind diese mit ihrem Rückzahlbetrag, gegebenenfalls diskontiert vom Kaufpreis abzuziehen. Möchte der Erwerber das Unternehmen weiterführen, so ist der zukünftige Nutzen von Bedeutung. Egal welche Kaufabsicht – Weiterführung oder Zerschlagung – besteht, ist Sinn einer Unternehmensbewertung, einem Unternehmen einen potenziellen Preis zuzuordnen. Davon abzugrenzen ist dann der tatsächlich Kaufpreis, der das Ergebnis unterschiedlicher informierter Verhandlungspartner ist. Um dem Ziel der Unternehmensbewertung bestmöglich nahe zu kommen, kommt der Due Diligence als vorgelagerte Stufe der Unternehmensbewertung eine immense Bedeutung zu, da durch sie bestehende Risiken ermittelt werden sollen, sodass optimale Informationen mit risikoadäquater Sorgfalt aufbereitet zur Verfügung stehen. Die Due Diligence soll dazu dienen ein möglichst umfassendes und verlässliches Bild über die Situation des zu erwerbenden Krankenhauses zu zeichnen und die Identifizierung von Stärken und Schwächen zu ermöglichen.

Die Due Diligence ist der Unternehmensbewertung vorgelagert und kann auch Bestandteil letzterer sein. Insbesondere die Bereiche Financial, Tax und Commercial Due Diligence können wichtige Informationen für die Unternehmensbewertung liefern, während beispielsweise Legal, Human Ressources Due Diligences bzw. deren Ergebnisse und Feststellungen unerlässlich sind für die Risikoidentifizierung und dementsprechend Auswirkungen auf die Vertragsverhandlungen haben.

6. Besonderheiten bei der Bewertung von Krankenhäusern

6.1 Betriebskostenfinanzierung

Die **Finanzierung der Krankenhausbetriebskosten** erfolgt im Wesentlichen über ein durchgängiges, leistungsorientiertes und pauschalierendes Vergütungssystem der allgemeinen Krankenhausleistungen durch die Kostenträger. Darunter fallen DRG-Fallpauschalen, bundeseinheitlich bewertete Zusatzentgelte und sonstige teilstationäre Leistungen der krankenhausindividuellen Budget- und Entgeltvereinbarungen.

Wie bereits in Kapitel 2.2.5 ausgeführt, erfolgte die **Einführung einer DRG-basierten Leistungsvergütung** in mehreren Konvergenzschritten. Seit 2005 orientiert sich das zu vereinbarende Erlösbudget am jeweiligen krankenhausindividuellen Erlösbudget des Vorjahres. Dies bedeutet, dass die Verhandlungen über das zu vereinbarende Erlösbudget sich nach den bereits im Vorjahr vereinbarten Fallpauschalen- und Sonderentgeltvolumen, bereinigt um Ausgleiche und Berichtigungen, sowie periodenspezifische Leistungsveränderungen, richtet. Besonders wertrelevant für das zu verhandelnde Budget sind die Parameter Art und Menge der voraussichtlich zu erbringenden Fallpauschalen und Zusatzentgelte gegenüber dem Vorjahr. Am Ende der Konvergenzphase sollen **bundesländereinheitliche Vergütungssätze für gleiche Krankenhausleistungen**, unabhängig von Versorgungsstufe und Krankenhausstruktur, bezahlt werden.

6.1.1 Krankenhausvergütung auf Basis tagesgleicher Pflegesätze

Der **tagesgleiche Pflegesatz** ist eine Vergütungsform, nach der das Krankenhaus eine gleichhohe Vergütung für jeden Kalendertag der stationären Behandlung erhält. Die Höhe des Pflegesatzes wird im Rahmen der jährlichen Budgetverhandlungen zwischen den Krankenhäusern und den Kostenträgern vereinbart. Seit 1996 setzt sich der Pflegesatz aus **zwei Komponenten** zusammen:

1. zum einen aus dem krankenhauseinheitlichen Basispflegesatz und
2. einem je nach Abteilung unterschiedlichen Abteilungspflegesatz.

Der **krankenhauseinheitliche Basispflegesatz** dient der Abdeckung von allgemeinen Kosten wie beispielsweise Unterkunft, Verpflegung, Verwaltung. Der **Abteilungspflegesatz** dient der Finanzierung der medizinischen Kosten.

Neben den Fallpauschalen und Sonderentgelten waren die tagesgleichen Pflegesätze bis zur Umstellung des DRG-Fallpauschalen-Systems das zentrale Vergütungsinstrument der BPflVO. Seit der Einführung des DRG-Fallpauschalen-Systems findet der tagesgleiche Pflegesatz nur noch in Krankenhäusern mit psychiatrischen Abteilungen und in Krankenhäusern, die per Rechtsverordnung vom DRG-System ausgenommen sind, Anwendung. Bei letzteren handelt es sich um sog. **besondere Einrichtungen**.

6.1.2 DRG-basierte Krankenhausvergütung

Die überwiegende Anzahl der Krankenhäuser rechnet heute ihre Krankenhausleistungen mit den jeweiligen Kostenträgern nach dem DRG-Vergütungssystem gemäß KHEntgG ab. Hierzu wird das Jahresbudget auf der Grundlage der Aufstellung der Entgelte (sog. AEB in Form der E1 bis E3) mit den Kostenträgern verhandelt. Das Gesamtbudget hat nach KHEntgG die folgende Zusammensetzung (sog. BZ):

Erlösbudget und Basisfallwert nach § 4 KHEntgG ab dem Kalenderjahr 2005
(Quelle: Anlage III/Formular B2 KHEntgG; Erlösbudget und Basisfallwert nach § 4 KHEntgG ab dem Kalenderjahr 2005)

Lfd. Nr.	Berechnungsschritte	
	Ermittlung des Ausgangswerts (Abs. 2 oder 3)	
1		Erlösbudget für das laufende Jahr
2	./.	Kosten für Zuschlags-Tatbestände (Nr. 1a)
3	+/./.	Veränderungen der Entgelte nach § 6 (Nr. 1b und 3 sowie Abs. 4)
4	./.	entfallende Beträge nach § 18b KHG (Nr. 1c)
5	./.	Leistungsverlagerungen (Nr. 1d)
6	./.	Modelle, ab 2007 ggf. Integrationsverträge (Nr. 1e)
7	./.	Ausgliederung ausländischer Patienten (Nr. 1f)
8	./.	Ausgliederung der Ausbildung (Nr. 1g; nur 2005)
9	+/./.	Bereinigung um enthaltene Ausgleiche (Nr. 2, nur 2005)
10	+/./.	neue Basisberichtigungen, ohne Ausgleichsanteil (Abs. 2 Satz 1 HS 1)
11	=	**Ausgangswert des Vorjahres**
12	+/./.	voraussichtliche Leistungsveränderungen (Abs. 4 Satz 1 bis 4)
13	+	(BAT- bzw. TVöD-) Ost-West-Angleichung (Abs. 4 Satz 1 Nr. 2)
14	+/./.	Veränderungsrate nach § 71 SGB V (Abs. 4 Satz 1 Nr. 3)
15	=	**veränderter Ausgangswert nach Absatz 4**
16		DRG-Erlösvolumen nach Abs. 5 Satz 1
17	./.	Abschläge nach § 17b Abs. 1 Satz 4 KHG (Abs. 5 Satz 2)
18	=	**Zielwert: DRG-Erlösvolumen (Abs. 5)**
	Ermittlung des Angleichungsbetrags	
19		Zielwert aus laufender Nr. 18
20	./.	veränderter Ausgangswert aus laufender Nr. 15
21	=	Zwischenergebnis
22	...	% von laufender Nr. 21 (Abs. 6 Satz 1) oder Obergrenze
23	=	**Angleichungsbetrag (Abs. 6 Satz 1)**
	Ermittlung des Erlösbudgets	
24		veränderter Ausgangswert aus laufender Nr. 15
25	+/./.	Angleichungsbetrag aus laufender Nr. 23
26	=	**Erlösbudget (Abs. 6 Satz 2)**

Lfd. Nr.		Berechnungsschritte
		Ermittlung des Basisfallwerts (Abs. 7)
27		Erlösbudget aus laufender Nr. 26
28	./.	Erlöse aus Zusatzentgelten
29	./.	Erlöse für Überlieger am Jahresbeginn
30	+ /./.	neue Ausgleiche für Vorjahre
31	=	**Verändertes Erlösbudget (Abs. 7 Satz 1)**
32	:	Summe der effektiven Bewertungsrelationen
33	=	**krankenhausindividueller Basisfallwert**

Aufgrund der fest verhandelten Leistungsstruktur (in E1 bis E3) als Grundlage des Gesamtbudgets (B2) sind ebenso Ausgleiche für Mehr- oder Mindererlöse gem. § 15 Abs. 3 KHEntgG und § 4 Abs. 3 KHEntgG einzubeziehen.

In den meisten Fällen ergeben diese sich aufgrund der tatsächlichen Leistungserbringung des Vorjahres, werden also nachverhandelt.

Die folgende Abbildung 8 verdeutlicht das Zusammenwirken von vereinbartem Budget und der zusätzlichen Budgetanteile aufgrund von Mehr- und Mindererlösausgleichen:

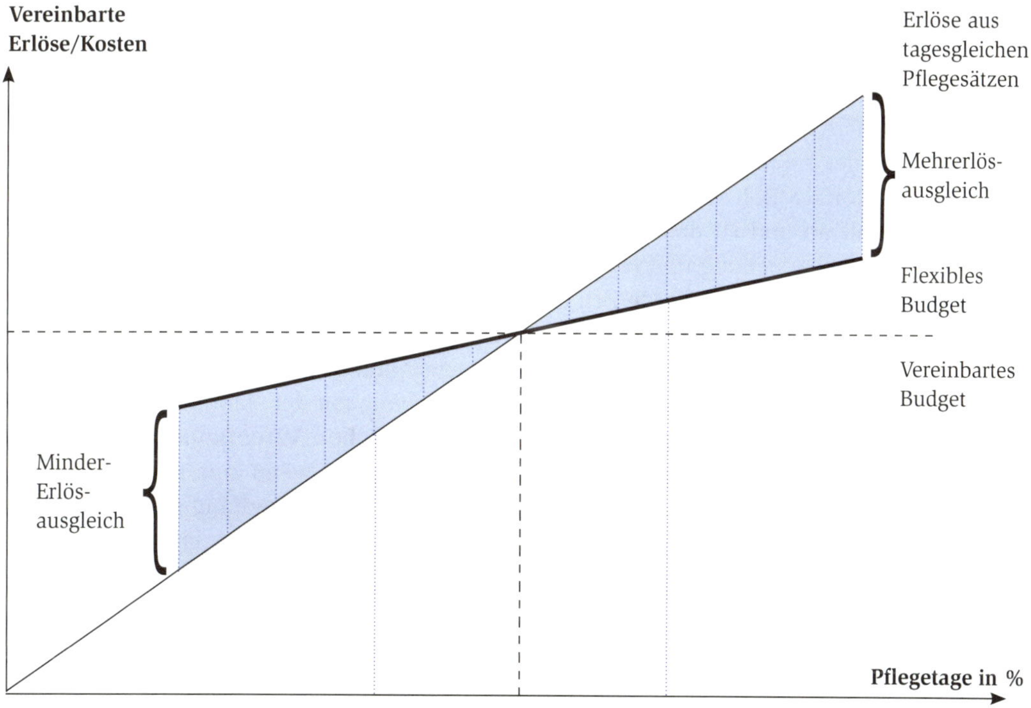

Abb. 8: Systematik der Mehr- und Mindererlösausgleiche (Quelle: B. Högemann, Due Diligence, Schriftenreihe: Gesundheitswirtschaft, S. 48)

In der **Budgetvereinbarung** gilt **ab 2009** genäß dem KHEntgG folgende Berechnungsgrundlage:

	Summe effektive Bewertungsrelationen (geplant von KH laut E1)
x	Landesbasisfallwert (LBFW) für **Inliner**
+	Summe effektive Bewertungsrelationen
x	KH-individueller Basisfallwert für **Überlieger** (Achtung: gilt nur 2009, wobei z.B. das Land Sachsen hier auch schon in 2009 mit dem LBFW gerechnet hat)
=	**Erlös (sog. Anlage B2)**
+	Zusatzentgelte (E2 = bundeseinheitlich)
+	Zusatzentgelte (E3 = KH-individuell)
=	**Erlösbudget gesamt**

6.1.3 Vor- und nachstationäre Behandlung (§ 115a SGB V)

Gem. § 115a SGB V sind Krankenhäuser zu einer **vor- und nachstationären Behandlung** berechtigt.

Voraussetzung für vor- und nachstationäre Behandlung ist immer eine vorausgehende Einweisung durch den behandelnden Arzt in das Krankenhaus, da es sich, obwohl die Behandlung ohne Unterkunft und Verpflegung erfolgt, auch dabei um stationäre Behandlung handelt.

Die **vorstationäre Behandlung** dient zur Feststellung, ob für die mit der Krankenhauseinweisung beabsichtigte Behandlung eine vollstationäre Aufnahme erforderlich ist. Die vorstationäre Behandlung umfasst maximal drei Behandlungstage innerhalb von fünf Tagen vor Beginn einer stationären Behandlung, um die Erfordernisse der stationären Behandlung zu klären. Sofern eine vollstationäre Behandlung erforderlich ist, dient die vorstationäre Behandlung zu deren Vorbereitung (z.B. Laboruntersuchung zur OP-Vorbereitung).

Die vorstationäre Behandlung kann dabei ergeben, dass die Behandlung entweder in teilstationärer Form oder ambulant erfolgen kann.

Die **nachstationäre Behandlung** hingegen schließt sich unmittelbar an einen vollstationären Aufenthalt an und ist dann geboten, wenn vollstationäre Behandlungen nicht mehr notwendig, zur Sicherstellung und Festigung des Behandlungserfolges eine Nachbehandlung durch das Krankenhaus aber erforderlich ist.

Die in § 115a Abs. 2 Satz 4 SGB V geregelte Zuständigkeit der niedergelassenen Ärzte für eine eventuell auch während der Phase der vor- und nachstationären Behandlung erforderlichen ärztliche Behandlung, die nicht in direktem Zusammenhang mit der stationären Behandlung steht, ist auf den **Sicherstellungsauftrag der Kassenärztlichen Vereinigung** (§ 72 SGB V) zurück zuführen. Dies kommt insbesondere dann zum Tragen, wenn eine Behandlung aufgrund einer anderen Indikation als der, die zur vollstationären Behandlung geführt hat, notwendig wird. Das Krankenhaus ist demzufolge im Rahmen der vor- und nachstationären Versorgung nicht zu einer über deren eigentlichen Zweck hinausgehenden Behandlung berechtigt.

Die an der vertragsärztlichen Versorgung teilnehmenden niedergelassenen Ärzte sind auch während der Phase der vor- und nachstationären Behandlung für die Behandlung der zur Krankenhauseinweisung führenden Erkrankung des Patienten zuständig. Gleiches gilt für die **Entlassung des Patienten aus der vollstationären in die nachstationäre Behandlung**.

Die **nachstationäre Behandlung** kann einen Zeitraum von sieben Behandlungstagen innerhalb von vierzehn Tagen nach Abschluss der stationären Behandlung umfassen und dient der Feststellung des Behandlungserfolges. Dabei kann die **Verlängerung der nachstationären Behandlungsdauer** nicht eigenmächtig durch das Krankenhaus erfolgen, sondern bedarf des

Zusammenwirkens zwischen Krankenhaus und einweisendem Arzt. Wenn der einweisende Vertragsarzt zu dem Ergebnis kommt, dass eine Verlängerung der nachstationären Behandlung nicht erforderlich ist, fällt die Zuständigkeit für die weitere Behandlung des Patienten, auch für eine eventuell noch notwendige Nachbehandlung nach dem stationären Aufenthalt, wieder dem niedergelassenen Arzt zu.

6.1.4 Ambulante Leistungen

Erlöse aus ambulanten Leistungen lassen sich in:
- Krankenhausambulanzen,
- Chefarztambulanzen und
- Ambulante Operationen unterteilen.

Unter **Krankenhausambulanzen** sind im Wesentlichen Erlöse aus Notfallbehandlungen zu subsumieren. Hierbei handelt es sich also um Fälle, die schlecht planbar sind und sicherlich auch saisonalen Schwankungen unterliegen. Auch ist hier für die Planung dieser Erlösgruppe die demografische Entwicklung des Einzugsgebiets des Krankenhauses ein wesentlicher Faktor.

Zu den Krankenhausambulanzen zählen auch **Erlöse aus den Ermächtigungsambulanzen und der physikalischen Therapie**.

In den letzten Jahren ist verstärkt eine Tendenz der Kostenträger zu erkennen, stationäre Leistungen in den ambulanten Bereich zu verlegen.

6.1.5 Integrierte Versorgung (§140 a–d SGB V)

Die **integrierte Versorgung** ist ein besonderes Vertragsverhältnis zwischen dem Patienten, dem Kostenträger – der jeweiligen Krankenkasse – und dem Krankenhaus. Die Anfänge dieser „sektorenübergreifenden“ Versorgungsform sind ungefähr auf das Jahr 1975 zurückzuführen. Die Durchsetzbarkeit scheiterte jedoch zunächst an den unterschiedlichen Interessen zwischen Leistungserbringern und ihren Vertretern und den Kostenträgern und ihren Vertreter. Durch die Einführung des **GKV-Modernisierungsgesetzes** zum 01.01.2004 wurden die Grundlagen für die Durchsetzbarkeit geschaffen, da durch den neu eingeführten § 140 a–d SGB V festgelegt wurde, dass Leistungserbringer und Krankenkassen auch ohne Zustimmung der Kassenärztlichen Vereinigung **Verträge zur Integrationsversorgung** miteinander schließen können. Dem Patienten wird durch diese besondere Vereinbarung eine auf seinen individuell spezifischen Behandlungsbedürfnissen basierende Behandlung gewährleistet.

Darüber hinaus verfolgte der Gesetzgeber mit der Neuregelung der §§ 140 a–d SGB V unter anderem folgende Ziele:
- Verbesserung der Leistungsfähigkeit der Gesundheitsversorgung,
- Steigerung der Effizienz und Effektivität des Gesundheitswesens,
- Aufhebung sektoraler Budgets und damit Schaffung durchgehender Vergütungsstrukturen,
- Verbesserung der Qualität und Steigerung der Wirtschaftlichkeit der Leistungserbringung,
- Aufbau vernetzter Kommunikationsstrukturen,
- Verbesserung der Patientensteuerung und -versorgung,
- Stärkung des Wettbewerbs unter den ambulanten und stationären Leistungsanbietern und gesetzlichen Krankenkassen,
- Vermeidung von Doppeluntersuchungen.

Die Krankenkassen und deren Verbände können **Verträge zu Integrierten Versorgungsformen** nach § 140a Abs. 1 SGB V nur mit einzelnen zur vertragsärztlichen Versorgung zugelassenen Ärzten, Psychotherapeuten und Zahnärzten, sonstigen berechtigen Leistungserbringern oder deren Gemeinschaften, Trägern zugelassener Krankenhäuser, Trägern stationärer Vorsorge- und Rehabilitationseinrichtungen, Trägern von ambulanten Rehabilitationseinrichtungen oder deren Gemeinschaften und Trägern von Medizinischen Versorgungszentren (MVZ) schließen.

Die Vertragsparteien müssen sich in den Verträgen zur Integrierten Versorgung nach §§ 140 a–d SGB V zu einer qualitätsgesicherten, wirksamen, ausreichenden, zweckmäßigen und wirtschaftlichen Versorgung der Versicherten verpflichten.

Die **inhaltliche Ausgestaltung der Verträge** liegt überwiegend bei den Vertragspartnern und ist durch das Gesetz nicht festgelegt. So kann sich der Inhalt beispielsweise auf ärztliche Leistungen des EBM, auf einzelne Indikationen, auf Behandlungspfade sowie auf die Arznei-, Heil- und Hilfsmittelversorgung beziehen.

Darüber hinaus sind Angaben zur Versorgungsregion, für die der Vertrag Gültigkeit entfalten soll, ebenso unerlässlich wie die zu den Vertragsbeteiligten. Gemäß § 140c SGB V wird in den Verträgen zur Integrierten Versorgung auch die **Vergütung** festgelegt. Hierbei ist es auch vorgesehen, dass die Krankenkasse der jeweiligen Integrierten Versorgungsgemeinschaft von einer Einzelleistungsvergütung abweichen und stattdessen ein eigenes Global- oder Teilbudget übertragen kann.

Durch das GKV-Modernisierungsgesetz wurde eine neue fach- und berufsübergreifende Institution in der ambulanten Versorgung in Form der **Medizinischen Versorgungszentren** (MVZ) implementiert. **MVZ** sind i.d.R. in Form einer juristischen Person – z.B. einer GmbH – geführte fachübergreifende, ärztlich geleitete Einrichtungen, in denen Ärzte als Vertragsärzte oder als Angestellte tätig sind. Durch die fachübergreifende Zusammenarbeit von Ärzten unterschiedlicher Fachgruppen soll eine besonders umfassende Versorgung angeboten werden. Ein MVZ kann von jeder natürlichen oder juristischen Person gegründet werden, die aufgrund von Zulassung, Ermächtigung oder Vertrag an der medizinischen Versorgung gesetzlich Versicherter teilnimmt. Das können sowohl Vertragsärzte und -psychotherapeuten, zugelassene Krankenhäuser, Vorsorge- und Rehabilitationseinrichtungen sein. **Voraussetzungen für die Zulassung eines MVZ** sind:

- fachübergreifende Tätigkeit,
- Gesellschafter mit der erforderlichen Gründereigenschaft,
- Vorlage eines Gesellschaftsvertrags,
- Benennung eines ärztlichen Leiters,
- alle beteiligten Ärzte bzw. Psychotherapeuten müssen an einem Standort arbeiten.

Darüber hinaus müssen Ärzte und Psychotherapeuten, die als Angestellte in einem Medizinischen Versorgungszentrum arbeiten wollen ins **Arztregister** eingetragen sein. Die Anstellung selbst bedarf der Genehmigung durch den Zulassungsausschuss.

Gem. § 95 Abs. 1 SGB V können MVZ in Form aller zulässigen privat und öffentlich rechtlichen gesellschaftsrechtlichen Organisationsformen geführt werden. Diese können sogar den Status der **Gemeinnützigkeit** erlangen.

Ein **MVZ** bedarf ebenso wie jeder Vertragsarzt der Zulassung und unterliegt somit wie die Ärzte der Bedarfsplanung und der diesbezüglichen Zulassungsbeschränkungen (vgl.

§§ 99–105 SGB V). Gem. § 103 IV a SGB V besteht auch die Möglichkeit, dass ein Vertragsarzt seine Zulassung in ein MVZ einbringt.

Für Krankenhäuser erschließt sich neben der Teilnahme an einer fachübergreifenden Integrierten Versorgungsform durch das Medizinische Versorgungszentrum eine strategische Möglichkeit, um weitere Erlöse zu generieren. Durch die **Vorschaltung eines MVZ als ambulanter Leistungserbringer** ergibt sich die Chance, stationär behandlungsbedürftige Patienten in das Krankenhaus einzuweisen.

6.1.6 Erlöse aus Wahlleistungen

Entsprechend der Anlage 4 der KHBV setzen sich die **Erlöse aus Wahlleistungen** wie folgt zusammen:

- Erlöse aus wahlärztlichen Leistungen,
- Erlöse aus gesondert berechneter Unterkunft,
- Erlöse aus sonstigen nichtärztlichen Wahlleistungen.

Unter **wahlärztlichen Leistungen** versteht man Leistungen, die neben den Entgelten für die voll- und teilstationären Leistungen berechnet werden dürfen. Voraussetzung ist hierfür, dass die allgemeinen Krankenhausleistungen durch die Erbringung wahlärztlicher Leistungen nicht beeinträchtigt werden und die Berechnung der Erbringung wahlärztlicher Leistungen im Vorfeld der Erbringung mit dem Patienten schriftlich vereinbart wurde. Wahlärztliche Leistungen werden im Allgemeinen als sog. **Chefarztleistungen** bezeichnet. Vertragspartner der Chefarztbehandlung sind privat versicherte und selbstzahlende Patienten.

In der Regel besteht mit den in den jeweiligen Krankenhäusern angestellten Chefärzten eine Nebenabrede im Anstellungsvertrag hinsichtlich den Erlösen aus wahlärztlichen Leistungen, die dazu führt, dass das alleinige Liquidationsrecht bei den behandelnden Chefärzten liegt und das Krankenhaus nur Erlöse aus Nutzungsentgelten erzielt. Liegt das Liquidationsrecht für wahlärztliche Leistungen beim Krankenhaus, so werden diese Erlöse unter der Position Erlöse aus Wahlleistungen ausgewiesen. Im Allgemeinen tragen Erlöse aus Wahlleistungen, sofern das Liquidationsrecht dem Krankenhaus zufällt, zu einem hohen Deckungsbeitrag der erbrachten ärztlichen Leistung bei.

Erlöse aus gesondert berechneter Unterkunft im Ein- und Zweitbettzimmer fallen immer in Zusammenhang mit stationär erbrachten Wahlleistungen an. Sofern sie den für Ein- und Zweibettzimmer zu erbringenden Tagessatz nach BPflV übersteigen, tragen auch sie zu einem positiven Deckungsbeitrag bei. In § 22 Abs. 1 BPflV i.V.m. §§ 17, 19 KHEntG ist der **Verhältnismäßigkeitsgrundsatz** festgelegt, der die abzurechnende Obergrenze für die abzurechnende Entgelte für die Wahlleistung „Ein- oder Zweitbettzimmer“ regelt. Der BGH hat im Jahr 2000 erstmals eine **untere und obere Angemessenheitsgrenze für Wahlleistungen in Ein- und Zweitbettzimmern** festgelegt (B. Högemann, Due Diligence, Schriftenreihe Gesundheitswirtschaft, S. 77 ff.).

Als **sonstige nichtärztliche Wahlleistungen** sind insbesondere die Bereitstellung von Telekommunikationsanlagen, Fernsehen, Kopfhörer, die Unterbringung von Begleitpersonen – Hotel- und diesbezüglicher Serviceleistungen, sowie Gutachtertätigkeit – zu nennen.

6.1.7 Nutzungsentgelte der Ärzte

Wie bereits in Kapitel 6.1.6 ausgeführt sind **Nutzungsentgelte durch die behandelnden Chefärzte** im Rahmen von durch diese selbst abgerechneten erbrachten Wahlleistungen in Höhe eines bestimmten Prozentsatzes der erbrachten Leistung an das Krankenhaus für die Benutzung der infrastrukturellen Einrichtung abzuführen. Die Mindesthöhe für die Benutzung der Ressourcen des Krankenhauses ergibt sich aus § 7 Abs. 2 Nr. 4 und Nr. 5 BPflV. Über die stationär erbrachten Leistungen hinausgehend fallen auch die im Rahmen der vertragsärztlichen Ermächtigung der jeweiligen Chefärzte erbrachten ambulanten Leistungen in den Katalog der Nutzungsentgelte. Auch hier gibt es in der Regel Nebenabreden im Chefarztvertrag für die Benutzung der Infrastruktur des Krankenhauses.

Neben den Chefärzten gibt es im Krankenhaus häufig behandelnde **Belegärzte**, deren Entgelt für die Benutzung der Krankenhausressourcen ebenfalls unter der Position Nutzungsentgelt zu erfassen ist. Belegärzte sind „nicht am Krankenhaus angestellte Vertragsärzte, die berechtigt sind, ihre Patienten im Krankenhaus unter Inanspruchnahme der hierfür bereitgestellten Dienste, Einrichtungen und Mittel stationär oder teilstationär zu behandeln, ohne hierfür vom Krankenhaus eine Vergütung zu erhalten“ (§ 23 Abs. 1 S. 1 BPflV).

6.1.8 Disease-Management-Programme

Disease-Management-Programm (DMP) ist ein Begriff, der aus dem anglo-amerikanischen Bereich stammt. Dort haben Versicherer spezielle Behandlungsprogramme und damit Richtlinien für bestimmte Krankheitsbilder aufgestellt.

Eine eindeutige Definition für den Begriff lässt sich weder aus der Literatur noch aus dem Gesetz ableiten. Grundsätzlich wird das Programm durch **zwei Merkmale** definiert:

1. die Festlegung auf ausgewählte Krankheitsbilder und somit auf bestimmte Patientenpopulationen,
2. die Behandlung dieser Patienten im Rahmen von klar festgelegten Strukturelementen, wie beispielsweise unter Verwendung von Leitlinien, der Verwendung von sektorenübergreifenden Versorgung.

Das KBV–Glossar (siehe KBV-Glossar: http://www.kbv.de/themen/200.html) bezeichnet **„Disease Management“** als die Behandlung von Patienten nach standardisierten Vorgaben, die sich nach den einzelnen Krankheitsbildern ausrichten. Wird ein bestimmtes Krankheitsbild festgestellt, deren Behandlungsschritte im DMP festgelegt sind, so erfolgt die Behandlung danach. Kritisch wird z.T. gesehen, dass individuelle Probleme des Patienten drohen, vernachlässigt zu werden. Um das Modell attraktiv zu gestalten, wurden für sieben besonders häufig auftretende Krankheiten DMP aufgelegt. Dies sind:

- Diabetes,
- Erkrankungen der Herzgefäße,
- Herzinsuffizienz,
- Asthma,
- Schlaganfall,
- Bluthochdruck,
- Brustkrebs.

6.2 Sachkostenaufwand

Unter Berücksichtigung der 2002 in Kraft getretenen Änderungen werden die (Brutto-)Gesamtkosten der Krankenhäuser erhoben. Dies bedeutet, dass sowohl **Kosten für stationäre als auch für nicht stationäre Leistungen**, wie beispielsweise für Ambulanz, Forschung und Lehre, wahlärztliche Leistungen, berücksichtigt werden. Die Ergebnisse der Zusammenstellung der (Brutto-) Gesamtkosten der Krankenhäuser für das Jahr 2005 ergab, dass diese insgesamt 63,9 Mrd. € betrugen; dabei entfielen ca. 41 Mrd. € auf **Personalkosten**. Die Personalkostensteigerung gegenüber dem Vorjahr belief sich auf rund 0,2 %. Die Sachkosten, in Höhe von rund 22,6 Mrd. € verzeichneten eine Steigerung von 5,1 %.

Kostenart[1)]	Ins-gesamt	Anteil an den Brutto-Gesamt-kosten	Veränderung der absoluten Werte		Brutto-Kosten je vollstationärem	
			zum Vorjahr	zu 1995	Fall	Berechnungs-/Belegungstag
	in 1 000 EUR		in %		in EUR	
Personalkosten insgesamt	**40.957.758**	**63,7**	**0,2**	**17,9**	**2.427**	**283**
Ärztlicher Dienst	10.392.370	16,2	4,2	43,0	616	72
Pflegedienst	14.005.417	21,8	-1,4	7,7	830	97
Medizinisch-technischer Dienst	5.520.543	8,6	-0,3	32,8	327	38
Funktionsdienst	3.933.180	6,1	0,2	26,6	233	27
Klinisches Hauspersonal	471.399	0,7	-11,5	-46,1	28	3
Wirtschafts- und Versorgungsdienst	1.875.516	2,9	-5,7	-22,6	111	13
Technischer Dienst	853.562	1,3	-1,7	7,8	51	6
Verwaltungsdienst	2.708.927	4,2	1,8	29,5	161	19
Sonderdienste	207.577	0,3	-1,7	-42,3	12	1
Sonstiges Personal	310.418	0,5	-6,7	-5,0	18	2
Nicht zurechenbare Personalkosten	678.849	1,1	8,9	105,4	40	5
Sachkosten insgesamt	**22.621.447**	**35,2**	**5,1**	**34,4**	**1.341**	**156**
Lebensmittel	1.285.050	2,0	2,0	23,9	76	9
Medizinischer Bedarf	10.830.073	16,8	4,6	34,7	642	75
dar.: Arzneimittel	2.588.223	4,0	4,4	-	153	18
Blut, Blutkonserven und -plasma	626.178	1,0	-4,2	9,2	37	4
Verband-, Heil-, Hilfsmittel	232.395	0,4	-1,9	-	14	2
Ärztl. u. pfleger. Verbrauchsmaterial, Instrumente	1.199.543	1,9	3,5	17,9	71	8
Narkose- und sonstiger OP-Bedarf	1.302.687	2,0	3,8	40,3	77	9
Laborbedarf	908.464	1,4	-0,7	18,7	54	6
Wasser, Energie, Brennstoffe	1.502.671	2,3	10,4	21,8	89	10
Wirtschaftsbedarf	2.234.452	3,5	4,2	22,2	132	15
Verwaltungsbedarf	1.451.757	2,3	6,1	53,6	86	10
Zentrale Verwaltungsdienste	508.044	0,8	22,0	123,6	30	4
Zentrale Gemeinschaftsdienste	182.740	0,3	23,0	58,3	11	1
Versicherungen und sonstige Abgaben	634.358	1,0	7,2	-	38	4
Pflegesatzfähige Instandhaltung	2.762.080	4,3	3,1	20,9	164	19
Wiederbeschaffte Gebrauchsgüter	59.517	0,1	-4,5	-51,2	4	0
Sonstiges	1.170.705	1,8	3,0	143,2	69	8
Zinsen und ähnliche Aufwendungen	**221.743**	**0,3**	**2,3**	-	**13**	**2**
Steuern	**74.877**	**0,1**	**26,7**	-	**4**	**1**
Kosten der Krankenhäuser insgesamt	**63.875.825**	**99,3**	**1,9**	**23,7**	**3.785**	**442**
Kosten der Ausbildungsstätten	**457.082**	**0,7**	**3,6**	**31,1**	**27**	**3**
Brutto-Gesamtkosten	**64.332.907**	**100,0**	**2,0**	**23,7**	**3.813**	**445**
Abzüge insgesamt	**7.600.532**	**11,8**	**8,9**	**83,6**	**450**	**53**
Ambulanz	2.475.905	3,8	4,2	66,1	147	17
Wissenschaftliche Forschung und Lehre	2.272.116	3,5	1,6	77,3	135	16
Sonstige Abzüge	2.852.511	4,4	20,7	108,5	169	20
Bereinigte Kosten	**56.732.375**	**88,2**	**1,1**	**18,6**	**3.362**	**392**

[1)] Kein Vergleich mit den Kosten der Jahre 1996 bis 2001 möglich, da die Kostenermittlung auf einem anderen Kostenermittlungsprinzip beruht. Nur bereinigte Kosten können über den Wechsel des Kostenermittlungsprinzip hinaus verglichen werden.

Quelle: Statistisches Bundesamt (Hrsg.): Fachserie 12 Reihe 6.3 Kostennachweis der Krankenhäuser

Krankenhaus-Report 2007 WIdO

Abb. 9: Brutto-Gesamtkosten nach Kostenarten 2005 (Quelle: J. Klauber/B.-P. Robra/H. Schellschmidt, Krankenhaus-Report 2007)

Eine weitere Analyse der Kosten ergab, dass rund 60 % der Krankenhauskosten auf Krankenhäuser in öffentlicher, 30 % auf freigemeinnützige und 10 % auf Krankenhäuser in privater Trägerschaft entfielen. Des Weiteren ergab sich, dass die Personal- zu den Sachkosten bei den öffentlichen und den freigemeinnützigen Krankenhäusern in einem fast gleichen Verhältnis stehen – zwei Drittel Personal- und ein Drittel Sachkosten. Das **Verhältnis zwischen Personal- und Sachkosten** lag hingegen bei 60 % zu 38 % (Krankenhaus-Report 2007, S. 302 ff.).

Insbesondere die **Personalkosten** bilden mit einer durchschnittlichen Quote von 60-80 % der Umsatzerlöse die hauptsächliche Kostenbelastung der Krankenhäuser, insbesondere derjenigen, die in öffentlicher oder freigemeinnütziger Trägerschaft stehen. Nachdem die Personalintensität der privaten Krankenhäuser unter der der öffentlichen und freigemeinnützigen liegt, ist erkennbar, dass hier insbesondere ein großes Einsparpotenzial liegt, wobei sich dies durch jüngste Tarifabschlüsse (Marburger Bund und Verdi) relativiert haben dürfte. Im Rahmen von Krankenhaustransaktionen stehen die Personalkosten im Fokus von Prozessoptimierungen und strategischen Ausrichtungen beispielsweise hinsichtlich der Einführung eines (Haus-) Tarifs, Veränderungen der Personalstruktur, Outsourcing, Zusammenlegung von Fachabteilungen, Apotheken.

Bei den **Sachkosten** ergeben sich Einsparpotenziale durch erzielbare Synergieeffekte, wie beispielsweise im Bereich Beschaffung für medizinischen als auch nichtmedizinischen Sachbedarf, durch den Anschluss an **Einkaufpools**. Sachkosten für medizinische Geräte, wie CT und MRT, lassen sich beispielweise durch eine gemeinsame Nutzung senken.

6.3 Steuerliche Faktoren

Bei der **Bewertung eines Krankenhauses** sind insbesondere die Aufwendungen zur Ertragsbesteuerung zu berücksichtigen. Dabei sind zwei Varianten denkbar. Entweder unterliegt die Krankenhausgesellschaft vollumfänglich der Ertragsbesteuerung oder die Gesellschaft erfüllt die Voraussetzungen zur Erfüllung gemeinnütziger Zwecke und kommt somit in den Genuss von Steuerbegünstigungen für gemeinnützige Einrichtungen.

Krankenhäuser in öffentlicher oder in freigemeinnütziger Rechtsform (z.B. Stiftung, Verein, GmbH) sind i.d.R. steuerbegünstigt aufgrund ihrer gemeinnützigen Tätigkeit. Entsprechende Vorschriften enthält die Abgabenordnung (§§ 51–68 AO). Die **Abgabenordnung** definiert festgelegte Tätigkeiten, die insgesamt zu Steuerbegünstigungen führen können (z.B. mildtätige Zwecke, kirchliche Zwecke etc.). Dabei werden wesentliche Anforderungen an die Satzung gestellt, die insbesondere die **Bestimmungen des jeweiligen gemeinnützigen Zweckes** enthalten muss. Zur **Bestandssicherung des Gemeinnützigkeitsstatus** sind die Einhaltung der satzungsmäßigen Zwecke und die ausschließliche sowie zeitnahen Verwendung der zur Erfüllung der Satzungszwecke eingenommenen Mittel unabdingbar.

Der **Betrieb eines Krankenhauses** wird unter den Voraussetzungen des § 67 AO als **Zweckbetrieb** eingestuft. Liegen die übrigen Voraussetzungen der AO zur Gemeinnützigkeit auch vor, hat das zur Folge, dass sie gem. § 5 Abs. 1 Nr. 9 KStG von der Körperschaftsteuer und gem. § 3 Nr. 6 GewStG von der Gewerbesteuer befreit sind.

Weitere andere Steuerbefreiungstatbestände sind in § 4 Nr. 14 UStG bezüglich der Umsatzsteuer, in § 13 ErbStG für die Erbschaftsteuer und in § 3 GrEStG für die Grundsteuer geregelt.

Krankenhäuser sind mit ihrem Zweckbetrieb (Definition in § 65 AO), d.h. mit der Erbringung ihrer ärztlichen oder pflegerischen Leistung ertragsteuerbegünstigt. Die wirtschaftlichen Betätigungen im Rahmen eines **wirtschaftlichen Geschäftsbetriebes** (§ 14 AO) sind auf Grundlage des § 64 AO vollumfänglich steuerpflichtig.

Bei sämtlichen Leistungen einer gemeinnützigen Krankenhausgesellschaft, die nicht unter vorhandene Befreiungsvorschriften des § 4 UStG fallen, kann eine **Ermäßigung des Steuer-**

satzes nach § 12 Abs. 2 Nr. 8 UStG in Anspruch genommen werden, mit Ausnahme der Erlöse aus steuerpflichtigen wirtschaftlichen Geschäftsbetrieben.

Krankenhausgesellschaften, die nicht gemeinnützig tätig sind, sind unter den Voraussetzungen des § 67 AO nach § 3 Abs. 20 GewStG von der **Gewerbesteuer befreit**.

Sofern das zu bewertende Krankenhaus steuerpflichtig ist, ist auf Ebene des Unternehmens die **Körperschaftsteuer** zuzüglich Solidaritätszuschlag zu berechnen. Ist das Krankenhaus gemeinnützig tätig, entfällt auf Ebene des Unternehmens die Berechnung von Ertragsteuern. Die Berechnung der Ertragsteuerbelastung auf Erträge aus wirtschaftlichen Geschäftsbetrieben kann vernachlässigt werden, wenn diese von untergeordneter Bedeutung sind.

7. Unternehmensbewertung von Krankenhäusern

Der **Unternehmenswert** wird vom subjektiven Nutzen bestimmt, den seine Eigentümer aus ihm ziehen können. Aber: „Es gibt nicht den schlechthin richtigen Unternehmenswert: Da Unternehmenswertermittlungen sehr unterschiedlichen Zwecken dienen können, ist der richtige Unternehmenswert der jeweils zweckadäquate" (A. Moxter, Grundsätze ordnungsmäßiger Unternehmensbewertung, 1991).

Ein wichtiger Zweck besteht darin, potenzielle Preise für das ganze Unternehmen oder Unternehmensteile zu ermitteln (V. Peemöller, Praxishandbuch der Unternehmensbewertung, S. 3). Beispielsweise sollen bei Transaktionen Preise gefunden werden, die ein Käufer maximal zahlen würde bzw. ein Verkäufer mindestens verlangen würde.

Die verschiedenen Zwecke (vgl. Kapitel 4.1.2) haben in der betriebswirtschaftlichen Praxis zu unterschiedlich konzeptionellen Verfahren geführt. Die Bewertungspraxis bedient sich insbesondere den sogenannten Einzelbewertungsverfahren, Gesamtbewertungsverfahren und Mischverfahren.

Die Abbildung 10 gibt einen Überblick über die im Krankenhausbereich am häufigsten verwendeten Bewertungsverfahren (in Anlehnung an J. Poll/L.-O. Kolm, Due Diligence und Unternehmensbewertungen von Krankenhäusern, Das Krankenhaus 2004, S. 96 ff.).

<table>
<tr><th colspan="5">Bewertungsverfahren</th></tr>
<tr><th colspan="2">Einzelbewertungsverfahern</th><th colspan="3">Gesamtbewertungsverfahern</th></tr>
<tr><td>Substanzwert-verfahren</td><td>Liquidationsverfahren</td><td>Ertragswert-verfahren</td><td>DCF-Verfahren</td><td>Vergleichsver-fahren</td></tr>
<tr><td colspan="2">• Unternehmen wird als Summe einzelner Unternehmensbestandteile bewertet
• Unternehmenswert bildet die Summe der Vermögensgegenstände und Schulden</td><td colspan="3" rowspan="2">• Unternehmen wird als Einheit bewertet
• Unternehmenswert wird bestimmt durch den zukünftigen Gesamtertrag</td></tr>
<tr><td colspan="2">Mischverfahren</td></tr>
</table>

Abb. 10: Übersicht der Bewertungsverfahren

Die **Einzelbewertungsverfahren** setzen sich als Summe der einzeln bewerteten Vermögensgegenstände und Schulden zum Bewertungsstichtag zusammen. Zwei Verfahren finden in diesem Bereich schwerpunktmäßig Anwendung. Das Substanzwertverfahren bedient sich im ersten Schritt den Buchwerten (also den Ansätzen des Jahresabschlusses), während das

Liquidationsverfahren unter der Annahme der Veräußerung steht und somit Veräußerungspreise ansetzt, die durch die Nachfrageseite geprägt sind und in die die Kosten der Veräußerung/Liquidation einzubeziehen sind.

Das **Substanzwertverfahren** setzt sich nicht allein aus den Buchwerten der Vermögensgegenstände abzüglich Schulden zusammen (bilanzielles Eigenkapital), sondern der Unternehmenswert wird in der Praxis wesentlich differenzierter abgeleitet.

Die Wertermittlung erfolgt unter der Prämisse der zweck- bzw. güteridentischen Rekonstruktion des Krankenhauses, so als ob das Unternehmen in seiner bestehenden Form neu errichtet werden würde (W. Schultze, Methoden der Unternehmensbewertung, 2003, S. 152).

Unter der Annahme der Unternehmensfortführung werden für das vorhandene Vermögen Wiederbeschaffungspreise zum Bewertungsstichtag (z.B. Zeitpunkt des Nutzen-Lasten-Wechsels) abzüglich der vorhandenen Schulden angesetzt (**Teilrekonstruktionsneuwert**; Rekonstruktionsbegriffe entnommen aus V. Peemöller, Praxishandbuch der Unternehmensbewertung, S. 380 ff.). Hinzu kommt die **Bewertung nicht aktivierter immaterieller Vermögensgegenstände (selbstgeschaffene Vermögenswerte**, z.B. Know-how). Der so ermittelte Substanzwert wird als **Vollrekonstruktionswert** bezeichnet.

Problematisch in diesem Zusammenhang ist die **Festlegung des Wertes von selbst geschaffenen immateriellen Vermögensgegenständen**, die mangels bisheriger Bilanzierungsfähigkeit (Handelsgesetzbuch vor Bilanzrechtsmodernisierungsgesetz) nicht ausgewiesen wurden und für Einzelne nach dem HGB n.F. ein Aktivierungswahlrecht mit entsprechenden Bewertungsspielräumen besteht. Vereinfachend gesehen, ergibt sich der Wert aus der Differenz von Kaufpreis bei Unternehmenserwerb und Wiederbeschaffungswert der übernommenen Vermögensgegenstände abzüglich der Schulden. Da dieser Kaufpreis jedoch erst gefunden werden soll, ergibt sich ein gewisses Ermittlungsdilemma. Aus Praktikabilitätsgründen wird häufig nicht der Vollrekonstruktionswert ermittelt.

Vorhandenes nicht betriebsnotwendiges Vermögen wird unter Veräußerungsannahme mit dem Liquidationswert angesetzt und dem Substanzwert zugerechnet (so auch H. Ruh, Unternehmensbewertung von Krankenhäusern, 2006, S. 173).

Den Einzelbewertungsverfahren stehen die **Gesamtbewertungsverfahren** gegenüber, die darauf ausgerichtet sind die zukünftige Ertragskraft eines Unternehmens zu ermitteln. Das zu bewertende Unternehmen wird als **Bewertungseinheit** (Begriff entnommen aus D. Ernst/S. Schneider/B. Thielen, 2006, S. 8) betrachtet. Zu den Gesamtbewertungsverfahren zählen die **Discounted Cashflow-Verfahren** (kurz: DCF-Verfahren), das Ertragswertverfahren und Vergleichsverfahren.

Die **DCF-Verfahren** bedienen sich bei der Ermittlung des Unternehmenswertes, entsprechend der Namensgebung, den Cashflows eines Unternehmens. Dabei wird – analog zur Ermittlung des Wertes einer Investition – (s. D. Ernst/S. Schneider/B. Thielen, 2006, S. 8) der Wert des Unternehmens als Summe der **auf den Bewertungsstichtag abgezinsten künftigen Cashflows** berechnet (Barwert der Zahlungsüberschüsse). Folgende vereinfachte Übersicht (s. Abb. 11) verdeutlicht die beschriebene Ermittlungsweise.

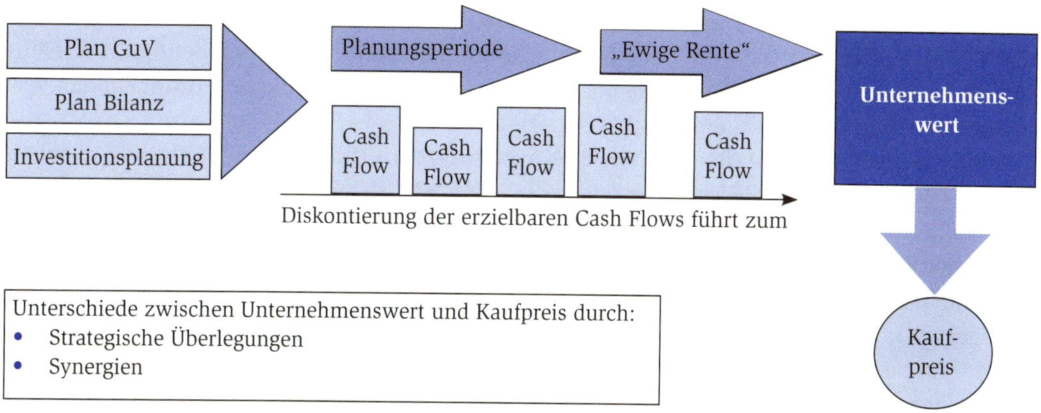

Abb. 11: Unternehmenswert nach DCF-Verfahren

Die DCF-Verfahren stehen „als Synonym für den zukünftig erwarteten Nutzen“ (D. Ernst/S. Schneider/B. Thielen, Unternehmensbewertungen erstellen und verstehen, 2006, S. 9) den Investoren aus dem Unternehmen ziehen können. Dabei finden nur finanzielle Aspekte Berücksichtigung.

Je nach Definition der zu diskontierenden Cashflows, der verwendeten Kapitalisierungszinssätze sowie der Anpassung oder Veränderung der Kapitalstruktur werden verschiedene Varianten des DCF-Verfahrens verwendet. Die gängigsten Methoden sind der WACC-Ansatz, der APV-Ansatz sowie der Equity-Ansatz.

Nach dem **WACC-Ansatz (Weighted Avarage Cost of Capital)** erfolgt die **Abzinsung von Cashflows**, die sowohl Eigen- als auch Fremdkapitalgebern zur Verfügung stehen. Dabei wird der Zinssatz einer Mischkalkulation aus Eigen- und Fremdkapitalkosten unterworfen (Konzept der gewogenen durchschnittlichen Kapitalkosten). Nach Abzug des Marktwertes des Fremdkapitals erhält man den **Marktwert des Eigenkapitals** (gleich Unternehmenswert).

Der **APV-Ansatz (Adjusted Present Value)** ermittelt den Unternehmenswert in mehreren Schritten. Zunächst wird der Marktwert des Gesamtkapitals unter der Fiktion der vollständigen Eigenfinanzierung des Unternehmens ermittelt (D. Ernst/S. Schneider/B. Thielen, Unternehmensbewertungen erstellen und verstehen, (2006), S. 9; unverschuldetes Unternehmen). Anschließend wird der Wert um den Werteinfluss der anteiligen Finanzierung mit Fremdkapital (Wertbeitrag des sog. Tax-Shields) erweitert. Der so ermittelte Gesamtwert wird um den Marktwert des Fremdkapitals vermindert, um den Marktwert des Eigenkapitals zu bestimmen (Beschreibung zur Methode vertiefend WP Handbuch 2008, Band II, 13. Auflage, S. 124).

Der **Equity-Ansatz** ermittelt den Wert des Eigenkapitals. Hier wird die Annahme getroffen, dass sich das Unternehmen ausschließlich mit Eigenkapital finanziert.

Im Gegensatz zu den DCF-Verfahren ermittelt das **Ertragswertverfahren** den Unternehmenswert durch Diskontierung der künftigen Ertragsüberschüsse, die den Unternehmenseignern zufließen (**Barwert der Ertragsüberschüsse am Bewertungsstichtag**). Die finanziellen Ertragsüberschüsse sind, wie bei den DCF-Verfahren, unter der Prämisse der Fortführung der Unternehmenstätigkeit sowie der Veräußerung etwaig nicht betriebsnotwendigen Vermögens in der Zukunft zu prognostizieren und auf den Stichtag abzuzinsen (sog. **Zukunftserfolgswert**). Dieser Wert eines Krankenhauses wird durch finanzielle und nicht finanzielle Aspekte geprägt. Auch die Ertragswertmethode stützt sich allein auf die finanziellen Aspekte. Maßgeblich für den Wert eines Krankenhauses ist somit allein die Fähigkeit, finanzielle Überschüsse für die Eigner zu erwirtschaften. Nach Festlegung einer künftig anzunehmenden Ausschüttungsquote erfolgt die Ermittlung des Barwertes der mit dem Eigentum am Krankenhaus verbundenen Nettozuflüsse an die Krankenhauseigner.

Identisch gesetzte Annahmen führen bei Anwendung der Ertragswertmethode zum gleichen Ergebnis wie nach den DCF-Verfahren.

Beide Methoden beruhen auf detaillierten Planungsrechnungen für das operative Geschäft sowie der Investitions- und Finanzierungsbedarfe der dem Bewertungsstichtag folgenden Geschäftsjahre und leiten daraus die künftig zu erwartenden Überschüsse (Cashflow bzw. Erträge) ab.

Zur Gruppe der Gesamtbewertungsverfahren zählen auch die **Vergleichsverfahren**. In der Praxis häufig verwendet wird die **Multiplikatormethode**. Sie dient im Wesentlichen zur Plausibilisierung der durch die DCF-Verfahren oder durch das Ertragswertverfahren ermittelten Unternehmenswerte.

Die Vergleichsverfahren leiten den Unternehmenswert aus Börsenkurswerten oder aus realisierten Marktpreisen ab (H. Ruh, Unternehmensbewertung von Krankenhäusern, 2006, S. 194). Hierzu ist es erforderlich, mit dem Bewertungsobjekt vergleichbare Unternehmen zu finden, um den Unternehmenswert abzuleiten bzw. zu plausibilisieren. Die Vergleichsunternehmen sollten möglichst von ähnlicher operativer und finanzieller Struktur sein. Das **Grundprinzip der Multiplikatormethode** beruht darauf, dass durch simples Ins-Verhältnis-Setzen einer Bezugsgröße mittels den Regeln des Dreisatzes der Wert des Vergleichsobjektes auf das zu bewertende Unternehmen/Krankenhaus übertragen wird (vgl. W. Schultze, Methoden der Unternehmensbewertung, 2003, S. 157). Der **Multiplikator** ist eine Kennzahl, die aus einer Stromgröße, z.B. Umsatzerlöse, oder einer Bestandsgröße, z.B. Buchwert des Eigenkapitals sowie einer Wertgröße, z.B. Börsenwert oder Transaktionspreis, besteht. Diese Kennzahl repräsentiert das Vielfache, das bei der zugrunde gelegten Transaktion für die betreffende Bezugsgröße bezahlt wurde.

Vereinfachend dient folgende **Berechnungsformel** (aus T. Fries, Unternehmensbewertung von Krankenhäusern, Arbeitsberichte zum Management im Gesundheitswesen, Lehrstuhl für Allgemeine BWL und Management im Gesundheitswesen, Universität zu Köln, Arbeitsbericht Nr. 3, Köln 2003, S. 31). Für weitere Erläuterungen und Kennzahlen s. Kapitel 7.2.3.5.

$$\frac{\text{(Gesamt-)Unternehmenswert}}{\text{Bezugsgröße}} = \text{Multiplikator}$$

Die sog. **Mischverfahren** vereinen die Einzelbewertungsverfahren sowie die Gesamtbewertungsverfahren. So wird neben der Substanz eines Unternehmens auch dessen Ertragskraft bei der Unternehmensbewertung berücksichtigt (vgl. D. Ernst/S. Schneider/B. Thielen, Unternehmensbewertungen erstellen und verstehen, 2006, S. 5). Zu den Mischverfahren zählen beispielsweise die Mittelwertverfahren und auch das Stuttgarter Verfahren (steuerrechtliche Unternehmenswertermittlung z.B. bei der Erbschaftsteuer).

Das **Mittelwertverfahren** in seiner einfachsten Form lässt sich mit folgender Formel ausdrücken:

$$\text{Unternehmenswert} = \frac{\text{Substanzwert} + \text{Ertragswert}}{2}$$

Das **Stuttgarter Verfahren** aus einem Erlass des Finanzpräsidenten von Stuttgart (1995) diente früher der Ermittlung des „gemeinen Wertes" von nicht notierten Anteilen an Kapitalgesellschaften. Konnte dieser nicht aus Verkäufen abgeleitet werden, so war der Wert unter Berücksichtigung des Vermögens und der Ertragsaussichten der Gesellschaft zu schätzen (§ 11 Abs. 2 Satz 2 BewG a.F.), somit eine Kombination aus Substanz- und Ertragswertverfahren. Seit dem 01.01.2009 ist das Verfahren steuerrechtlich nicht mehr anzuwenden, da nach § 11 Abs. 2 Satz 2 BewG n.F. auch steuerrechtlich entweder das Ertragswertverfahren oder andere im gewöhnlichen Geschäftsverkehr für nicht steuerliche Zwecke übliche Methoden anzuwenden sind.

7.1 Auswahl des Bewertungsverfahrens

Für die Bewertung von Krankenhäusern ist die Bewertungsmethode anzuwenden, die dem Zweck der Bewertung dienlich ist. Die Aufgabe eines Unternehmensbewerters besteht im ersten Schritt darin, die richtige Bewertungsmethode entsprechend dem vorhandenen Bewertungsanlass/-zweck auszuwählen.

Soll das Krankenhaus beispielsweise „zerschlagen" werden, interessiert den Erwerber nicht die Ertragskraft, die aus der Kombination der einzelnen Unternehmensbestandteile resultiert, sondern lediglich der Anteil der einzelnen Vermögensgegenstände am Kaufpreis (J. Poll/L.-O. Kolm, Due Diligence und Unternehmensbewertungen von Krankenhäusern, Das Krankenhaus 2004, S. 96 ff.); im Ergebnis der Liquidationswert.

Problemfelder bei der Anwendung des Liquidationsverfahrens ergeben sich aus den Krankenhausspezifika. Beispielsweise stellt sich die Frage nach der Liquidierbarkeit von Ausgleichsansprüchen gegenüber einem Bundesland aufgrund der Eigenmittelfinanzierung von Anlagevermögen oder der möglichen **Wertminderung einer Krankenhausimmobilie**, denen etwaige Nutzungsbeschränkungen oder Heimfallklauseln anhaften (s.a. H. Ruh, Unternehmensbewertung von Krankenhäusern, 2006, S. 177). Schwierigkeiten ergeben sich auch bei der **Veräußerung der medizinisch-technischen Geräte**, für die nur ein eingeschränkter Nachfragemarkt zur Verfügung steht wenn zudem die Geräte keinen Neuzustand aufweisen.

Bei **Veräußerungen oder Fusionen von Krankenhäusern** spielt der Liquidationswert eine untergeordnete Rolle, da das Krankenhaus gerade unter der Annahme der Unternehmensfortführung bewertet werden soll. Der Liquidationswert stellt aber, insbesondere aus Sicht des Verkäufers, eine absolute Wertuntergrenze dar (ebenso s. H. Ruh, Unternehmensbewertung von Krankenhäusern, 2006, S. 176).

Die Einzelbewertungsverfahren vernachlässigen aufgrund ihrer Stichtagsbezogenheit die zukünftige Entwicklung des Krankenhauses. Insbesondere bei **Krankenhäusern mit hohem Rationalisierungs- oder Synergiepotenzial** wäre der Substanz- oder Liquidationswert ungeeignet (so auch T. Fries, Unternehmensbewertung von Krankenhäusern, Arbeitsberichte zum Management im Gesundheitswesen, Lehrstuhl für Allgemeine BWL und Management im Gesundheitswesen, Universität zu Köln, Arbeitsbericht Nr. 3, Köln 2003, S. 37). Zudem finden hier immaterielle Vermögenswerte, wie Qualität, Reputation, Einzugsgebiet, Patienten- und Einweiserstamm etc. keine Berücksichtigung (vgl. die umfassende Aufzählung bei H. Ruh, Unternehmensbewertung von Krankenhäusern, 2006, S. 178).

Die **Multiplikatorverfahren** haben den Nachteil, dass vergleichbare Krankenhäuser bzw. Krankenhausgesellschaften gefunden werden müssen, um eine entsprechende Wertaussage für das zu bewertende Krankenhaus treffen zu können. Problematisch in diesem Zusammenhang ist die Tatsache, dass strukturidentische Krankenhäuser kaum oder gar nicht existieren. Vorhandene Transaktionspreise anderer Krankenhäuser lassen, ohne detaillierte Kenntnisse der zugrundeliegenden Bewertungsgutachten und damit den der Preisbildung zugrundeliegenden Einflussfaktoren, kaum Rückschlüsse auf den eigenen Unternehmenswert des Krankenhauses zu (so B. Högemann, Due Diligence Prüfung und Unternehmensbewertung von Akutkrankenhäusern, Band 3 aus Schriftenreihe: Gesundheitswirtschaft, 2006, S. 181 f.).

Die Einzelbewertungsverfahren und die Vergleichsverfahren sind für die Bewertung von Krankenhäusern bzw. Krankenhausgesellschaften wenig geeignet, um die individuellen Rahmenbedingungen des Krankenhausbetriebes, dessen künftige Potenziale und sonstige wertbeeinflussende Merkmale in die Bewertung einzubeziehen. Die der Bewertung eines fortzuführenden Krankenhauses zugrunde liegende Methode muss in der Lage sein, die künftige Entwicklung des Krankenhauses und dessen Rahmenbedingungen in die Wertermittlung einfließen zu lassen.

Die geeignetsten **Methoden unter Fortführungsgesichtspunkten** sind die **Gesamtbewertungsverfahren**. Sie erlauben unternehmensindividuell über eine detaillierte Zukunftsprognose sämtliche quantifizierbare Werttreiber in die Bewertung nachvollziehbar einfließen zu lassen. Anhand von Prämissen und deren Veränderungen können diverse Szenarien und deren Auswirkungen auf den Unternehmenswert untersucht werden, denn im Hinblick auf die erst im Nachhinein feststellbare Übereinstimmung der zugrundeliegenden Prognosen mit der dann eintretenden Realität sind auch diese Verfahren in ihrer Tauglichkeit eingeschränkt. Weder über die absolute Höhe der finanziellen Überschüsse noch über die mit ihnen verbundenen Risiken der Zukunft herrscht ex ante Gewissheit (s. J. Poll/L.-O. Kolm, Due Diligence und Unternehmensbewertungen von Krankenhäusern, Das Krankenhaus 2004, S. 96 ff.).

Die **Methoden der Gesamtbewertungsverfahren** (hier Ertragswertmethode und DCF-Verfahren) haben in der Praxis aufgrund ihres hohen Detaillierungsgrades im Rahmen der zugrunde liegenden Planung eine weitverbreitete Akzeptanz.

Zusammenfassend lässt sich für die Krankenhausbewertung feststellen, dass je nach Bewertungsanlass und Bewertungszweck verschiedene Methoden anwendbar sind. So eignet sich für die **Wertermittlung bei Krankenhaus(ver)käufen (Kaufpreisermittlung), bei Krankenhausfusionen (Festlegung von Beteiligungsquoten) und bei Krankenhauskooperationen (Vorteilhaftigkeitsvergleich)** im besonderen Maße das Ertragswertverfahren, da es kapitalmarktorientiert relativ unkompliziert einen künftig ausschüttbaren Ertragsüberschuss ermittelt. Auch die **DCF-Verfahren** sind hierfür geeignet, werden aber wegen der aufwendigeren Ermittlungsweise bei den einzelnen DCF-Verfahren in der Praxis seltener verwendet als die Ertragswertverfahren. Die **Substanzwertverfahren** sind wegen fehlenden Bezugs auf künftige Rahmenbedingungen und Entwicklungspotenziale nicht für die drei genannten Bewertungsanlässe geeignet, jedoch für den Fall der Krankenhausliquidation heranzuziehen. Die **Multiplikatorverfahren** sind nur zur Plausibilisierung der ermittelten Werte im DCF-Verfahren und Ertragswertverfahren zu verwenden, sofern vergleichbare Krankenhausunternehmen zur Verfügung stehen (zusammenfassend vgl. auch Tabellen von B. Högemann, Due Diligence Prüfung und Unternehmensbewertung von Akutkrankenhäusern, 2006, S. 186 f.).

Im weiteren Verlauf wird die Bewertung von Krankenhäusern anhand der Ertragswertmethode dargestellt und zum Vergleich die Bewertung anhand des DCF-Verfahrens gegenübergestellt. Anschließend erfolgt die Plausibilisierung des gefundenen Wertes mittels der Multiplikatormethode.

7.2 Bewertung von Krankenhäusern nach dem Ertragswertverfahren unter Beachtung des IDW S 1

Die folgenden Ausführungen zum Ertragswertverfahren berücksichtigen den **Standard zur Unternehmensbewertung des Institutes der Wirtschaftsprüfer** (IDW S 1). Dabei soll aus Sicht eines neutralen Gutachters ein **objektivierter Unternehmenswert** gefunden werden. Der **IDW S 1** (in der Fassung vom 02.04.2008) ist bereits im Kapitel 4. beschrieben worden.

Kurz zusammengefasst (vgl. J. Poll/L.-O. Kolm, Due Diligence und Unternehmensbewertungen von Krankenhäusern, Das Krankenhaus 2004, S. 96 ff.) gibt der Standard vor, dass sich die Bewertung an der wirtschaftlichen Unternehmenseinheit zu orientieren hat, die danach abgegrenzt wird, welche Unternehmensteile (z.B. Absatz, Beschaffung, Organisation, Finanzierung und Management) aufgrund ihres Zusammenwirkens zu künftigen finanziellen Überschüssen beitragen. Zudem hat die Bewertung zu einem festgelegten Stichtag zu erfolgen, wobei grundlegend auf die finanziellen Überschüsse der Zukunft unter Zahlungsstromorientierung und Substanzbezogenheit des Erfolges, ggf. unter Berücksichtigung ertragsteuerlicher Einflüsse, abzustellen ist.

Vor dem Hintergrund, dass sich die Bewertung auf die am Bewertungsstichtag vorhandene oder realisierbare Ertragskraft stützt, sind für die **Bestimmung eines objektivierten Unternehmenswertes bei der Ermittlung der finanziellen Überschüsse im Prognosezeitraum** folgende Aspekte zu berücksichtigen:

- ausschließlich bereits zum Stichtag eingeleitete oder bereits im Unternehmenskonzept dokumentierte Maßnahmen (z.B. Erweiterungsinvestitionen),
- nur sog. unechte Synergieeffekte, die auch ohne den Bewertungsanlass zu realisieren wären,
- Ausschüttungsannahmen unter Berücksichtigung des zum Bewertungsstichtages dokumentierten Unternehmenskonzeptes und rechtlicher Restriktionen,
- nur typische Einflüsse und Faktoren des derzeitigen Managements (personenbezogene Einflüsse werden nivelliert) und
- wertrelevante steuerliche Verhältnisse der Anteilseigner sind sachgerecht zu typisieren.

Die gerade genannte **Ermittlung finanzieller Überschüsse im Planungshorizont** umfasst nur Überschüsse aus dem sog. betriebsnotwendigen Vermögen, die nominelle Ertragskraft. Im Rahmen von Transaktionen wird oft auch Vermögen übertragen, das keinen Beitrag zur Ertragskraft bzw. zur Erfüllung des Unternehmenszwecks (mehr) leistet, z.B. ungenutzte Grundstücke und Grundstücksteile sowie Gebäude (Heizhaus, altes Bettenhaus etc.). Für dieses **nicht betriebsnotwendige Vermögen** ist der Liquidationswert anzusetzen, sofern er über dem Barwert ihrer finanziellen Überschüsse unter Fortführungsgesichtspunkten liegt. Der separate zu ermittelnde Liquidationserlös setzt sich aus dem Einzelveräußerungspreis abzüglich des Restbuchwerts, eventuell zuzurechnender Schulden, steuerlicher Auswirkungen sowie Veräußerungsnebenkosten zusammen.

Vereinfachend kann das Ertragswertverfahren mit Abbildung 12 verdeutlicht werden.

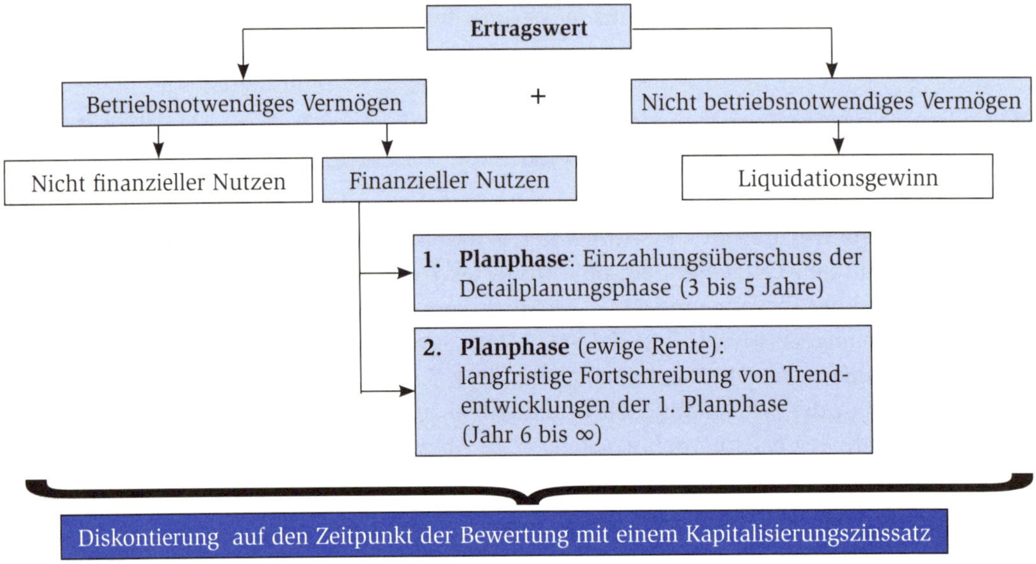

Abb. 12: Ertragswertverfahren

7.2.1 Kenntnisse über das Bewertungsobjekt

Die **Ertragskraft (finanzielle Überschüsse) eines Krankenhauses**/Unternehmens basiert auf den am Bewertungsstichtag vorhandenen Erfolgsfaktoren (WP Handbuch 2008, Band II, 13. Auflage, S. 28). Der Wert eines Krankenhauses bestimmt sich aus dem Nutzen, den dieses aufgrund seiner im Bewertungszeitpunkt vorhandenen Erfolgsfaktoren, seines Dienstleistungsangebotes und Stellung am Markt, seiner inneren Organisation, seiner Mitarbeiter und seines Managements in Zukunft erwirtschaften kann. Diese Erfolgsfaktoren sind im Rahmen der Unternehmensbewertung zu ermitteln.

Kernproblem einer jeden Unternehmensbewertung ist die **Prognose der finanziellen Überschüsse aus dem betriebsnotwendigen Vermögen**. Sie erfordert eine umfangreiche Informationsbeschaffung und darauf aufbauende vergangenheits-, stichtags- und zukunftsorientierte Unternehmensanalysen (IDW S 1, Tz. 68). Nur eine **fundierte Unternehmensanalyse** einschließlich seines Geschäftsmodells und seiner Werttreiber kann die Anforderungen erfüllen, die an eine sachgerechte Unternehmensbewertung zu stellen sind. Ausschlaggebend für die Qualität einer Bewertung ist nicht die reine Aufbereitung der Daten mittels finanzmathematischer Verfahren, sondern die inhaltliche Qualität der Unternehmensanalyse (vgl. WP Handbuch 2008, Band II, 13. Auflage, S. 48).

Neben der bloßen Ermittlung der Erfolgsfaktoren und der sich hieraus zu prognostizierenden in der Zukunft erwirtschaftbaren und dann grundsätzlich entziehbaren finanziellen Überschüsse gilt es noch einen wesentlichen Aspekt zu berücksichtigen. Der Wert eines Krankenhauses wird ganz erheblich über **das mit dem Betrieb eines Krankenhauses verbundene Risiko** bestimmt. Aus dem Krankenhaus entziehbare Überschüsse und **Unternehmensrisiken** stehen dabei in einer nicht unwesentlichen Interdependenz (vgl. J. Poll/L.-O. Kolm, Due Diligence und Unternehmensbewertungen von Krankenhäusern, Das Krankenhaus 2004, S. 96 ff.). Für die Ermittlung des Krankenhauswertes ist es maßgebend, diese wechselseitigen

Abhängigkeiten zu quantifizieren, um das mit den Überschüssen verbundene Risiko bestimmen zu können.

Die oben genannten Ausführen machen deutlich, dass der Informationsbeschaffung eine sehr hohe Bedeutung zu kommt. Die Praxis bedient sich dabei häufig der sog. **Due Diligence** (s. Kapitel 5.), dessen Umfang sich nach Möglichkeit an einem Kosten-Nutzen-Kalkül orientiert. Ziel der Due Diligence ist die Analyse der Erfolgsentwicklung des zu bewertenden Krankenhauses über mehrere Jahre. Dabei wird besonderes Augenmerk auf die Identifizierung des nachhaltigen Erfolgspotenzials sowie der Aufdeckung betriebsbedingter Risiken im Umfeld des Krankenhauses gelegt (vgl. J. Poll/L.-O. Kolm, Due Diligence und Unternehmensbewertungen von Krankenhäusern, Das Krankenhaus 2004, S. 96 ff.).

Einer abgeschlossenen Due Diligence folgt entweder ein gesonderter Bericht oder die zum Bewertungsobjekt gesammelten Informationen werden im Rahmen eines in der Regel zu erstellenden Bewertungsgutachtens umfassend dargestellt und verarbeitet.

Die weiteren Ausführungen haben in einem ersten Schritt das Ziel, wesentliche allgemeingültige Erfolgsfaktoren von Krankenhäusern und branchenspezifische Risiken zu benennen. In einem zweiten Schritt sollen die im Rahmen der Due Diligence gesammelten Detailkenntnisse eines zu bewertenden Krankenhauses, die die jeweils individuellen Erfolgsfaktoren und Risiken umfassen, für einige ausgewählte Analysebereiche zusammenfassend dargestellt werden.

Zu den Detailkenntnisse zählen im Wesentlichen die Struktur (Aufbau, Organisation), die wirtschaftlichen (z.B. Geschäftstätigkeit, Markt- und Wettbewerb, Unternehmensstrategie), die rechtlichen (wesentliche und/oder langfristig gebundene Vertragsverhältnisse, Behördenauflagen, arbeitsvertragliche Rahmenbedingungen) und steuerlichen Verhältnisse (Steuerpflicht versus Gemeinnützigkeitsrechtliche Steuerbefreiungen), die Vermögens-, Finanz- und Ertragslage des Krankenhauses (Vergangenheitsanalyse inklusive Bereinigungen) sowie die künftigen Planungen (Ertrags- und Aufwandsplanung und Investitionsplanung inklusive gesetzter Prämissen).

7.2.1.1 Grundsätzliche Überlegungen zu den Erfolgsfaktoren eines Krankenhauses

Krankenhäuser unterliegen aufgrund eines im großen Umfang festgelegten Finanzierungsvolumens sowie eines hohen Aufwandsvolumens (z.B. sehr personalintensive Leistungserbringung) besonderen Rahmenbedingungen. Fraglich ist, wie der Erfolg eines Krankenhauses zu messen ist, wenn eine Vielzahl der Krankenhäuser keine Gewinne erzielen. Die Bewertung des Erfolges an rein finanzmathematischen Kennzahlen wie z.B. Umsatz, Gewinn, Return on Investment scheidet in diesen Fällen aus (so ausgeführt von B. Helmig, Ökonomischer Erfolg in öffentlichen Krankenhäusern, 2005, S. 243). Andere – möglichst messbare – Erfolgsgrößen müssen definiert werden. Hierzu zählen die sog. **nichtmonetären Erfolgsziele**, wie die langfristige Sicherstellung der Wettbewerbsfähigkeit, die Erreichung von Mitarbeiter- und Kundenzufriedenheit sowie eine positive Reputation in der Öffentlichkeit etc.

Als **wesentliche Erfolgsgrößen von öffentlichen Krankenhäusern** und diesen gleichzeitig zugeordneten entsprechend messbaren/ablesbaren Zielerreichungsgraden sind insbesondere die Folgenden zu nennen, die m.E. ohne weiteres auch auf andere Krankenhausträger übertragen werden können (Aufzählung vgl. Tabelle von B. Helmig, Ökonomischer Erfolg in öffentlichen Krankenhäusern, 2005, S. 199):

1. **Marktpsychologische Erfolgsziele**
   - Kundenloyalität
   - Kundenzufriedenheit
   - Patientenzufriedenheit
   - Ansehen in der Öffentlichkeit
   - Qualität des Leistungsangebotes
   - Gutes Images
2. **Marktökonomische Erfolgsziele**
   - Rentabilität
   - Umsatzmaximierung
   - Gewinnrealisierung
   - Kapazitätsauslastung
   - Verweildauerminimierung
   - Produktivitätssteigerung
   - Mitarbeiterzufriedenheit
3. **Wettbewerbsorientierte Erfolgsziele**
   - Hoher Marktanteil
   - Hohe Wettbewerbsfähigkeit
4. **Unternehmenspolitische Erfolgsziele**
   - Erhaltung/Schaffung von Arbeitsplätzen
   - Sicherung des Unternehmensbestandes
   - Umweltschutz
   - Soziale Verantwortung

Das **Management eines Krankenhauses** steht vor der Aufgabe ein Krankenhaus so zu leiten, dass neben der monetären Zielsetzung auch nichtmonetäre Erfolge erreicht werden, da nur ihr Zusammenwirken zum Gesamterfolg führt. Hierfür ist eine entsprechende Unternehmensstrategie zu entwickeln.

Die vorstehende Aufzählung zeigt, dass die strategische Ausrichtung eines Krankenhausmanagements in nicht unwesentlichem Umfang durch die Markt- und Wettbewerbssituation bestimmt wird. Dabei ist zu berücksichtigen, dass einerseits ein Krankenhausbetrieb, wie jedes andere Unternehmen, den üblichen Triebkräften eines Branchenwettbewerbes ausgesetzt ist, zu denen die Wettbewerber der Branche, die Verhandlungsmacht der Abnehmer, die Verhandlungsmacht der Lieferanten, die Bedrohung durch neue Konkurrenten sowie die Bedrohung durch Ersatzprodukte zählen (s. B. Helmig, Ökonomischer Erfolg in öffentlichen Krankenhäusern, 2005, S. 140 f.). Die genannten Triebkräfte resultieren aus der **Analyse der Wettbewerbsvorteile nach Porter**. Andererseits wird die Markt- und Wettbewerbssituation durch branchenspezifische Rahmenbedingungen und Entwicklungen beeinflusst. Im weiteren Verlauf werden die wesentlichen Aspekte des Krankenhausmarktes zusammengefasst (die Zusammenfassung zum Krankenhausmarkt und dessen Besonderheiten stützt sich auf die Ausführungen von B. Helmig, Ökonomischer Erfolg in öffentlichen Krankenhäusern, 2005).

Die Entwicklung des Krankenhausmarktes zeigt, insbesondere durch den gestiegenen Kostendruck nach Einführung der Finanzierung von Krankenhausleistungen mittels Fallpauschalen (DRG), eine deutliche Reduzierung der Bettenanzahl und damit auch einen Rückgang vorhandener Krankenhäuser, was zunächst vorrangig mit dem Abbau von Überkapazitäten in

Zusammenhang gebracht werden kann. Andererseits ist der Rückgang auch auf eine gestiegene Wettbewerbsintensität zurückzuführen, die zudem aus der Verringerung der Verweildauern der Patienten im Krankenhaus ablesbar ist.

Abbildung 13 zeigt die **rückläufige Entwicklung der Anzahl der Krankenhausbetten sowie die Verweildauern im Zeitablauf**, wobei die Verweildauer sich aus dem Verhältnis von Berechnungs-/Belegungstagen zur Anzahl der Krankenhausfälle errechnet.

Zentrale Indikatoren der Krankenhäuser

Gegenstand der Nachweisung	Berichtsjahr				Veränderung 2006 gegenüber		
	2006	2005	2001	1996	2005	2001	1996
	Anzahl				in %		
Krankenhäuser	2 104	2 139	2 240	2 269	-1,6	-6,1	-7,3
Aufgestellte Betten							
- Anzahl	510 757	523 824	552 680	593 743	-2,5	-7,6	-14,0
- je 100 000 Einwohner	620	635	671	725	-2,4	-7,6	-14,5
Krankenhausfälle							
- Anzahl	16 832 883	16 539 398	17 325 083	16 165 019	1,8	-2,8	4,1
- je 100 000 Einwohner	20 437	20 056	21 041	19 739	1,9	-2,9	3,5
Berechnungs- und Belegungstage in 1 000	142 251	143 244	163 536	175 247	-0,7	-13,0	-18,8
Durchschnittliche Verweildauer in Tagen	8,5	8,7	9,4	10,8	-2,4	-10,1	-21,6
Durchschnittliche Bettenauslastung in Prozent	76,3	74,9	81,1	80,6	1,8	-5,9	-5,4

Abb. 13: Bettenzahlen, Fallzahlen, Berechnungstage, Verweildauern Deutscher Krankenhäuser von 1996 bis 2006 (Quelle: Statistisches Bundesamt (Hrsg.), Grunddaten der Krankenhäuser, Fachserie 12, Reihe 6.1.1. – 2006 (2007))

Die **Reduzierung der Bettenzahl sowie der Verweildauern** sind wichtige Determinanten des finanziellen Erfolgs, da dieser mitunter durch die optimale Bettenauslastung beeinflusst wird. Diskutabel in diesem Bereich ist die Frage, ob immer noch Überkapazitäten (Bettenanzahl je Einwohner) bestehen, die zu einer weiteren Reduzierung führen müssen und damit den Wettbewerb verstärken. Problematisch in diesem Zusammenhang ist auch die Tatsache, dass das eine oder andere öffentliche Krankenhaus, trotz Erzielung von Defiziten, nicht vom Markt verdrängt werden kann, was mit der Notwendigkeit der Sicherstellung der Versorgung der Bevölkerung mit stationären Krankenhausleistungen begründet wird.

Die rückläufige Entwicklung im stationären Bereich bewirkte jedoch die Verschiebung in den ambulanten Bereich. Viele Krankenhäuser haben ihr strategisches Konzept auch auf das **Angebot von ambulanten Leistungen** ausgerichtet.

Deutlich wird die Wettbewerbssituation von Krankenhäusern durch **besondere Markteintrittsbarrieren**. Darunter zu fassen ist beispielsweise die Tatsache, dass die Entscheidung zur Aufnahme eines Krankenhauses in den Krankenhausplan und damit die Verschaffung der Möglichkeit medizinische Leistungen in Deutschland anzubieten in der Entscheidungsgewalt der jeweiligen Bundesländer liegt. Zudem ist mit dem Betrieb eines Krankenhauses ein zum Teil erheblicher Investitionsbedarf verbunden, der soweit nicht durch Fördermittel finanzierbar, mit einer hohen Kapitalintensität einhergeht. Ein eingeschränkt verfügbarer Angebotsmarkt, z.B. für medizinisch-technische Geräte sowie fehlende Beziehungen zu einweisenden Ärzten erschweren ebenfalls einen Marktzutritt.

Die Besonderheiten des Krankenhausmarktes sowie weitere branchenspezifische Sachverhalte beeinflussen folgend genannte **strategische Konzepte** (folgende Zusammenfassung vgl. ausführlich in B. Helmig, Ökonomischer Erfolg in öffentlichen Krankenhäusern, 2005):

- Mit einer ausgeprägten **Produktdifferenzierung** wird versucht sich von der Konkurrenz abzuheben. In diesem Sinne kann statt einer Klinik mit nur unbedingt notwendiger medizinischer Ausstattung eine hoch spezialisierte Klinik (wie Universitätskliniken) bzw. Abteilungen mit medizinischer Spitzentechnologie betrieben werden. Die subjektive Wahrnehmung der Patienten bzw. einweisenden Ärzte verspricht sich von einer derart eingerichteten Klinik höhere Qualität. Die Klinik profitiert von diesem Ruf und weist ein gutes Image auf. Eine positive Wahrnehmung aufgrund der Produktdifferenzierung sorgt in Form von verstärkten Einweisungen für eine verbesserte Auslastung der Kliniken („Markentreue").
  Unter üblichen Marktbedingungen könnte ein Unternehmen, das unter dieser Strategie ihre Marktstellung erhöht hat, auch höhere Preise durchsetzen. Eine derart zu gestaltende **Preispolitik** ist allerdings im Krankenhausmarkt in Deutschland durch die festgelegten Fallpauschalen kaum möglich. Die freie Gestaltung von Preisen wird beispielsweise bei Abrechnungen mit Privatpatienten, vor allem ausländischen Privatpatienten, sowie bei Abrechnungen von Wahlleistungen möglich sein können.
  Zu einer erfolgreichen Differenzierungsstrategie im Krankenhaussektor können auch **kostenintensive Profilierungsmaßnahmen** gehören. Hierzu zählen z.B. Forschungs- und Entwicklungstätigkeiten, ein exklusives Produktdesign (ansprechendes Ambiente, Serviceleistungen), qualitativ hochwertige medizinisch-technische Geräte, neueste Operationsmethoden sowie intensive Patientenbetreuung. Nach empirischen Untersuchungen wurden Kliniken mit Forschungs- und Entwicklungstätigkeiten, z.B. Universitätskliniken, hinsichtlich ihrer medizinischen und technischen Kompetenz als besser wahrgenommen.
  Insgesamt lässt sich ableiten, dass zur Differenzierungsstrategie die **Determinanten**, wie fachliche Qualität der Mitarbeiter, die Mitarbeiterzufriedenheit, die Qualität der Leistungserstellung, die Vielzahl der angebotenen Serviceleistungen, die Finanzkraft des Krankenhauses, die Gesamtkostensituation sowie die baulichen Gegebenheiten (Neubau versus sanierungsbedürftige Altbauten) einen wesentlichen Einfluss auf den Zielerreichungsgrad der eingangs genannten marktpsychologischen sowie der wettbewerbsorientierten Erfolge haben.
  Eingeschränkt wird die Differenzierungsstrategie, insbesondere hinsichtlich der **Produktpolitik**, durch das im Wesentlichen vom Gesetzgeber vorgeschriebene Leistungsangebot, wie z.B. das verpflichtende Angebot der Notfallversorgung.
- Aufgrund der – vor allem für öffentliche Krankenhäuser – verpflichtenden Angebotsstruktur wird die Strategie der **Erlangung der Kostenführerschaft** mitunter eingeschränkt. Die dahinterstehende Konzeption zur Schaffung von Größen- und Kostenvorteilen bietet eine weitere Möglichkeit zur Stärkung der Wettbewerbspositionierung. Die jeweiligen Kliniken sind bestrebt **Größenvorteile durch Optimierung interner Strukturen** zu schaffen, wie z.B. durch den Aufbau effizienter Leistungsprozesse, also der Betriebsabläufe, den Zusammenschluss bestimmter Stationen mit nur einem Operationstrakt sowie das Eingehen von Kooperationen. Größenvorteile bieten eher die Möglichkeit von Rationalisierungsmaßnahmen. Bezüglich der Kostenreduzierung haben Krankenhäuser jedoch die Reglementierung des § 137 SGB V in Verbindung mit § 135a SGB V zu beachten, wonach bestimmte Vorgaben zur Qualitätssicherung einzuhalten und nachzuweisen sind.

- Das Ziel – Stärkung der Marktposition oder sogar **Erreichung der absoluten Marktmacht** – durch die strategischen Ausrichtungen bezüglich Kostenführerschaft oder Differenzierung können Kliniken zudem über die **Konzentration auf Schwerpunkte**, in der eine oder beide der genannten Strategien integriert werden, erreichen. Bei der Schwerpunktsetzung kann es beispielweise darum gehen Marktnischen zu bedienen. Die Konzentration kann sich einerseits auf die Patientengruppen (z.B. Privatpatienten, ausländische Patienten, Patienten mit bestimmten Diagnosen) und andererseits auf festgelegte Leistungsprogramme (z.B. nur Herzoperationen, Schönheitsoperationen etc.) beziehen. Diese Strategie ist vor allem dann erfolgreich, wenn es der Klinik gelingt ein begrenztes Marktsegment effektiver zu bearbeiten als die Konkurrenz.

Die Entscheidung zur strategischen Ausrichtung sowie ihrer Änderungen trifft das Krankenhausmanagement. Das Ausmaß hängt dabei von dem jeweiligen Risikoverhalten des Entscheidungsträgers sowie von der Ausgangslage/den Voraussetzungen des Krankenhauses ab, sog. **Mobilitätsbarrieren**. Festgelegte Strategien/Konzepte sind laufend zu prüfen und gegebenenfalls anzupassen. Anpassungen sind ebenfalls den Mobilitätsgrenzen der Entscheidungsträger und/oder der vorhandenen Struktur des Krankenhauses ausgesetzt. Kurz zusammengefasst sind die folgenden **Mobilitätsbarrieren** beispielhaft zu nennen (vgl. B. Helmig, Ökonomischer Erfolg in öffentlichen Krankenhäusern, 2005, S. 130):

- Breite/Struktur des Leistungsangebotes,
- Marktsegmentierung,
- Markennamen,
- Wettbewerbsintensität im lokalen Markt,
- Rechtliche Rahmenbedingungen,
- Kostendegressionsmöglichkeiten,
- Diagnose- und Therapieverfahren,
- Forschungs- und Entwicklungs-Know-how,
- Marketingsysteme,
- Eigentumsverhältnisse,
- Organisationsstruktur,
- Management-Know-how,
- Grad der Diversifikation (z.B. bezüglich Spezialisierung oder Vielfalt der angebotenen medizinischen Leistungen),
- Vertikaler Integrationsgrad (Leistungstiefe gering bzw. hoch).

Die Risiken eines erfolgreichen Krankenhausbetriebes hängen im Wesentlichen von den Mobilitätsbarrieren der Krankenhausbranche sowie der Risikobereitschaft des Krankenhausmanagements ab. Zudem wird der Erfolg von weiteren bereits genannten Faktoren, wie **Mitarbeiterqualifikation und -zufriedenheit**, der Finanzkraft des Krankenhauses etc. bestimmt. Die Risiken gilt es durch geeignete Maßnahmen zu begrenzen. Dabei haben sich die folgend genannten im besonderen Maße als erfolgreich erwiesen (vgl. B. Helmig, Ökonomischer Erfolg in öffentlichen Krankenhäusern, 2005, S. 245):

- Regelmäßiger Dialog mit der Öffentlichkeit,
- Strategie der Corporate Identity,
- Regelmäßige Durchführung von

  - Kundenzufriedenheitsmessungen,
  - Mitarbeiterzufriedenheitsmessungen,
  - Imageanalysen,
  - Systematische Konkurrenzanalysen,
- Vorhandensein einer Kostenträgerrechnung.

7.2.1.2 Analyse des konkreten Bewertungsobjektes Krankenhaus

Unter Zugrundelegung der allgemeinen Aussagen zu relevanten Erfolgsgrößen und deren Determinanten zur maximalen Zielerreichung muss die Analyse eines Krankenhauses im Rahmen einer Unternehmensbewertung möglichst umfassend die Stärken und Schwächen sowie die Chancen und Risiken herausarbeiten, um für die künftige Prognose eine entsprechende Erfolgsaussage treffen zu können. Die Ergebnisse aus dieser Analyse fließen in die Bewertung ein und werden z.T. auch über Zu- oder Abschläge beim Kapitalisierungszinssatz abgebildet.

Die Analyse eines Krankenhauses erfolgt über die **Vergangenheitsanalyse**, die die bisherige leistungs- und finanzwirtschaftliche Entwicklung des Krankenhauses untersucht. Dabei erfolgt die **Untersuchung der Vermögens-, Ertrags- und Finanzlage** anhand der Jahresabschlusszahlen der dem Bewertungsstichtag vorgelagerten Perioden sowie zum Bewertungsstichtag unter Berücksichtigung der Markt- und Umweltbedingungen. Der Referenzzeitraum für die Analyse der Vergangenheit liegt in der Regel zwischen drei und fünf Jahren. Die Ergebnisse der Analyse ermöglichen es die aufgestellten Planungsrechnungen für den Prognosezeitraum zu plausibilisieren.

Die weiteren Ausführungen befassen sich zunächst mit der **Analyse des Krankenhausumfeldes**, die dazu dient die Marktstellung, die strategische Positionierung und sonstige Erfolgspotenziale sowie die Risiken des zu bewertenden Unternehmens zu ermitteln, anschließend erfolgt die Jahresabschlussanalyse. Im Rahmen der Due Diligence werden die hierfür benötigten Unterlagen gesammelt.

Zurückblickend auf die bereits gemachten Ausführungen stellt sich wiederholend die folgende Frage: „Welche Erfolgsfaktoren beeinflussen in dem konkreten Bewertungsfall den Erfolg des Krankenhauses?“ Die Analyse des Krankenhausumfeldes befasst sich mit systemexternen sowie mit systeminternen Einflussfaktoren.

Zu den wesentlichen **externen Einflussgrößen auf den Erfolg eines Krankenhauses** zählen die folgenden Punkte (vgl. H. Ruh, Unternehmensbewertung von Krankenhäusern, 2006, S. 63):

- **Demografische Entwicklung** (Bevölkerungswachstum, Bevölkerungsdichte, Altersstruktur, Krankenhaushäufigkeit, Einkommensverhältnisse),
- **Ökonomische Entwicklung** (Entwicklung des Bruttosozialproduktes, Ausgaben- und Einnahmenentwicklung der Krankenkassen, Umweltentwicklungen, Entwicklung der Arztdichte),
- **Arbeitsmarkt** (Arbeitslosenquote, Ausbildungsmöglichkeiten, Lohnniveau, besondere Arbeitsrechtliche Bedingungen),
- **Politische Entwicklungen** (Sozialgesetzgebung, Entwicklung der Fördermittelfinanzierung, Gesundheitspolitische Entwicklungen, Einfluss der Krankenhausverbände),

- **Technologische Entwicklung** (Forschungsvorhaben im Gesundheitssektor, Technologiestand, Altersstruktur der medizinisch-technischen Geräte),
- **Gesellschaftliches Umfeld** (Ernährungsgewohnheiten, Lebensgewohnheiten, wie z.B. Konsumverhalten und Suchtverhalten, Trend zur Work Life Balance, Trend zur Prävention, Ökologisches Bewusstsein).

Die wesentlichen bei einer **Due Diligence** zu prüfenden Bereiche, die Einfluss auf die darauf aufbauende Planung der künftigen Erträge haben werden, sollen im weiteren Verlauf beschrieben werden. Dabei werden folgende Themenkomplexe näher erläutert:
- Rechtliche Verhältnisse (Legal Due Diligence),
- Arbeitsrechtliche Aspekte, Analyse der Mitarbeiterstruktur (Human Ressources Due Diligence),
- Steuerliche Verhältnisse (Tax Due Diligence; siehe Kapitel 6.3),
- Markt- und Wettbewerbsanalyse – interne und externe Unternehmensanalyse (Market Due Diligence),
- Beurteilung der Effizienz der Unternehmenssteuerung (Organizational Due Diligence),
- Analyse der Vermögens-, Finanz- und Ertragslage – Vergangenheitsanalyse (Financial Due Diligence).

7.2.1.2.1 Rechtliche Verhältnisse

Bei der **Analyse der rechtlichen Verhältnisse** werden in einem ersten Schritt die internen und externen Rechtsbeziehungen aufgenommen und in einem zweiten Schritt im Hinblick auf den Bewertungsanlass die Auswirkungen der Rechtsbeziehungen auf den Unternehmenswert analysiert. Das Ziel ist es, auch offensichtliche oder verdeckte Bestands- und Haftungsrisiken offenzulegen (vgl. B. Högemann, Due Diligence Prüfung und Unternehmensbewertung von Akutkrankenhäusern, 2006, S. 267). Empfehlenswert ist, Bereiche wie gesellschaftsrechtliche Strukturen, zivilrechtliche wesentliche Vertragsverhältnisse (u.a. mit Lieferanten, Banken, Versicherungen), arbeitsrechtliche Vertragsverhältnisse (Tarifverträge, Betriebsvereinbarungen etc.) sowie Vertragsverhältnisse mit öffentlich-rechtlichen Rahmenbedingungen, als Rechtsgrundlage der Geschäftstätigkeit, in die Analyse einzubeziehen.

Eine wesentlicher Aspekt für die Bewertung ist, dass das Krankenhaus weiterhin oder erstmalig in den **Landeskrankenhausplan der Bundesländer** aufgenommen ist/wird. Der sich daran anschließende **Rahmenvertrag mit den Krankenkassen** kann auch als wesentlicher immaterieller Vermögenswert angesehen werden, da dieser Zugang zu einem bestimmtem Patienten- bzw. Kundenkreis gewährleistet (vgl. H. Ruh, Unternehmensbewertung von Krankenhäusern, 2006, S. 102) und damit die Sicherung künftiger Einnahmen.

Im Rahmen der Bewertung bzw. Voranalyse werden für diesen Bereich **sämtliche Feststellungsbescheide bezüglich Aufnahme des Krankenhauses in den Versorgungsplan** sowie mögliche Änderungen, vorhandene Fördermittelbescheide und notwendige Konzessionen, z.B. die Zulassung zum Betrieb einer Privatklinik, aufgenommen. Bei **Rehabilitationskliniken** sind ebenfalls sämtliche Rechtsgrundlagen und Vertragsverhältnisse aufzunehmen.

Wesentlichen Einfluss übt hierbei die rechtliche Ausgestaltung des Krankenhauskaufs/-erwerbs aus (vgl. T. Fries, Unternehmensbewertung von Krankenhäusern, Arbeitsberichte zum Management im Gesundheitswesen, Lehrstuhl für Allgemeine BWL und Management im Gesundheitswesen, Universität zu Köln, Arbeitsbericht Nr. 3, Köln 2003, S. 40 ff.). Beispielsweise werden bei **Umwandlungen nach dem Umwandlungsgesetz** (z.B. Spaltung, Verschmelzung etc.) die Krankenhauserwerber Rechtsnachfolger des bisherigen Trägers (sog. **Gesamtrechtsnachfolge**), mit dem Ergebnis, dass der neue Eigentümer in die Rechtsstellung des bisherigen Eigentümers tritt. Sämtliche Rechte und Pflichten gehen auf den neuen Krankenhauseigentümer über.

Anders dagegen bein **Unternehmenskauf**, bei dem die Vermögensgegenstände einzeln auf den Erwerber übertragen werden (z.B. Asset Deal). Hier gilt die sog. Einzelrechtsnachfolge. Sämtliche Versorgungsverträge, Budgetvereinbarungen und auch Fördermittelzusagen sind personenbezogen, d.h. sie gelten als mit dem Krankenhausträger abgeschlossen, nicht mit dem Krankenhaus. Bei dieser Kaufvariante würde die Geschäftsgrundlage entfallen. Allerdings kann die erneute Aufnahme in den Versorgungsplan, der Abschluss von Budgetvereinbarungen und die Fortsetzung von Förderungen nicht verwehrt werden, wenn ein Versorgungsbedarf besteht. War das Krankenhaus vor der Veräußerung als Plankrankenhaus in den Krankenhausplan aufgenommen und wäre eine Versorgung im Einzugsgebiet ohne das Krankenhaus nicht bedarfsgerecht gedeckt, so hat auch der neue Krankenhausträger Anspruch auf Aufnahme in den Krankenhausplan und **Abschluss eines Versorgungsvertrages** (vgl. T. Fries, Unternehmensbewertung von Krankenhäusern, Arbeitsberichte zum Management im Gesundheitswesen, Lehrstuhl für Allgemeine BWL und Management im Gesundheitswesen, Universität zu Köln, Arbeitsbericht Nr. 3, Köln 2003, S. 41).

Mit dem Erwerb und der Aufnahme im Versorgungsplan sind weitere Rechtsfolgen verbunden. So sollten im Vorfeld die **Vorgaben über das medizinische Leistungsangebot** gem. Versorgungsauftrag, kartellrechtliche Vorgaben bei Unternehmenszusammenschlüssen sowie vergaberechtliche Vorschriften für die Auftragsvergabe von Dienstleistungen oder Anschaffungen, bei öffentlich-rechtlichen Anteilsinhabern (s.a. B. Högemann, Due Diligence Prüfung und Unternehmensbewertung von Akutkrankenhäusern, 2006, S. 218), festgehalten und mögliche Folgekosten, falls wesentlich, in der Bewertung Berücksichtigung finden.

Erlösseitig sind für die Bewertung abgeschlossene Budgetvereinbarungen von enormer Bedeutung. Bei der Vorabanalyse zur Bewertung geben die sog. AEB (**Aufstellung der Entgelte und Budgetermittlung**) sowie die LKA (**Leistungs- und Kalkulationsaufstellung**) als mit den Krankenkassen vereinbarten Leistungsinhalten bedeutende Auskünfte über die Leistungsstruktur des Krankenhauses (vgl. hierzu Kapitel 7.2.1.2.3).

Neben der Sicherung der Erlösseite stehen auch vertragliche Beziehungen der Aufwandsseite im Fokus der Untersuchung. So sind je nach kaufrechtlicher Ausgestaltung **langfristige Liefer- und Dienstleistungsverträge**, z.B. für Medizinprodukte, für die Lieferung von Speisen etc., unter Umständen ein nicht unwesentlicher Bewertungsaspekt. Soll ein Krankenhaus in einen Konzernverbund aufgenommen werden, sind die im Konzernverbund geschlossenen Leistungsverträge oft günstiger als die im zu erwerbenden Krankenhaus. Langfristige Bindungen stellen einen oft nicht zu unterschätzenden Kostenfaktor dar. Vertragskündigungen führen möglicherweise zu Haftungsrisiken, die in die Bewertung einfließen sollten.

Für die **Analyse von gesellschaftsrechtlichen Strukturen** sind auch gemeinnützigkeitsrechtliche Aspekte, sofern relevant, zu beachten. Der Aspekt der Gemeinnützigkeit im Krankenhaus spielt immer noch eine große Rolle, insbesondere für steuerrechtliche Konsequenzen.

Als **gemeinnützige Krankenhausträger** kommen Kapitalgesellschaften, juristische Personen des privaten Rechtes, wie Stiftungen und Vereine, sowie juristische Personen des öffentlichen Rechtes, die das Krankenhaus als Eigen- oder Regiebetrieb (Betrieb gewerblicher Art) betreiben, in Betracht. Personengesellschaften dagegen können nicht Träger eines gemeinnützigen Krankenhauses sein.

Handelt es sich bei dem Kaufobjekt um ein **gemeinnütziges Krankenhaus**, so sind die gesellschaftsvertraglichen Bestimmungen (Satzung) über zustimmungspflichtige Rechtsgeschäfte zu beachten. Beispielsweise bedarf es unter Umständen der Zustimmung aller Gesellschafter oder Vereinsmitglieder bei der Veräußerung oder bei einer Stiftung bedarf es z.B. auch der Zustimmung der Stiftungsaufsicht.

Veräußert eine Stiftung ein im Stiftungszweck verankertes Krankenhaus, so sind mögliche Satzungsänderungen vorab zu treffen. Hierfür sind ebenfalls die notwendigen Zustimmungen der jeweiligen Gremien/Organe sowie des Finanzamtes und der Stiftungsaufsicht einzuholen.

Beim **Erwerb eines gemeinnützigen Krankenhauses** stellt sich auch die Frage, ob die Gemeinnützigkeit erhalten bleiben soll, was unter Umständen insbesondere wegen der steuerrechtlichen Vorschriften zur Beeinträchtigung der operativen und strategischen Führungsziele des Erwerbers führt (so B. Högemann, Due Diligence Prüfung und Unternehmensbewertung von Akutkrankenhäusern, 2006, S. 220) kann. Soll die Gemeinnützigkeit aufgegeben werden, hat das in der Regel die Nachversteuerung der letzten 10 Geschäftsjahre zur Folge. Die steuerrechtlichen Vergünstigungen bleiben dem nicht gemeinnützigen Träger verwehrt. Allerdings ist er in seinen strategischen und operativen Entscheidungen frei von gemeinnützigkeitsrechtlichen Restriktionen.

Risiken bei jedem Unternehmenserwerb sind mit den Vertragsbeziehungen zu Arbeitnehmern verbunden, die kurz im Folgenden ausgeführt werden.

7.2.1.2.2 Arbeitsrechtliche Aspekte

Ein Erwerber steht vor der Entscheidung Arbeitnehmerplatzgarantien zu gewähren, Tarifverträge fortzusetzen oder sonstige vertragliche Regelungen zu übernehmen und die sich daraus ergebenden Konsequenzen zu tragen. Die Analyse bedarf der ausführlichen Würdigung arbeitsvertraglicher Aspekte, Verpflichtungen aus der Zusatzversorgung (VBL/ZVK) sowie betriebsverfassungsrechtlicher Strukturen um mögliche Risiken aufzudecken.

Aufgrund des wesentlichen Anteils der Personalkosten an den Gesamtkosten eines Krankenhauses trägt die Optimierung der Personalkosten, aber auch die Qualifikation sowie die Zufriedenheit der Mitarbeiter wesentliche zum Erfolg des Krankenhauses bei.

Sämtliche **Unternehmenserwerbe, die einen Trägerwechsel zur Folge haben**, z.B. beim Asset Deal, bewirken einen Betriebsübergang, der nach § 613a BGB den automatischen Übergang bestehender Arbeitsverhältnisse auf den neuen Krankenhausträger vorsieht (vgl. T. Fries, Unternehmensbewertung von Krankenhäusern, Arbeitsberichte zum Management im Gesundheitswesen, Lehrstuhl für Allgemeine BWL und Management im Gesundheitswesen, Universität zu Köln, Arbeitsbericht Nr. 3, Köln 2003, S. 42). Bei anderen Erwerbsformen, z.B. dem Share Deal, bei dem lediglich Geschäftsanteile an einer Klinikgesellschaft veräußert werden, tritt kein Arbeitgeberwechsel ein.

Bei einem **Betriebsübergang nach § 613a BGB** sucht der neue Träger oft nach Möglichkeiten die Personalkosten zu reduzieren. Im Mittelpunkt dabei stehen die Änderungen der Kollektivverträge, wie Betriebsvereinbarungen und Tarifverträge (vgl. H. Ruh, Unternehmensbewertung von Krankenhäusern, 2006, S. 82).

Betriebsvereinbarungen werden nach Betriebsübergang zunächst grundsätzlich gem. § 613a Abs. 1 Satz 2 BGB zu Individualrecht des Arbeitnehmers. Sie werden nach § 613a Abs. 1 Satz 3 BGB durch die Betriebsvereinbarungen des neuen Trägers abgelöst, sofern Regelungsidentität besteht.

Bezüglich des **Überganges von Tarifverträgen** gelten ebenfalls die oben genannten Bestimmungen des § 613a BGB. Durch Betriebsübergang werden tarifvertragliche Rechte und Pflichten in das neue individualvertragliche Arbeitsverhältnis transformiert (vgl. H. Ruh, Unternehmensbewertung von Krankenhäusern, 2006, S. 83). Allerdings entfällt diese Regelung, sofern beim Erwerber ein eigener Tarifvertrag existiert, der insofern dann Vorrang hat (§ 613a Abs. 1 Satz 3 BGB). Diese verdrängende Wirkung tritt nur ein, wenn zum Einen Regelungsidentität und zum Anderen beidseitige (Arbeitnehmer und neuer Arbeitgeber) Bindung an den Erwerbertarifvertrag (**kongruente Tarifbindung**) besteht, z.B. haben der neue Arbeitgeber und der alte Arbeitgeber Tarifverträge mit der Gewerkschaft ver.di abgeschlossen und der Arbeitnehmer ist Mitglied dieser Gewerkschaft (vgl. H. Ruh, Unternehmensbewertung von Krankenhäusern, 2006, S. 84).

In Individualrecht transformierte Rechte unterliegen einer Änderungssperrfrist für Veränderungen zuungunsten des Arbeitnehmers von einem Jahr. Änderungen nach dieser Speerfrist sind allerdings weiter schwierig. Diese können im Wesentlichen nur durch Änderungskündigung vorgenommen werden, wenn diese Grundlage eines durch den Krankenhausträger vorgelegten Sanierungskonzeptes sind (vgl. T. Fries, Unternehmensbewertung von Krankenhäusern, Arbeitsberichte zum Management im Gesundheitswesen, Lehrstuhl für Allgemeine BWL und Management im Gesundheitswesen, Universität zu Köln, Arbeitsbericht Nr. 3, Köln 2003, S. 43). Außerdem besteht die Möglichkeit von **betriebsbedingten Kündigungen**, wenn diese aus bestehenden Rationalisierungs- oder Umstrukturierungskonzepten resultieren (vgl. T. Fries, Unternehmensbewertung von Krankenhäusern, Arbeitsberichte zum Management im Gesundheitswesen, Lehrstuhl für Allgemeine BWL und Management im Gesundheitswesen, Universität zu Köln, Arbeitsbericht Nr. 3, Köln 2003, S. 43.).

Für die Bewertung wesentlich sind auch die **Kosten der Altersversorgung der zu übernehmenden Arbeitnehmer**. Öffentliche Krankenhäuser schließen regelmäßig zusätzliche betriebliche Altersversorgungsverträge mit den Zusatzversorgungskassen des Bundes und der Länder (z.B. VBL) ab. Bei Veräußerung des Krankenhauses bleibt der Anspruch des Arbeitnehmers erhalten. Der neue Arbeitgeber kann ggf. der Zusatzversorgungseinrichtung beitreten oder über ein privates Versicherungsunternehmen die Rückdeckung der Ansprüche sicherstellen (vgl. H. Ruh, Unternehmensbewertung von Krankenhäusern, 2006, S. 87). Bei Veräußerungen öffentlicher Krankenhäuser wird in den meisten Fällen vertraglich geregelt, dass entweder der Verbleib des Erwerbers in der Zusatzversorgungseinrichtung zur Auflage gemacht oder die bei Austritt an die Versorgungskasse verpflichtend zu leistende Ausgleichszahlung auf den Erwerber abgewälzt wird (vgl. H. Ruh, Unternehmensbewertung von Krankenhäusern, 2006, S. 87). Ein Verbleib des privaten Krankenhausträgers ist nur möglich, wenn die Satzung der Versorgungskasse dies ermöglicht.

Aufgrund der deutlich höheren Beitragssätze in den Versorgungskassen (Beitragsbemessung anhand demografischer Entwicklung führte zu deutlichen Beitragserhöhungen in den vergangenen Jahren) im direkten Vergleich mit privaten Versicherungsträgern, sind neue Krankenhausträger tendenziell daran interessiert, die Austrittsvariante zu verfolgen. Bei der **Folgekostenbewertung** sind die z.T. hohen Ausgleichszahlungen (z.T. waren zweistellige Millionenbeträge fällig) den niedrigeren Beitragssätzen bei privaten Versicherungsträgern gegenüberzustellen. In der Regel findet die sich hieraus ergebende Verbindlichkeit Berücksichtigung bei der Kaufpreisfindung.

Aus arbeitsrechtlicher Sicht ergeben sich auch **Besonderheiten bei der Übernahme von Beamten**. Diese verbleiben aus beamtenrechtlichen Gründen beim bisherigen Dienstherren, weshalb über Dienstleistungsüberlassungsverträge entsprechende Regelungen zu treffen sind (vgl. H. Ruh, Unternehmensbewertung von Krankenhäusern, 2006, S. 92).

7.2.1.2.3 Markt- und Wettbewerbsanalyse

Die Analyse umfasst zunächst die interne Unternehmensanalyse und anschließend die externe Unternehmensanalyse. Die **interne Unternehmensanalyse** hat folgende Ziele (s.a. B. Högemann, Due Diligence Prüfung und Unternehmensbewertung von Akutkrankenhäusern, 2006, S. 267):

- die Ermittlung des Leistungsspektrum des Krankenhauses,
- die Identifikation von Leistungsschwerpunkten,
- die Aufdeckung vorhandener Versorgungslücken,
- die Analyse vorhandenen ambulanten Substitutionspotenzials,
- die Ermittlung der Deckungsbeitragsfähigkeit einzelner DRG.

Die externe Unternehmensanalyse befasst sich mit der Untersuchung der Einzugsgebiete, den Prognosen bezüglich der Bevölkerungsentwicklung sowie der Erfassung der Wettbewerber und ihrer Leistungsstruktur.

Die Analyse liefert zentrale **Aussagen zur Wirtschaftlichkeit und Marktpositionierung des jeweiligen Krankenhauses**.

Interne Unternehmensanalyse

– Ermittlung des Leistungsspektrums und der Leistungsschwerpunkte

Zu empfehlen ist in diesem Bereich sämtliche Daten und Kennzahlen rund um das Leistungsangebot des Krankenhauses zu erfassen. Diese werden auch zur Vergleichsanalyse mit den Wettbewerbern herangezogen. Aus der Aufstellung der Entgelte und Budgetermittlung (sog. AEB in Form der E1 bis E3 sowie B2) lassen sich durch Ablesen der Häufigkeit der Fälle die Leistungsschwerpunkte eines Krankenhauses wie folgt ableiten.

Innerhalb einer Basis-DRG, die aus der Zuordnung zu den **„Major Diagnostic Categories“** (MDC) resultieren, werden je nach Behandlungsmethode (z.B. Operation oder medizinisch konservative Methode) weiter Differenzierungen vorgenommen (vgl. hierzu die Ausführungen in Kapitel 2.2.5), d.h. es erfolgt eine Schweregradunterteilung – **Festlegung der Bewertungsrelationen (Relativgewichte) im Fallpauschalenkatalog** (§ 10 KHEntgG – in Verbindung mit der Fallpauschalenvereinbarung nach § 17b Krankenhausfinanzierungsgesetz). Dabei orientieren sich die Relativgewichte an dem mit der Behandlung üblicherweise verbundenen Ressourcenverbrauch. Der Erlös je Fall innerhalb einer DRG ergibt sich aus der Multiplikation des vereinbarten Basisfallwertes mit der jeweiligen effektiven Bewertungsrelation (unter Berücksichtigung von Zu- und Abschlägen). Die Summe aller im Krankenhaus erbrachten Bewertungsrelationen ergibt den sog. Fallmix (Casemix). Dividiert man den Casemix durch die Anzahl aller erbrachten DRG-Fälle erhält man den Schweregrad des Krankenhauses (**Fallschwere** oder auch **Casemix-Index** (CMI) genannt).

Mögliche Interpretationen

Bedeutend für das Leistungsprofil das Krankenhaus sind hohe absolute Fallzahlhäufigkeiten von DRG mit hohem Relativgewichten (s. B. Högemann, Due Diligence Prüfung und Unternehmensbewertung von Akutkrankenhäusern, 2006, S. 269), was bei entsprechend optimaler Kostenstruktur zu einem positiven Ertragsbeitrag führt. Ein hoher CMI vermittelt nach außen den Eindruck eines qualitativ hochwertigen medizinischen Leistungsspektrums, jedoch kann die bloße Betrachtung der Leistungsbewertung reduziert auf diese Zahl zu Fehlinterpretationen führen (vgl. G. Daul, Praktikerhandbuch zur Bewertung von Krankenhäusern, Vorsorge- und Rehabilitationseinrichtungen, Pflegeeinrichtungen, Teilband Controlling/Qualität, 2004). Für die Wettbewerbsanalyse bietet sich an, **CMI-Werte** entweder nach Fachabteilungen zu ermitteln, bei denen der Wettbewerber ähnliche Leistungsfelder bedient, oder bezogen auf die Gesamtleistung Vergleiche mit Wettbewerbern gleicher/ähnlicher Leistungsstruktur aufzustellen.

Durch **Vergleich der Fallzahlenentwicklung im Zeitablauf** (vergangenheitsbezogen) sind Vermutungen über eine zunehmende oder abnehmende Bedeutung einzelner DRG-Leistungen aufstellbar. Hinzu kommt, dass für DRG, die keine Ist-Fallzahlen enthalten und somit gar nicht angeboten werden, ein mögliches Erweiterungspotenzial darstellen. Voraussetzung dafür ist jedoch, dass ein Versorgungsauftrag vorliegt oder vereinbart werden kann, dass das Krankenhaus über die entsprechende medizinische und technische Infrastruktur verfügt oder verfügen kann und dass die Leistungen effektiver (und/oder besser) angeboten werden können, als beim Mitbewerber.

Für den **Vergleich mit den Wettbewerbern** bietet sich zudem an, den krankenhausindividuellen Basisfallwert (= Krankenhauserlöse dividiert durch die Summe der Bewertungsrelationen (Casemix)) sowie eine Darstellung der häufigsten Hauptdiagnosen etc. vorzunehmen.

Die folgende Tabelle zeigt eine Gegenüberstellung der genannten Kennzahlen zunächst **auf Bundesebene**. Eine zweite Tabelle zeigt die **Kennzahlen einiger ausgewählter Krankenhäuser aus dem Bundesland Berlin**. Die Tabellen sollen beispielhaft die Vergleichsmöglichkeiten bezüglich des Leistungsspektrums im Rahmen einer Krankenhausbewertung verdeutlichen.

Budgetanteile 2007 nach Bundesländern (Tabelle gekürzt entnommen aus J. Klauber/B.P. Robra/H. Schellschmidt, Krankenhaus-Report 2008/2009, (2009))

	Anzahl Krankenhäuser	CMI	Leistungsdichte Basis DRGS		Top 3 MDC		
			25 %	50 %	1	2	3
Brandenburg	47	1,006	13	46	5: 16%	8: 15%	6: 12%
Berlin	38	1,051	13	50	5: 14%	8: 13%	6: 11%
Baden-Württemberg	203	1,013	13	46	5: 14%	8: 14%	6: 11%

	Anzahl Kranken-häuser	CMI	Leistungs-dichte Basis DRGS		Top 3 MDC		
			25 %	50 %	1	2	3
Bayern	301	1,01	14	47	8: 16%	5: 15%	6: 12%
Bremen	12	0,975	11	43	8: 14%	5: 12%	6: 11%
Hessen	114	1,031	13	47	5: 15%	8: 14%	6: 12%
Hamburg	25	1,067	12	44	8: 15%	6: 13%	5: 12%
Mecklenburg-Vorpommern	26	0,998	13	46	5: 16%	8: 13%	6: 11%
Niedersachsen	173	1,021	13	44	5: 15%	8: 14%	6: 12%
Nordrhein-Westfalen	360	0,978	11	43	5: 15%	8: 14%	6: 12%
Rheinland-Pfalz	72	0,929	11	41	5: 16%	8: 14%	6: 13%
Schleswig-Holstein	49	1,067	14	47	8: 16%	5: 16%	6: 12%
Saarland	24	0,96	9	37	5: 15%	11: 13%	6: 11%
Sachsen	75	1,047	14	46	5: 15%	8: 14%	6: 13%
Sachsen-Anhalt	43	1,029	13	45	5: 15%	8: 13%	6: 13%
Thüringen	39	1,066	14	47	5: 16%	8: 15%	6: 13%

Die Tabelle zeigt, dass auf Bundesebene der CMI zwischen 0,9 und 1,07 schwankt. Die weitere Kennzahl **„Leistungsdichte Basis-DRG"** gibt an, mit wie vielen Basis-DRG jeweils 25 % und 50 % aller Leistungen des Krankenhauses erreicht werden können. Der **Fallpauschalenkatalog 2007** hatte 554 Basis-DRG. Die Aufstellung zu den Top 3 MDC setzt sich aus ihrer Nummer und dem jeweiligen prozentualen Anteil an sämtlichen DRG-Leistungen zusammen (die jeweilige Aufstellung zu den Nummern sind J. Klauber/B.-P. Robra/H. Schellschmidt, Krankenhaus-Report 2008/2009, 2009, S. 365 f. zu entnehmen). In der oben dargestellten Tabelle bedeutet 5 = Krankheiten und Störungen des Kreislaufsystems, 6 = Krankheiten und Störungen des Verdauungssystems, 8 = Krankheiten und Störungen am Muskel-Skelett-System und Bindegewebe sowie 11 = Krankheiten und Störungen der Harnorgane). Die Anzahl der DRG für die Erreichung von 25 % bzw. 50 % der Krankenhausleistungen sowie die Top 3 MDC sind bundesweit relativ homogen.

Anders dagegen sieht es bei der Betrachtung von einzelnen Krankenhäusern aus, wie die folgende Tabelle auf der nächsten Seite verdeutlicht.

Die folgende Tabelle zeigt, dass bei Krankenhäusern mit identischer Größe und annähernd gleichen Leistungsschwerpunkten (siehe Top 3 MDC) die jeweiligen CMI durchaus Schwankungswerte aufweisen, was unter Zugrundelegung weiterer Detailkenntnisse Rückschlüsse auf die Qualität der Leistungen erlauben könnte.

Der **Landesbasisfallwert des Landes Berlin in 2007** betrug 2.930 € (bei dem angegebenen Basisfallwert handelt es sich um den Wert ohne Ausgleiche und Berichtigungen). Die in der Tabelle ausgewählten Krankenhäuser haben, bis auf vier Krankenhäuser, diesen Wert nahezu erreicht.

Budgetkennzahlen des Jahres 2007 ausgewählter Krankenhäuser des Landes Berlin
(gekürzt und angepasst entnommen aus J. Klauber/B.-P. Robra/H. Schellschmidt, Krankenhaus-Report 2008/2009, (2009))

Land Berlin (2007)										
Klinik	**Anzahl Betten**	**Träger**	**Basis-fall-wert**	**Casemix**	**CMI**	**Leistungs-dichte Basis DRGS**		**Top 3 MDC**		
						25 %	**50 %**	**1**	**2**	**3**
Charité Universitätsmedizin Berlin	> 1.000	öffentlich	2.930	> 50.000	1,301	13	55	5:12 %	8:9 %	6:8 %
Vivantes GmbH	> 1.000	öffentlich	2.859	> 50.000	1,000	10	41	5:17 %	8:11 %	6:10 %
Gemeinschaftskrankenhaus Havelhöhe	< 500	frei-gemeinnützig	2.964	< 10.000	0,884	5	22	5:16 %	6:13 %	14:12 %
DRK Kliniken Westend	< 500	frei-gemeinnützig	2.817	< 50.000	0,842	6	27	6:14 %	5:13 %	14:12 %
DRK Kliniken Mark Brandenburg	< 500	frei-gemeinnützig	2.755	< 10.000	0,893	2	6	4:41 %	5:23 %	6:11 %
Evangelisches Krankenhaus Hubertus	< 500	frei-gemeinnützig	2.748	< 10.000	1,348	3	13	5:37 %	8:29 %	1:11 %
Jüdisches Krankenhaus	< 500	frei-gemeinnützig	2.815	< 10.000	1,039	4	16	5:34 %	1:23 %	8:11 %
DRK-Kliniken Köpenick	< 1.000	frei-gemeinnützig	2.857	< 20.000	1,063	11	35	5:25 %	6:14 %	8:10 %
Ev. Waldkrankenhaus Spandau	< 1.000	frei-gemeinnützig	2.851	< 20.000	1,014	5	23	8:21 %	6:12 %	14:12 %
Sana Klinikum Lichtenberg	< 1.000	privat	2.876	< 50.000	0,944	4	21	6:17 %	14:12 %	5:10 %
Unfallkrankenhaus Berlin Krankenhaus Berlin-Marzahn	< 1.000	öffentlich	2.540	< 50.000	1,413	13	42	5:19 %	8:17 %	1:13 %

Aussagen zur Kostenstruktur/Deckungsbeitragsfähigkeit

Der festgelegte **Landesbasisfallwert** als bewerteter durchschnittlicher Erlös je Behandlungsfall soll künftig einheitlich für alle Krankenhäuser gelten. Die ursprüngliche Konvergenzphase (Angleichungsphase des krankenhausindividuellen Basisfallwertes an den Landesbasisfallwert) wurde bis 2009 verlängert. Eine Angleichung an einen bundeseinheitlichen Basisfallwert bis zum Jahr 2014 ist in § 10 Abs. 8 KHEntgG festgelegt.

Die konkreten Erlöse eines einzelnen Behandlungsfalls (bestimmte Diagnose) sind abhängig von den festgelegten Bewertungsrelationen. Diese resultiert aus der **Kalkulation des Sach- und Personalkostenanteil für eine Normalstation** als gleich verteilte Leistung auf alle Patienten.

Nach § 8 KHBV hat ein Krankenhaus eine **Kosten- und Leistungsrechnung** zu führen, sofern nicht Befreiungstatbestände nach § 9 KHBV vorliegen. Zielsetzung dieser Regelung ist unter anderem die Verbesserung der betriebsinternen Steuerung sowie die Ermöglichung der Beurteilung der Wirtschaftlichkeit und Leistungsfähigkeit des Krankenhauses. Die **Analyse der Wirtschaftlichkeit** bezweckt die Feststellung, ob der bewertete Ressourceneinsatz in einem angemessenen Verhältnis zum Wert der erbrachten Leistung steht (vgl. M. Graumann/A. Schmidt-Graumann, Rechnungslegung und Finanzierung der Krankenhäuser, 2007, S. 274). Die Regelung des § 8 KHBV ist insbesondere für Krankenhäuser, die noch nach der Bundespflegesatzverordnung vergütet werden von großer Bedeutung, da in der Budgetverhandlung die **Leistungs- und Kalkulationsaufstellung** (LKA) vorzulegen ist. Für sämtliche Krankenhäuser, für die die Vergütung nach dem DRG-System (also Vergütung nach der Bundespflegesatzverordnung vergütet werden von großer Bedeutung, da in der Budgetverhandlung die **Leistungs- und Kalkulationsaufstellung** (LKA) vorzulegen ist. Für sämtliche Krankenhäuser, für die die Vergütung nach dem DRG-System (also Vergütung nach dem KHEntgG) erfolgt, besteht nicht die Erfordernis eine LKA aufzustellen. Diese Krankenhäuser sind vielmehr verpflichtet nach § 11 Abs. 4 KHEntgG die Abschnitte E1 bis E 3 und B2 aufzustellen. Die genannten Aufstellungen enthalten lediglich die erlösseitigen Ansätze. Eine Differenzierung der Kosten nach Kostenarten scheint somit nicht verpflichtend, stellt jedoch aus betriebswirtschaftlicher Sicht eine notwendige **Grundlage für die Kostenträgerrechnung** dar (vgl. M. Graumann/A. Schmidt-Graumann, Rechnungslegung und Finanzierung der Krankenhäuser, 2007, S. 274).

Anhand der Analysepotenziale einer ausgereiften Kostenstellen- und Kostenträgerrechnung hat das Krankenhausmanagement die Möglichkeit, effiziente Leistungs- und Organisationsstrukturen vorzuhalten bzw. zu entwickeln und Prozesse zu optimieren. Zielsetzung dabei ist es, medizinische Leistungen, denen festgelegte Erlösbeiträge gegenüberstehen, ohne Verluste oder mindestens kostendeckend zu erbringen. Realistisch gesehen kann eine Kostendeckung nicht unbedingt je Fall erreicht werden.

Mithilfe der sog. **mehrstufigen Deckungsbeitragsrechnung** wird die Analyse je Fall, je Fallgruppe, je Station oder Fachabteilung/Klinik sowie auf Ebene des gesamten Krankenhauses ermöglicht. Die mehrstufige Deckungsbeitragsrechnung könnte nach folgendem Berechnungsschema erfolgen (in Anlehnung an Abbildung aus M. Graumann/A. Schmidt-Graumann, Rechnungslegung und Finanzierung der Krankenhäuser, 2007, S. 424):

Umsatzerlös je Fallpauschale	
./.	Variable Kosten je Fallpauschale
=	**Fallpauschalen-Deckungsbeitrag**
./.	zurechenbare Fallpauschalen-Fixkosten (nach Fallgruppen zusammenfassen)
=	**Fallgruppen-Deckungsbeitrag**
./.	Fallgruppen-Fixkosten (nach Stationen zusammenfassen)
=	**Stations-Deckungsbeitrag**
./.	Stations-Fixkosten (nach Fachabteilung oder Klinik zusammenfassen)
=	**Deckungsbeitrag der Fachabteilung oder Klinik**
./.	Fixkosten der Fachabteilung/Klinik (zusammenfassen für gesamtes Krankenhaus)
=	**Krankenhaus-Deckungsbeitrag**
./.	Krankenhaus-Fixkosten
=	**Betriebsergebnis des Krankenhauses**

Bei der **Deckungsbeitragsrechnung** wird zwischen variablen und fixen Kosten unterschieden. **Variable Kosten** entstehen fallbezogen, z.B. **Einzelkosten des medizinischen Bedarfs und sonstige zurechenbare Kosten aus innerbetrieblicher Leistungsverrechnung** (Krankenfahrten, Lebensmittel, Pflegedienstleistungen nach PPR etc.). **Fixe Kosten** fallen für die Bereitstellung der Kapazität unabhängig von deren Nutzung an. Bei der mehrstufigen Deckungsbeitragsrechnung werden die Fixkosten je nach Betrachtungsebene aufgeteilt/differenziert zugeordnet.

Voraussetzung für diese Art der Untersuchung ist, dass das Krankenhaus sämtliche monetären Aufwendungen (Kostenarten) direkt oder anhand von geeigneten Verteilungsschlüsseln auf die jeweiligen Kostenstellen verteilen kann und anschließend im Rahmen der Kostenträgerrechnung soweit wie möglich bis auf den einzelnen Patientenfall verteilt. Dabei dürfen nur DRG-relevante Kosten verteilt werden. Viele Krankenhäuser verfügen noch nicht über eine ausreichend differenzierte Kostenträgerrechnung.

Zur Ermittlung der Fallkosten sind je nach Kostenart verschiedene Bezugsgrößen als Verteilungsschlüssel für die Verteilung auf Kostenträgerebene zu wählen. Für die Kostengruppen Personal und Sachkosten sind folgende genannte Bezugsgrößen denkbar (vgl. hierzu die Abbildung in M. Graumann/A. Schmidt-Graumann, Rechnungslegung und Finanzierung der Krankenhäuser, 2007, S. 366).

Die **Kosten des Ärztlichen Dienstes** könnten beispielsweise für den OP-Bereich nach Schnitt-Naht-Zeiten, für andere Stationen nach sonstigen Eingriffszeiten oder Punkten nach Leistungskatalogen, für Normalstationen nach Pflegetagen oder für die Intensivstationen nach gewichteten Intensivstunden verteilt werden. Ähnliche Mengeneinheiten sind für die Verteilung der Kosten des Pflegedienstes und des Medizinisch-technischen Dienstes zu verwenden.

Bei den **Sachkosten für medizinischen Bedarf** liegt in der Regel direkte Einzelkostenzuordnung nach Verbrauch je Station bzw. je Patient vor. Soweit eine direkte Zuordnung nicht möglich ist, wären die bei den Personalkosten genannten Bezugsgrößen auch für die Verteilung des medizinischen Bedarfs heranzuziehen.

Die **Ermittlung eines Deckungsbeitrages je Fall** könnte beispielsweise folgende Ausgestaltung haben:

Ermittlung eines Deckungsbeitrages je Fall (in Anlehnung an M. Graumann/A. Schmidt-Graumann, Rechnungslegung und Finanzierung der Krankenhäuser, 2007)			
Erlöse			
Fallpauschale für Multimodale Schmerztherapie bei Krankheiten und Störungen an Muskel-Skelett-System und Bindegewebe	I42Z		
Relativgewicht laut FP-Katalog 2010	0,9320		Fallerlös in €
Basisfallwert in € (Land Berlin 2007)	2.930		2.730,76
Kosten	**Kosten je Fall in €**	**davon variabel**	**Variable Kosten je Fall in €**
Ärztlicher Dienst	800,00	20 %	160,00
Pflegedienst	900,00	20 %	180,00
Medizinisch-technischer Dienst	200,00	20 %	40,00
Funktionsdienst	200,00	20 %	40,00
Personalkosten	**2.100,00**		**420,00**
Arzneimittel	350,00	100 %	350,00
Medizinische Geräte (inklusive Abschreibungen)	50,00	20 %	10,00
Röntgenbedarf	30,00	90 %	27,00
Laborbedarf	40,00	90 %	36,00
Sonstiger Medizinischer Bedarf	20,00	90 %	18,00
Lebensmittel	50,00	90 %	45,00
Verwaltungskosten	10,00	20 %	2,00
Instandhaltungen	5,00	10 %	0,50
Sonstige Aufwendungen	5,00	10 %	0,50
Sachkosten	**560,00**		**489,00**
Gesamtkosten in €	**2.660,00**		**909,00**
Fallergebnis in €	70,76		
Deckungsbeitrag je Fall in €			**1.821,76**

Die Tabelle zeigt beispielhaft die Ermittlung des Deckungsbeitrages für die Fallpauschale I42Z aus einer fiktiven Kostenträgerrechnung.

Soweit eine Verteilung der Kosten je Patientenfall noch nicht möglich ist, dürfte eine Betrachtung über einzelne Fachabteilungen (also Ebene der Kostenstellen) zunächst ausreichend sein. Einen **Überblick über kostenintensive Fachabteilungen** und ähnliches zu erhalten, ist sowohl für die Klinikleitung als auch für den Unternehmensbewerter von Bedeutung.

Hinsichtlich der **Untersuchung des Deckungsbeitrages der DRG** ist anzumerken, dass die Kostendeckung zwar die Zielsetzung einer jeden Krankenhausleitung sein sollte, jedoch deren Aussagekraft für die Zukunft des Krankenhauses nur eingeschränkt möglich ist. Derzeit gilt der sog. Fallpauschalenkatalog immer nur für ein Jahr. So sind Krankenhäuser unter Umständen den sog. **Katalogeffekten** ausgesetzt. Die Basisgrundlagen einer DRG und damit die Höhe der Bewertungsrelationen ändern sich sobald die normierte Kostenstruktur angepasst und wesentlich verändert wird (Berechnung erfolgt durch die InEK GmbH – Institut für das Entgeltsystem im Krankenhaus). Bei **Änderungen von Bewertungsrelationen der DRG**, die das Krankenhaus in größerem Umfang abrechnet, können sich deutliche Erlösunterschiede ergeben.

Bei der Zuordnung der Patienten zu einer DRG sind die **Codier-Richtlinien** zu beachten. Aufgrund der anhand dieser Codier-Richtlinien einzugebenden patientenbezogenen Daten erfolgt mittels eines sog. **Groupers** die Zuweisung zu einer bestimmten DRG. Hierbei können aufgrund von Eingabefehlern auch Fehler auftreten. Die verwendeten Grouper sind mittlerweile auf einem relativ hohen qualitativen Stand und liefern umgehend Fehlermeldungen. Dennoch bleibt bei der Zuweisung zu einer DRG ein Restrisiko. Durch Prüfungen des medizinischen Dienstes der Krankenkassen (MDK) kann es im Nachgang immer wieder zu Korrekturen kommen.

Neben Fehlern bei der Codierung oder der Nichtanerkennung abgerechneter Leistungen durch die Krankenkassen infolge von MDK-Prüfungen kommen hinsichtlich der Erlöserzielung weitere Risiken hinzu. Die geplanten Fallzahlen können unter Umständen nicht realisiert werden, wenn ein Chefarzt das Krankenhaus verlässt und die Fachabteilung geschlossen werden muss. Risiken resultieren auch in den Qualitätsanforderungen nach § 137 SGB V, wenn das Krankenhaus die Mindestmengen nicht einhält und in der Konsequenz die medizinische Leistung nicht mehr anbieten darf.

Externe Unternehmensanalyse

Die **Markt- und Wettbewerbsanalyse** umfasst auch die Erfassung der Einzugsgebiete, die Ermittlung der Patientenstruktur sowie die Analyse der Leistungsstruktur der Wettbewerber.

Die **Analyse konkurrierender Krankenhäuser** kann sich zunächst auf einen kleineren Umkreis von maximal 50 km beschränken, da üblicherweise Patienten für die Normalversorgung oder Notfallversorgung darüber hinausgehende Wege nicht in Anspruch nehmen werden. Dem Krankenhausreport 2008/2009 kann beispielsweise entnommen werden, dass für Hüftoperationen der durchschnittliche Patientenweg 17,6 km betrug (vgl. J. Klauber/B.-P. Robra/H. Schellschmidt, Krankenhaus-Report 2008/2009, 2009, S. 167).

Erbringt das zu bewertende Krankenhaus hochgradig spezialisierte Krankenhausleistungen oder Leistungen, die im regionalen Bereich kein anderes Krankenhaus anbietet, so wird die Ausweitung des Untersuchungsgebietes notwendig.

Beispielhaft zeigt die folgende Abbildung 14 einige Kliniken (nicht alle) des Landkreises Barnim sowie der angrenzenden Landkreise Märkisch-Oderland und Oberhavel. Die Krankenhäuser in Berlin bleiben, bis auf den einen genannten Standort in Berlin-Pankow, für dieses Beispiel unberücksichtigt. Für die Region Berlin-Brandenburg ist zu beachten, dass sämtliche Landkreise des Bundeslandes Brandenburg auch zum Einzugsgebiet der Berliner Krankenhäuser gehören und damit bei einer Wettbewerbsanalyse nicht vernachlässigt werden können. Ähnlich gilt dies auch für andere Regionen nahe einer Großstadt (wie Hamburg, München, Frankfurt/Main etc.).

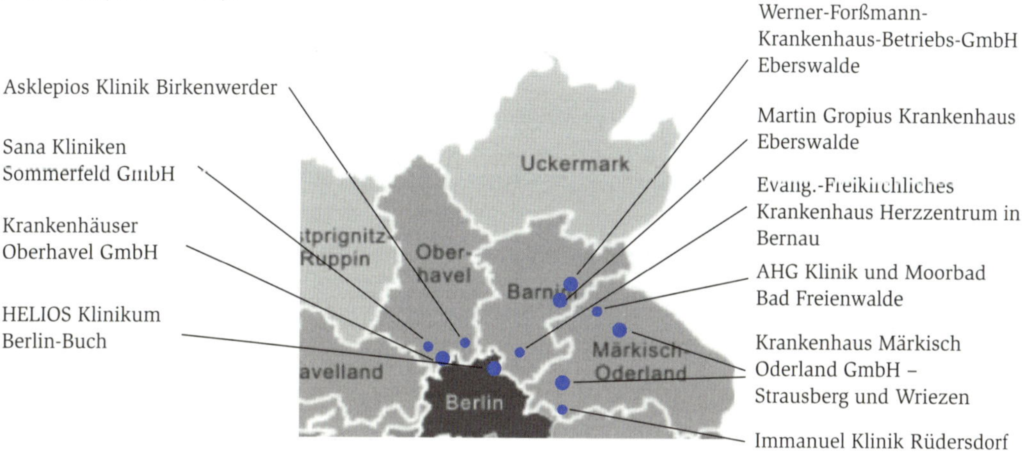

Abb. 14: Analyse der Wettbewerber des Landkreises Barnim

Die Zusammenstellung der Konkurrenzkrankenhäuser stellt die geringste Herausforderung dar. Die weitere Untersuchung beschäftigt sich mit Themen wie angebotenes Leistungsspektrum der Wettbewerber sowie die Zusammensetzung der Patienten, die man sich im Einzugsgebiet teilen muss.

Die meisten Krankenhäuser sind heute in der Lage detaillierte **Statistiken über die Wohnorte ihrer Patienten** vorzulegen. Zudem wird auch erfasst, wer die Einweisung veranlasst hat (z.B. niedergelassener Arzt, Notfall, MVZ etc.). Wie bei der Analyse der Erfolgsfaktoren für Krankenhäuser beschrieben, ist ein positiver Kontakt zu den einweisenden Institutionen von enormer Bedeutung.

Für die Planung der Erlöse ist die **Planung des Mengengerüstes** von großer Bedeutung. Bei der Planung greifen die meisten Krankenhäuser auf die Zahlen der Vergangenheit zurück. Die geplanten Mengen lassen sich anhand diverser Veröffentlichungen von statistischen Daten plausibilisieren. Dabei ist zu beachten, dass die Statistiken sich mit Standardisierungen behelfen, um Vergleichbarkeit herzustellen. Die folgende Tabelle zeigt standardisierte Fallzahlen, die aussagen, wie viele Patienten je Bundesland wegen einer bestimmten Krankheit stationär behandelt werden müssen, wenn die Altersstruktur der gewählten Standardbevölkerung von 1987 vorliegen würde (vgl. J. Klauber/B.-P. Robra/H. Schellschmidt, Krankenhaus-Report 2008/2009, 2009, S. 284).

Standardisierte Patientenzahlen im Jahr 2006 (vgl. Statistisches Bundesamt (Hrsg.), Grunddaten der Krankenhäuser, Fachserie 12, Reihe 6.1.1. – 2006 (2007))		
Fälle je 100.000 Einwohner nach Bundesländern 2006		
	standardisierte Rate	**Vorjahresveränderung in %**
Schleswig-Holstein	18.998	2,5
Hamburg	22.586	6,4

Fälle je 100.000 Einwohner nach Bundesländern 2006		
	standardisierte Rate	**Vorjahresveränderung in %**
Niedersachsen	18.445	1,2
Bremen	28.941	2,5
Nordrhein-Westfalen	21.798	1,3
Hessen	19.360	3,3
Rheinland-Pfalz	20.298	1,3
Baden-Württemberg	17.862	3,0
Bayern	20.274	0,1
Saarland	23.914	0,0
Berlin	20.428	0,3
Brandenburg	20.171	1,8
Mecklenburg-Vorpommern	22.760	4,1
Sachsen	21.545	3,2
Sachsen-Anhalt	22.937	3,1
Thüringen	22.611	2,0
Durchschnitt	**20.437**	**1,9**

Im Rahmen dieser Analyse ist es allerdings nicht nur von Bedeutung, Kenntnis darüber zu erlangen, wie hoch die Anzahl der behandelten/behandelbaren Patienten ist und welche Einzugsgebiete das Krankenhaus hat, sondern es interessieren auch die sog. **Patientenstrukturdaten**, wie Alter und Geschlecht sowie die jeweilige Patientendiagnosen. Das zu bewertende Krankenhaus dürfte derartige Angaben aufgrund der notwendigen Dateneingaben für Zuordnung zu einer Diagnose ohne Weiteres auswerten können.

Zur Verdeutlichung für dieses Untersuchungsfeld dienen die folgenden Auswertungen des Statistischen Bundesamtes.

Eine erste Tabelle zeigt die **Entwicklung der Patientenzahlen für die Jahre 1995 bis 2006 unterteilt nach Hauptdiagnosen**.

Die Mehrzahl der Patienten werden mit den Diagnosen Krankheiten des Kreislaufsystems, Krankheiten des Verdauungssystems, Neubildungen, Krankheiten des Muskel-Skelett-Systems und des Bindegewebes sowie Verletzungen und Vergiftungen stationär aufgenommen. Die Patientenzahlen bei Psychischen und Verhaltensstörungen sind seit 1995 angestiegen.

Patientenzahlen 1995 bis 2006 je Hauptdiagnose (vgl. ausführlicher J. Klauber/B.-P. Robra/H. Schellschmidt, Krankenhaus-Report 2008/2009, (2009), S. 289 f.)

Hauptdiagnose nach Diagnosekapiteln 1995 bis 2006

		Patientinnen und Patienten				
ICD-Pos.	**Diagnosekapitel**	**2006**	**2005**	**2004**	**2003**	**1995**
		Anzahl				
	Insgesamt	**17.142.476**	**17.033.775**	**17.233.624**	**17.313.222**	**15.789.811**
A00-B99	Infektiöse und parasitäre Krankheiten	451.116	415.410	412.958	409.155	288.804
C00-D48	Neubildungen	1.833.302	1.843.435	1.928.029	1.924.063	1.880.232
D50-D90	Krankheiten des Blutes und der blutbildenden Organe sowie bestimmte Störungen mit Beteiligung des Immunsystems	117.695	115.318	116.533	116.319	103.284
E00-E90	Endokrine, Ernährungs- und Stoffwechselkrankheiten	471.375	463.384	469.626	486.261	458.258
F00-F99	Psychische und Verhaltensstörungen	1.057.564	1.046.365	1.019.154	993.732	812.177
G00-G99	Krankheiten des Nervensystems	672.490	694.826	700.420	691.001	349.710
H00-H59	Krankheiten des Auges und der Augenanhangsgebilde	313.861	310.195	332.250	369.288	423.342
H60-H95	Krankheiten des Ohres und des Warzenfortsatzes	144.855	142.657	149.569	162.730	176.156
I00-I99	Krankheiten des Kreislaufsystems	2.567.816	2.556.680	2.652.786	2.748.657	2.493.221
J00-J99	Krankheiten des Atmungssystems	1.035.987	1.086.910	1.042.041	1.102.542	1.090.805
K00-K93	Krankheiten des Verdauungssystems	1.718.742	1.706.286	1.747.304	1.786.271	1.493.890
L00-L99	Krankheiten der Haut und der Unterhaut	233.276	228.294	232.012	241.431	233.360
M00-M99	Krankheiten des Muskel-Skelett-Systems und des Bindegewebes	1.439.927	1.400.064	1.389.520	1.394.152	1.054.653

		Patientinnen und Patienten				
ICD-Pos.	**Diagnosekapitel**	**2006**	**2005**	**2004**	**2003**	**1995**
		Anzahl				
N00-N99	Krankheiten des Urogenitalsystems	908.656	891.951	934.327	1.067.921	1.186.587
O00-O99	Schwangerschaft, Geburt und Wochenbett	922.466	933.377	968.098	1.006.106	1.115.710
P00-P96	Bestimmte Zustände, die ihren Ursprung in der Perinatalperiode haben	167.686	162.561	144.749	108.409	132.042
Q00-Q99	Angeborene Fehlbildungen, Deformitäten und Chromosomenanomalien	103.253	107.273	112.094	117.737	128.303
R00-R99[a]	Symptome und abnorme klinische und Laborbefunde, a.n.k.	653.688	601.540	558.054	537.788	469.075
S00-T98	Verletzungen, Vergiftungen und bestimmte andere Folgen äußerer Ursachen	1.710.768	1.665.610	1.687.473	1.721.509	1.680.239
Z00-Z99[a]	Faktoren, die den Gesundheitszustand beeinflussen und zur Inanspruchnahme des Gesundheitswesens führen	617.430	656.960	629.841	325.464	132.282
Z38	darunter: gesunde Neugeborene	480.848	495.683	444.306	–	–
	Ohne Diagnoseangabe	509	4.677	6.786	2.686	87.681

a = Berichtsjahre 1995–2003 ohne Z38: gesunde Neugeborene

a.n.k. = andernorts nicht klassifiziert

Abbildung 15 zeigt die 10 häufigsten Hauptdiagnosen getrennt aufgestellt nach Frauen und Männern unter Angabe des durchschnittlichen Alters und der durchschnittlichen Verweildauer.

Rang	ICD-Pos.	Hauptdiagnose	Patienten Anzahl	Durchschnittliche Verweildauer in Tagen	Durchschnittliches Alter in Jahren
Männer					
		Insgesamt	**7.995.913**	**8,4**	**52**
1	Z38	Lebendgeborene nach dem Geburtsort	242.437	3,9	0
2	F10	Psychische und Verhaltensstörungen durch Alkohol	222.530	8,7	44
3	I20	Angina pectoris	187.014	5,3	65
4	I50	Herzinsuffizienz	147.498	11,8	73
5	K40	Hernia inguinalis	145.826	4,1	55
6	I25	Chronische ischämische Herzkrankheit	144.937	6,1	66
7	I21	Akuter Myokardinfarkt	131.153	8,9	66
8	C34	Bösartige Neubildung der Bronchien und der Lunge	130.664	8,4	66
9	S06	Intrakranielle Verletzung	121.121	4,4	33
10	J18	Pneumonie, Erreger nicht näher bezeichnet	116.627	10,0	56
Frauen					
		Insgesamt	**9.146.276**	**8,5**	**53**
1	Z38	Lebendgeborene nach dem Geburtsort	238.358	3,8	0
2	I50	Herzinsuffizienz	169.985	12,0	80
3	C50	Bösartige Neubildung der Brustdrüse (Mamma)	146.878	7,3	61
4	K80	Cholelithiasis	137.091	7,2	56
5	M17	Gonarthrose (Arthrose des Kniegelenkes)	123.065	12,4	69
6	I20	Angina pectoris	113.992	5,7	69
7	I10	Essentielle (primäre) Hypertonie	112.038	6,4	70
8	S72	Fraktur des Femurs	109.777	17,5	79
9	O70	Dammriss unter der Geburt	109.392	3,7	30
10	J63	Hirninfarkt	102.398	13,4	76

Abb. 15: 10 häufigste Hauptdiagnosen der männlichen und weiblichen Patienten (einschließlich Sterbe- und Stundenfälle) im Jahr 2006 (vgl. Statistisches Bundesamt (Hrsg.): Krankenhauspatienten (2007))

Die Auswertungen können auch für Nebendiagnosen, Operationen und ähnliches aufgestellt werden, je nach gewünschtem Detaillierungsgrad für die Analyse und anschließende Planung sowie dessen Plausibilisierung.

Neben den abrufbaren Patientenstrukturdaten des Krankenhauses aus der Vergangenheit gilt es bei der Planung auch die **demografische Entwicklung im Einzugsgebiet** für die künftigen Jahre zu berücksichtigen, die sich in aller Regel an die demografische Entwicklung der aktuellen letzten Jahre orientiert.

Die **Analyse der Leistungsstruktur der Wettbewerber im Einzugsgebiet** wird durch den Umstand erleichtert, dass für jedes Krankenhaus seit dem 30.09.2005 verpflichtend gilt, bestimmte leistungsbezogene Daten in gewissen zeitlichen Abständen (alle 2 Jahre) in Form eines strukturierten Qualitätsberichtes zu veröffentlichen (vgl. § 137 Abs. 1 SGB V sowie die dazugehörige Anlage 1 und 2).

Bei der **Wettbewerberanalyse** sollten nicht nur Krankenhäuser im Fokus stehen. Bei ambulanten Leistungen sind vor allem niedergelassene Ärzte direkte Konkurrenz, z.B. für Chefarztambulanzen im Rahmen des Liquidationsrechtes oder für ambulantes Operieren.

7.2.1.2.4 Effizienz der Unternehmenssteuerung

Aufgrund der **Finanzierung mittels Fallpauschalen** ist es ohne Bedeutung, ob ein Patient mehrere Fachabteilungen belegt hat oder wie lange dieser im Krankenhaus verweilt. Stattdessen ergibt sich die Vergütung dadurch, dass jeder Behandlungsfall einer bestimmten Hauptkategorie, der MDC zugewiesen wird bzw. der jeweiligen Unterkategorie.

Die **Organisationsstrukturen eines Krankenhauses** müssen gewährleisten, dass durch Bündelung vorhandener Kompetenzen, Ausnutzung von Synergieeffekten (interdisziplinäre Zusammenarbeit) keine Organisationsdefizite (ineffiziente Leistungsprozesse) entstehen, die zusätzliche Kosten verursachen, die nicht vergütet werden (s. G. Daul, Praktikerhandbuch zur Bewertung von Krankenhäusern, Vorsorge- und Rehabilitationseinrichtungen, Pflegeeinrichtungen, Teilband Controlling/Qualität, 2004).

Die **Beurteilung der Unternehmensführung** steht bei der Analyse zweifellos im Vordergrund, weil diese den wesentlichen Beitrag/Einfluss zur/auf die Gewinnerzielung hat (vgl. V. Peemöller, Praxishandbuch der Unternehmensbewertung, 2009). Bei der Untersuchung dieser Einflussgröße sind die persönlichen Verflechtungen, z.B. Personenidentität zwischen Unternehmensführung und Unternehmenseigentum versus Fremdführung, sowie die sachlichen Eigenschaften der Führungsebene, wie z.B. Risikoeinstellung, Führungsstil, Kompetenz, Innovationsbereitschaft etc., zu identifizieren.

Zur Effizienz der Unternehmenssteuerung gehört auch die **Differenzierung der Leistungsstruktur**. So ist in den letzten Jahren neben den stationären Leistungen deutlich die Ausrichtung auf ambulante Leistungen erkennbar. Nicht zuletzt wegen der durch die DRG-Vergütung erfolgte Verkürzung der Verweildauern im stationären Bereich. So gründen viele Krankenhausträger auch Rehabilitationskliniken oder im kleineren Rahmen die Medizinischen Versorgungszentren.

Wie bereits unter der Analyse der Erfolgsfaktoren ausgeführt, beeinflussen die Mitarbeiter den Erfolg eines Krankenhauses mit einem nicht unwesentlichem Anteil. Daher ist die Unternehmensführung auch darauf auszurichten, dass die **Mitarbeiterqualität** sich auf einem hohen bis sehr hohen Niveau befindet. Besonders die Persönlichkeit und Kompetenz der Chefärzte oder leitenden Ärzte werden in der Öffentlichkeit wahrgenommen und können die Auslastung einer Fachabteilung wesentlich beeinflussen. Auch Pflegekräften kommt eine derartige Bedeutung zu. Die Marktlage ist derzeit sehr schwierig geworden, insbesondere Krankenhäuser in ländlicheren Regionen haben oft größere Probleme entsprechend Fachpersonal zu finden. Beispielsweise gehen Ärzte z.T. ins Ausland wegen höherer Verdienstmöglichkeiten.

Ein guter bis hoher Fortbildungsstand der Mitarbeiter ist in das Führungssystem zu integrieren. Nicht unbeachtlich ist die Vermittlung eines positiven Arbeitsumfeldes, um einerseits qualitative Mitarbeiter im Krankenhaus zu halten und andererseits das positive Umfeld auch den Patienten spürbar zu machen (Atmosphäre).

Hinzu kommt die **Umsetzung der wirtschaftlichen Denkweise bei Mitarbeitern**. Das Verständnis für wirtschaftliches Denken und Handeln beeinflussen ebenfalls die Erfolgsaussichten eines Krankenhauses.

7.2.1.3 Vergangenheitsanalyse (Wirtschaftliche Analyse)

Die am Bewertungsstichtag vorhandene Ertragskraft ist der Ausgangspunkt für die Prognose der künftigen Überschüsse sowie für die Vornahme von Plausibilitätsüberlegungen. Zur Beurteilung der bisherigen leistungs- und finanzwirtschaftlichen Entwicklungen, sind in aller Regel Gewinn- und Verlustrechnungen, Kapitalflussrechnungen, Bilanzen und interne Ergebnisrechnungen heranzuziehen (IDW S 1, Tz. 72 und 73).

Die **Erstellung von (Konzern-)Jahresabschlüssen** (Bilanz, Gewinn- und Verlustrechnung, Anhang zuzüglich Kapitalflussrechnung und Eigenkapitalveränderungsrechnung beim Konzern) sowie die **Erstellung des (Konzern-)Lageberichtes** haben zu den gesetzlichen Bestimmungen zu erfolgen. Je nach anzuwendendem Regelwerk (Handelsgesetzbuch – HGB, Steuerrecht, IFRS, US-GAAP etc.) werden dem Bilanzersteller bestimmte Ansatz- und/oder Bewertungswahlrechte eingeräumt, die auch z.T. erheblichen Ermessens- und Interpretationsspielräumen unterliegen. Je nach unternehmerischer Zielsetzung werden die jeweiligen Wahlrechte im Rahmen der Bilanzpolitik mehr oder weniger eingesetzt (s. J. Poll, in: H. Brönner/P. Bareis/K. Hahn/T. Maurer/U. Schramm, Die Bilanz nach Handels- und Steuerrecht, Erscheint ca. 12.2010). Für die **Erstellung des Jahresabschlusses eines Krankenhauses** sind zudem die Vorschriften der **Krankenhausbuchführungsverordnung** (KHBV), die sich insbesondere mit bestimmten Gliederungsvorschriften befasst, zu beachten.

Bei der Unternehmensbewertung hat die **Vergangenheitsanalyse** insbesondere folgende Zielsetzungen (vgl. WP Handbuch 2008, Band II, 13. Auflage, S. 89):

- Ermittlung der Vergangenheitsergebnisse, die nach den tatsächlichen Verhältnissen erwirtschaftet wurden, d.h. es erfolgt eine verursachungsgerechte Zuordnung sowie eine Bereinigung um wesentliche aperiodische und außerordentliche Ergebniseinflüsse,
- Ermittlung von in Bezug auf die Planungsrechnungen vergleichbarer Vergangenheitsstrukturen,
- Ermittlung vergleichbarer Ergebnisse, die als Bezugsgrößen und Kontrollmaßstäbe für die prognostizierte künftige Entwicklung dienen (Analyse der Mengen-, Preis- und Margenentwicklung in der Vergangenheit).

Das Instrument der **Bilanzanalyse** dient der Aufdeckung bilanzpolitischer Maßnahmen, die unter Umständen zu einer Verzerrung der Vermögens-, Finanz- und Ertragslage führen, und damit die Aussagen im Jahresabschluss nicht den tatsächlichen Verhältnissen entsprechen. Eine Bilanzanalyse muss bestrebt sein, die aus der Anwendung bilanzpolitischer Instrumente resultierende Veränderungen der Jahresabschlussdaten weitestgehend zu neutralisieren (s. K. Küting/C.-P. Weber, Die Bilanzanalyse, 2006, S. 46).

Grenzen der Bilanzanalyse im Rahmen der Unternehmensbewertung liegen insbesondere darin, dass folgende Faktoren die Qualität der Analyse beeinflussen:

- Unvollständige Informationsbasis, z.B. bei nicht quantifizierbaren und/oder nicht bilanzierungsfähigen bzw. angabepflichtigen Sachverhalten,
- Fehlen eindeutiger Vergleichswerte, z.B. kein vergleichbares Unternehmen, keine vorhandenen Sollwerte und
- Subjektivität des Analytikerurteils, insbesondere bei der Auswahl der Analyseverfahren, bei der Aufbereitung des Datenmaterials sowie der Interpretation der Analyseergebnisse (s. J. Poll, in: H. Brönner/P. Bareis/K. Hahn/T. Maurer/U. Schramm, Die Bilanz nach Handels- und Steuerrecht, Erscheint ca. 12.2010).

Mit Hilfe der Bilanzanalyse sollen Aussagen zu den in der Abbildung 16 dargestellten Erkenntniszielen getroffen werden können.

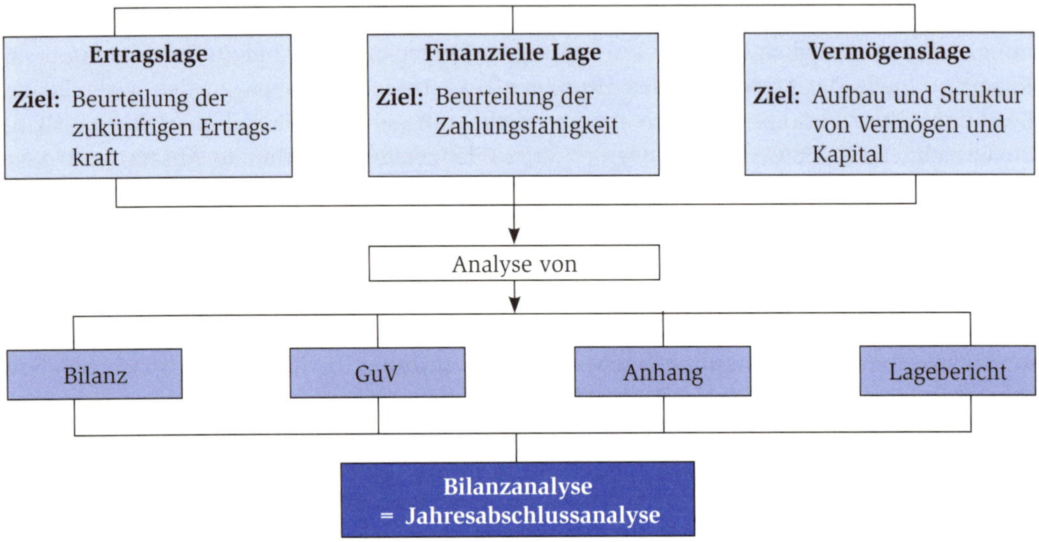

Abb. 16: Erkenntnisziele der Bilanzanalyse (s. J. Poll, in: H. Brönner/P. Bareis/K. Hahn/T. Maurer/U. Schramm, Die Bilanz nach Handels- und Steuerrecht, Erscheint ca. 12.2010)

Bilanzanalytische Verfahren bedienen sich Zeitvergleichen, **Soll-Ist-Vergleichen** sowie Branchenvergleichen. Dabei findet in den häufigsten Fällen die Verwendung der klassischen Kennzahlenanalyse Anwendung. (Konzern-)Jahresabschlüsse werden so bereinigt, dass sie hinsichtlich Ansatz und Bewertung im Zeitablauf vergleichbar sind oder dass sie an die Üblichkeit der Branche angepasst sind. Dabei kommen (Um-)Neubewertungen und Umgliederungen von Posten der Bilanz sowie Gewinn- und Verlustrechnung in Frage. Der Um- bzw. Neubewertung sind je nach Informationsgrad natürliche Grenzen gesetzt. Die Umgliederungen bestehen beispielsweise aus Umgruppierungen, Zusammenfassung bestimmter Posten und Saldierungen (s. J. Poll, in: H. Brönner/P. Bareis/K. Hahn/T. Maurer/U. Schramm, Die Bilanz nach Handels- und Steuerrecht, Erscheint ca. 12.2010).

7.2.1.3.1 Analyse der Bilanz

Die **Analyse der Bilanz** erfolgt üblicherweise mit der Erstellung einer sog. **Strukturbilanz**. Dabei werden die Posten der Aktivseite zum bilanzanalytischen Anlage- bzw. dem Umlaufvermögen und die Posten der Passivseite zum bilanzanalytischen Eigen- und Fremdkapital zusammengefasst (K. Küting/C.-P. Weber, Die Bilanzanalyse, 2006, S. 81). Zudem erfolgt eine Untergliederung nach Fristigkeiten bezüglich der Bindung und Verfügbarkeit.

Abbildung 17 zeigt beispielhaft einen Ausschnitt aus einer Bilanz nach den Gliederungsvorschriften der KHBV.

Bilanz

AKTIVA

A. ANLAGEVERMÖGEN
- **I. Immaterielle Vermögensgegenstände**
- **II. Sachanlagen**
  1. Grundstücke und grundstücksgleiche Rechte mit Betriebsbauten einschließlich der Betriebsbauten auf fremden Grundstücken
  2. Technische Anlagen
  3. Einrichtungen und Ausstattungen
  4. Geleistete Anzahlungen und Anlagen im Bau
- **III. Finanzanlagen**
  - Beteiligungen

B. UMLAUFVERMÖGEN
- **I. Vorräte**
  1. Roh-, Hilfs- und Betriebsstoffe
  2. Unfertige Leistungen
- **II. Forderungen und sonstige Vermögensgegenstände**
  1. Forderungen aus Lieferungen und Leistungen
  2. Forderungen nach dem Krankenhausfinanzierungsrecht
davon nach der KHEntgG
  3. Forderungen gegen nahestehende Unternehmen
  4. Forderungen gegen verbundene Unternehmen
  5. Sonstige Vermögensgegenstände,
davon mit einer Restlaufzeit von mehr als einem Jahr
- **III. Wertpapiere des Umlaufvermögens**
- **IV. Kassenbestand, Guthaben bei Kreditinstituten**

C. AUSGLEICHSPOSTEN NACH DEM KHG
- Ausgleichsposten für Eigenmittelförderung

D. RECHNUNGSABGRENZUNGSPOSTEN
- Andere Abgrenzungsposten

PASSIVA

A. EIGENKAPITAL
1. Gezeichnetes Kapital
2. Kapitalrücklagen
3. Gewinnrücklagen
4. Gewinnvortrag
5. Jahresüberschuss

B. SONDERPOSTEN AUS ZUWENDUNGEN ZUR FINANZIERUNG DES SACHANLAGEVERMÖGENS
1. Sonderposten aus Fördermitteln nach dem KHG
2. Sonderposten aus Zuweisungen und Zuschüssen der öffentlichen Hand
3. Sonderposten aus Zuwendungen Dritter

C. RÜCKSTELLUNGEN
1. Steuerrückstellungen
2. Sonstige Rückstellungen

D. VERBINDLICHKEITEN
1. Verbindlichkeiten gegenüber Kreditinstituten,
davon mit einer Restlaufzeit bis zu einem Jahr
davon gefördert nach dem KHG
2. Verbindlichkeiten aus Lieferungen und Leistungen,
davon mit einer Restlaufzeit bis zu einem Jahr
3. Verbindlichkeiten nach dem Krankenhausfinanzierungsrecht,
davon nach der KHEntgG
davon mit einer Restlaufzeit bis zu einem Jahr
4. Verbindlichkeiten gegenüber nahestehenden Unternehmen,
davon mit einer Restlaufzeit bis zu einem Jahr
5. Verbindlichkeiten gegenüber verbundenen Unternehmen,
davon mit einer Restlaufzeit bis zu einem Jahr
6. Verbindlichkeiten gegenüber Unternehmen, mit denen ein Beteiligungsverhältnis besteht,
davon mit einer Restlaufzeit bis zu einem Jahr
7. Sonstige Verbindlichkeiten,
davon aus Steuern
davon mit einer Restlaufzeit bis zu einem Jahr

E. AUSGLEICHSPOSTEN FÜR DARLEHENSFÖRDERUNG

F. RECHNUNGSABGRENZUNGSPOSTEN

Abb. 17: Beispiel einer Bilanz nach KHBV für ein Krankenhaus

Bilanzanalytische Saldierungen und Umgliederungen in der Bilanz

Die folgenden Ausführungen beziehen sich auf einige wesentliche Bilanzposten, bei denen im Rahmen der Bilanzanalyse Besonderheiten auftreten können.

Zu den typischen Saldierungen gehört die **Verrechnung des Ausgleichspostens mit dem Eigenkapital**. Möglich ist beispielsweise auch die **Saldierung des Sonderpostens aus Fördermitteln mit dem Anlagevermögen** soweit dies Finanzierungen von Anlagegegenständen betrifft. Somit verbleibt lediglich das eigenfinanzierte Vermögen.

Ein in der Bilanz ausgewiesener **Geschäfts- oder Firmenwert**, der aus der Übernahme eines Krankenhauses (Kaufpreis liegt über dem Wert des Vermögens abzüglich Schulden) resultiert, ist nach § 246 Abs. 1 Satz 4 HGB n.F. (Geltungsbereich des Bilanzrechtsmodernisierungsgesetzes – kurz: BilMoG) als zeitlich begrenzt nutzbaren Vermögensgegenstand über maximal fünf Jahre planmäßig abzuschreiben. Analytische Problemfelder bestehen durch bilanzpolitische Maßnahmen, wie bei der Bewertung des Geschäfts- oder Firmenwertes durch **Aufteilung des Gesamtkaufpreises auf die Vermögensgegenstände und Schulden** sowie Schätzung der Nutzungsdauer. Auch die **Durchführung des Werthaltigkeitstests** unterliegt Ermessens- und Beurteilungsspielräumen (K. Petersen/C. Zwirner/K. P. Künkele, Umstellung auf das deutsche Bilanzrecht: Fallstudie zu den Auswirkungen des Übergangs auf die Rechnungslegungsvorschriften nach dem BilMoG, KoR 2009, 3 ff.). Vergleichend hierzu schreiben die internationalen Rechnungslegungsvorschriften (IFRS) keine planmäßig Abschreibung vor, sondern der Geschäfts- oder Firmenwert ist jährlich auf einen nachhaltigen Wertverlust zu prüfen (sog. **„Impairment-Test" nach IAS 36)**. Erst bei nachhaltigem Wertverlust würde eine außerplanmäßige Abschreibung anfallen.

Zu Analysezwecken wird vorgeschlagen, die Nutzungsdauern zu normieren und anschließend einen Vergleich der Ergebnisse vor und nach normierter Geschäftswertabschreibung vorzunehmen. Führen der Vergleich oder auch andere Faktoren dazu, dass die Werthaltigkeit des Geschäfts- oder Firmenwertes bezweifelt werden muss, so könnte eine Saldierung mit dem Eigenkapital gerechtfertigt sein, und zwar in Höhe des nicht werthaltigen Teils (so K. Göllert, Problemfelder der Bilanzanalyse: Einflüsse des BilMoG auf die Bilanzanalyse, DB 2009, 1773 ff.).

Für die **Bewertung des Anlagevermögens** gilt § 253 Abs. 3 HGB n.F, wonach die Abschreibungen nach der voraussichtlichen Nutzungsdauer anzusetzen sind. Dies ermöglicht erhebliche Ermessensspielräume, die entweder zu stillen Reserven oder stillen Lasten führen. Um im Rahmen der Bilanzanalyse eine zutreffende Bewertung zu ermitteln, wären die Abschreibungen je nach bilanzpolitischer Gestaltung zu korrigieren. Durch Hochrechnen der Anschaffungskosten mit allgemeinen Preisindizes könnten die stillen Reserven/Lasten ermittelt werden. Auch das Anschaffungskostenprinzip (§ 253 Abs. 1 Satz 1 HGB) führt unter Umständen zur Bildung von stillen Reserven, beispielweise bei Immobilienvermögen. Ziel der Bilanzanalyse muss sein, den tatsächlichen Wert der Vermögensgegenstände abzubilden bzw., sich ihm anzunähern (s. J. Poll, in: H. Brönner/P. Bareis/K. Hahn/T. Maurer/U. Schramm, Die Bilanz nach Handels- und Steuerrecht, Erscheint ca. 12.2010).

Für **gleichartige Vermögensgegenstände des Vorratsvermögens** ermöglicht § 256 Satz 1 HGB n.F. die Anwendung sog. Bewertungsvereinfachungsverfahren, und zwar die LIFO- oder die FIFO-Methode. Die Methoden schaffen bilanzpolitisches Gestaltungspotenzial, da sie dazu führen können, dass der Wertansatz im Vergleich zur Einzelbewertung höher oder niedriger sein kann. § 284 Abs. 2 Nr. 4 HGB schreibt vor, dass erhebliche Unterschiede zum Börsen- oder Marktpreis im Anhang anzugeben sind. Freiraum in diesem Zusammenhang bietet die unzureichende Definition des Begriffes „erheblich". Zudem entfällt die Angabepflicht, wenn kein Börsen- oder Marktpreis vorhanden ist. Weitere stille Reserven sind durch das geltende Anschaffungskostenprinzip möglich. Die Aufgabe der Bilanzanalyse, den tatsächlichen Wert zu ermitteln, scheitert unter Umständen in Ermangelung detaillierter Informationen. In anderen Fällen bietet sich die entsprechende Bereinigung an (s. J. Poll, in: H. Brönner/P. Bareis/K. Hahn/T. Maurer/U. Schramm, Die Bilanz nach Handels- und Steuerrecht, Erscheint ca. 12.2010).

Pensionsrückstellungen sind dem Charakter nach den langfristig zur Verfügung stehenden Mitteln zuzuordnen, da zwischen Bildung und Inanspruchnahme der Rückstellungen ein nicht unwesentlicher Zeitraum vergeht. Die erste analytische Hürde besteht in der Ermittlung der Fälligkeiten, die meist nur schätzbar sind. Zudem besteht die Schwierigkeit in der **Ermittlung des tatsächlichen Verhältnisses von Pensionsaufwand und Pensionszahlungen** (vgl. hierzu J. Baetge/H.-J. Kirsch/S. Thiele, Bilanzanalyse, 2004, S. 250 f.), welches erheblich auseinanderliegen kann. Bei der Bewertung schreibt das Steuerrecht (§ 6a EStG) einen Abzinsungssatz von 6 % vor, der handelsrechtlich (nach BilMoG) keine Anwendung mehr findet. Die **Rückstellungen** sind künftig mit dem durchschnittlichen Marktzinssatz der vergangenen fünfzehn Geschäftsjahre abzuzinsen (§ 253 Abs. 2 Satz 2 HGB n.F.). Durch die Neubewertung ist mit erheblichen Nachdotierungen zu rechnen (K. Göllert, Problemfelder der Bilanzanalyse: Einflüsse des BilMoG auf die Bilanzanalyse, DB 2009, 1773 ff.), daher gestattet Artikel 67 EGHGB die Verteilung der Zuführungen zur Pensionsrückstellung aufgrund der Anpassung des Zinssatzes auf maximal 15 Jahre. Die sich bei der Ausübung des Verteilungswahlrechtes aus der Übergangsvorschrift ergebenden Unterdotierungen sind im Anhang anzugeben (Artikel 67 Abs. 2 EGHGB). Für die Zwecke der Bilanzanalyse sollte die Pensionsrückstellung in der tatsächlichen Höhe abzubilden sein, das Übergangswahlrecht also nicht ausgeübt werden. Die entsprechende Erhöhung ist im Eigenkapital auszuweisen (s. J. Poll, in: H. Brönner/P. Bareis/K. Hahn/T. Maurer/U. Schramm, Die Bilanz nach Handels- und Steuerrecht, Erscheint ca. 12.2010).

Für sog. **Rückdeckungsvermögen** gilt nach § 246 Abs. 2 HGB neuer Fassung, dass Vermögensgegenstände, die dem Zugriff aller übrigen Gläubiger entzogen sind und ausschließlich der Erfüllung von Schulden aus Altersversorgungsverpflichtungen oder vergleichbaren langfristig fälligen Verpflichtungen dienen, mit diesen Schulden zu verrechnen sind; entsprechend ist mit den zugehörigen Aufwendungen und Erträgen aus der Abzinsung und aus dem zu verrechnenden Vermögen zu verfahren. Übersteigt der beizulegende Zeitwert der Vermögensgegenstände den Betrag der Schulden, ist der übersteigende Betrag unter einem gesonderten Posten zu aktivieren. Durch die Saldierung wird die Bilanzsumme verkürzt, was zum Beispiel zur Beeinflussung von Kennzahlen führt, in deren Berechnungsgrundlagen die Bilanzsumme einbezogen ist, wie zum Beispiel die Eigenkapitalquote. Im Rahmen bilanzanalytischer Bereinigungen wäre überlegenswert, insbesondere im Hinblick auf den Zeitvergleich, die Saldierungen auch für die Vergangenheit vorzunehmen. Für die Ausführungen zum Rückdeckungsvermögen vgl. J. Poll, in: H. Brönner/P. Bareis/K. Hahn/T. Maurer/U. Schramm, Die Bilanz nach Handels- und Steuerrecht, Erscheint ca. 12.2010).

Bewertungsunterschiede zwischen Handels- und Steuerbilanz führen unter Umständen zu notwendigen Steuerabgrenzungen. **Latente Steuern** könnten eliminiert werden, da Bemessungsgrundlage für die Steuerschuld nicht die Handels-, sondern die Steuerbilanz ist. Die Verrechnung erfolgt mit dem Eigenkapital.

Anlagengegenstände, die im Wege von Leasingverträgen im Unternehmen angeschafft werden, sind nach § 246 Abs. 1 HGB n.F. verpflichtend als Vermögensgegenstand in der Bilanz auszuweisen, wenn sie dem Leasingnehmer wirtschaftlich zuzurechnen sind. Bei der branchenübergreifenden Analyse kann es notwendig werden, mögliche unterschiedliche Bilanzansätze vergleichend gegenüberzustellen, also beispielsweise die Bilanz um Leasingvermögen und korrespondierende Verbindlichkeiten zu erweitern (K. Göllert, Problemfelder der Bilanzanalyse: Einflüsse des BilMoG auf die Bilanzanalyse, DB 2009, 1773 ff.), wenn auch die Vergleichsunternehmen den entsprechenden Bilanzausweis vorgenommen haben.

Nach den oben beschriebenen Umgliederungen und Saldierungen würde eine **Strukturbilanz** folgende zusammengefassten Posten ausweisen.

Strukturbilanz

Bilanzanalytische Aktiva	Bilanzanalytische Passiva
Langfristiges Vermögen Immaterielles Anlagevermögen Sachanlagevermögen Finanzanlagevermögen Forderungen (Restlaufzeit > 1 Jahr) **Kurzfristiges Vermögen** Vorräte Forderungen (Restlaufzeit < 1 Jahr) Wertpapiere des Umlaufvermögens Liquide Mittel Aktive Rechnungsabgrenzungsposten	**Eigenkapital** Gezeichnetes Kapital Kapitalrücklagen Gewinnrücklagen Bilanzgewinn **Langfristiges Fremdkapital** Pensionsrückstellungen Verbindlichkeiten (Restlaufzeit > 5 Jahre) **Mittelfristiges Fremdkapital** Pensionsrückstellungen Verbindlichkeiten (Restlaufzeit > 1 < 5 Jahre) **Kurzfristiges Fremdkapital** Steuer- und sonstige Rückstellungen Verbindlichkeiten (Restlaufzeit < 1 Jahr) Ausschüttung Dividende Passiver Rechnungsabgrenzungsposten

Abb. 18: Strukturbilanz (in Anlehnung an J. Poll, in: H. Brönner/P. Bareis/K. Hahn/T. Maurer/U. Schramm, Die Bilanz nach Handels- und Steuerrecht, Erscheint ca. 12.2010)

Zu den bilanzanalytischen Bereinigungen bei der Unternehmensbewertung zählt auch die Eliminierung des **nicht betriebsnotwendigen Vermögens**.

Zur **Analyse des Krankenhauses** werden im nächsten Schritt **Kennzahlen** gebildet, die zum einen für einen Zeitvergleich und zum anderen für einen Vergleich mit den Wettbewerbern herangezogen werden. Folgende Kennzahlen bieten sich für die Analyse an:

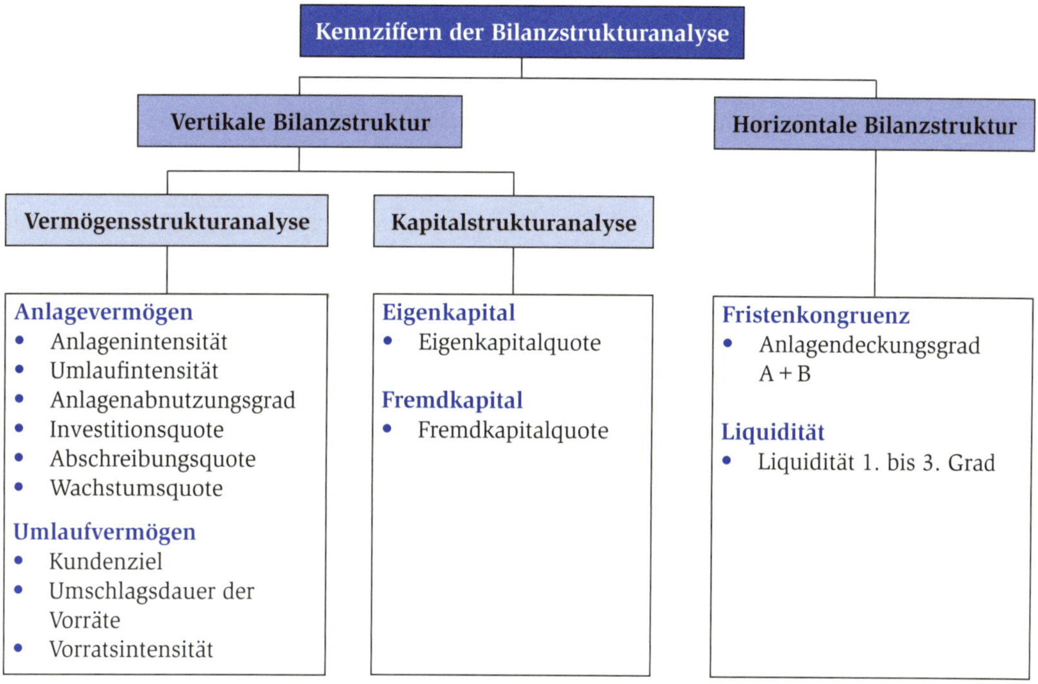

Abb. 19: Kennzahlen im Rahmen der Bilanzanalyse (in Anlehnung an J. Poll, in: H. Brönner/ P. Bareis/K. Hahn/T. Maurer/ U. Schramm, Die Bilanz nach Handels- und Steuerrecht, Erscheint ca. 12.2010)

Bei der **Vermögensstrukturanalyse** wird die Art, die Zusammensetzung sowie die Dauer der Vermögensbindung untersucht, um Aufschluss darüber zu erhalten, welches Liquiditätspotenzial das Unternehmen hat, z.B. weil es in der Lage ist, sich flexibel an Beschäftigungs- und Strukturänderungen anzupassen (vgl. J. Baetge/H.-J. Kirsch/S. Thiele, Bilanzanalyse, 2004, S. 192). Einige Kennzahlen sollen hier kurz hinsichtlich ihrer Bedeutung erläutert werden.

Die **Anlagenintensität** gibt Auskunft darüber, in welchem Umfang das (Anlage-)vermögen langfristig im Krankenhaus gebunden ist, was mit einer hohen Kapitalbindung einher geht und unter Umständen eine hohe Fixkostenbelastung beinhaltet. **Krankenhäuser mit Krankenhausimmobilienbesitz** haben eine weitaus höhere Anlagenintensität als Krankenhäuser, dessen Krankenhausimmobilien von der Muttergesellschaft oder unter anderen Gestaltungen angemietet sind.

Die **Umlaufintensität** gibt insofern einen ersten Anhaltspunkt darüber, in welchem Umfang kurzfristig gebundenes Vermögen im Krankenhaus vorhanden ist und kann bei einer relativ hohen Kennzahl unter Berücksichtigung der Gesamtumstände (z.B. typische Höhe in der Branche, langfristige Vorratsbestände oder langfristige Forderungen enthalten) dahin gehend interpretiert werden, dass eine hohe Flexibilität hinsichtlich Änderungen des Beschäftigungsgrades vorliegt. Durch Bewertungsspielräume kann die Kennzahl beeinflusst werden. Im Rahmen der Bilanzanalyse ist die Vermögenszusammensetzung im Zeitablauf zu betrachten und entsprechende Tendenzaussagen für die Zukunft zu formulieren (zur Umlaufintensität ausführlich s. J. Poll, in: H. Brönner/P. Bareis/K. Hahn/T. Maurer/U. Schramm, Die Bilanz nach Handels- und Steuerrecht, Erscheint ca. 12.2010).

Der **Anlagenabnutzungsgrad** gibt an, welcher Anteil des Anlagevermögens bezogen auf die historischen Anschaffungs- und Herstellungskosten bereits abgeschrieben wurde (J. Baetge/ H.-J. Kirsch/S. Thiele, Bilanzanalyse, 2004, S. 208) und gibt damit Auskunft über die Altersstruktur des vorhandenen Anlagevermögens, als Qualitätsmerkmal.

Die **Abschreibungsquote** lässt sich z.B. im Zeitablauf dahin gehend interpretieren, dass eine gestiegene Abschreibungsquote darauf hinweist, dass gegebenenfalls stille Reserven gebildet wurden (zu kurz gewählte Nutzungsdauer). Eine sinkende Abschreibungsquote kann darauf hindeuten, dass Investitionen im Unternehmen längere Zeit zurückliegen. Im Branchenvergleich ist es notwendig, die in den jeweiligen Unternehmen angesetzten Nutzungsdauern für gleichartige Anlagegüter gegenüberzustellen und für die Kennzahlenbildung unter Umständen Anpassungen vorzunehmen.

Die Kennzahlen **Investitionsquote** und **Wachstumsquote** geben an, wie hoch der Anteil des neu investierten Anlagevermögens im Geschäftsjahr ist, um Informationen darüber zu erhalten, ob das Unternehmen die Fähigkeit besitzt seine Marktstellung langfristig zu halten bzw. zu erhöhen. Die Investitionsquote wird mit den Anschaffungskosten als Bezugsgröße berechnet, während die Wachstumsquote die Abschreibungen des Geschäftsjahres als Bezugsgröße ansetzt. Bilanzanalytisch sind die Investitionen im Zeitablauf zu untersuchen. Eine niedrige Quote in einem Geschäftsjahr könnte durch hohe Investitionen in den vergangenen Jahren bedingt sein. Zudem sind die Nutzungsdauern kritisch zu hinterfragen.

Mit Hilfe der Kennzahl **Kundenziel** wird berechnet, innerhalb wie vieler Tage eine Forderung durchschnittlich bezahlt wird und gibt somit Rückschlüsse auf die Zahlungsfähigkeit des Krankenhauses.

Bei der **Umschlagsdauer der Vorräte** stehen die berechneten Tage für die Dauer des Zeitraumes bis zu dem der Bestand vollständig ausgetauscht ist

Die **Kapitalstrukturanalyse** dient der Abschätzung von Finanzierungsrisiken und gibt Aufschluss über die Kreditwürdigkeit des Unternehmens (K. Küting/C.-P. Weber, Die Bilanzanalyse, 2006, S. 133). Eine hohe **Eigenkapitalquote**, und somit gute Eigenkapitalausstattung, steht z.B. für hohe Haftungssubstanz, geringeres Überschuldungsrisiko sowie Erleichterung bei Kreditmittelbeschaffung oder andererseits Unabhängigkeit von Fremdmitteln (s. J. Poll, in: H. Brönner/P. Bareis/K. Hahn/T. Maurer/U. Schramm, Die Bilanz nach Handels- und Steuerrecht, Erscheint ca. 12.2010).

In der **horizontalen Bilanzstrukturanalyse** werden Posten der Aktivseite und Passivseite der Bilanz zueinander ins Verhältnis gesetzt, um Rückschlüsse auf die Liquiditätslage und damit die Verlustabsorptionsfähigkeit eines Unternehmens zu ziehen (s. J. Poll, in: H. Brönner/P. Bareis/K. Hahn/T. Maurer/U. Schramm, Die Bilanz nach Handels- und Steuerrecht, Erscheint ca. 12.2010).

Mittels der Liquiditätskennzahlen (Liquidität 1. bis 3. Grades) werden Ableitungen zur kurzfristigen Liquiditätssituation dargestellt. Dabei werden Aussagen getroffen, wie „die liquiden Mittel können kurzfristige Verbindlichkeiten finanzieren“ (**Liquidität 1. Grades**). Die **Liquidität 2. Grades** zieht die kurzfristigen Forderungen zum Mittelbestand hinzu. Die Erwartungshaltung liegt hierbei bei einer Deckung der kurzfristigen Verbindlichkeiten von mindestens 100 %. Bei der **Liquidität 3. Grades** werden in den kurzfristig verfügbaren Mittelzufluss (Cash) auch die Vorräte einbezogen.

Für die Planung der künftigen Erträge spielt die **Planung des künftigen Investitionsbedarfes** eine große Rolle. Die Analyse der Vermögenslage umfasst demnach auch die Untersuchung vorhandenen Anlagevermögens. Dabei liegt besonderes Augenmerk auf der Zusammensetzung der medizinisch-technischen Geräte und dessen Altersstruktur. Wie hoch ist der technische Fortschritt? Welche Neuinvestitionen werden notwendig? Passt das vorhandene Anlagevermögen zum künftigen Leistungsangebot des Krankenhauses?

Auch die notwendigen **Investitionen im Bereich Gebäude** und bei den Einrichtungen und Ausstattungen werden untersucht, zum Einen der Substanzerhaltung wegen, zum Anderen als Einflussfaktor hinsichtlich des Erfolges des Krankenhauses (Atmosphäre).

7.2.1.3.2 Finanzanalyse

Die Analyse der Finanzlage umfasst im Wesentlichen die Cashflow-Analyse sowie die Kapitalflussrechnung.

Mit Hilfe der **Cashflow-Analyse** sollen nur zahlungswirksame Vorgänge Berücksichtigung finden und damit alle bilanzpolitisch motivierten Eingriffe bei der Bewertung eliminiert werden. Der Cashflow dient dem Analysten als Indikator der Finanzkraft und der Ertragskraft des Unternehmens und ist somit eine Messzahl für das Innenfinanzierungspotenzial.

Beispielhaft dazu s. folgendes vereinfachtes Berechnungsschema:

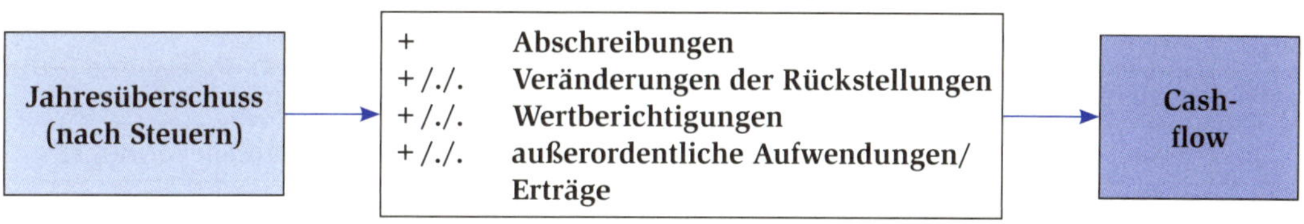

Abb. 20: Cashflow-Analyse (in Anlehnung an J. Poll, in: H. Brönner/P. Bareis/K. Hahn/T. Maurer/U. Schramm, Die Bilanz nach Handels- und Steuerrecht, Erscheint ca. 12.2010)

Eine weitere Analysemethode ist die Erstellung einer **Kapitalflussrechnung**, die anstatt der Höhe der erwirtschafteten Mittel die Mittelquellen herausstellt.

Folgende Zielsetzungen werden hierbei verfolgt:

- Aussagen über die Ursachen der Liquiditätsveränderung,
- Aussagen über langfristige Investitions- und Finanzierungsvorgänge,
- Aussagen über selbst erwirtschaftete Mittel.

Die **Erstellung einer Kapitalflussrechnung** erfordert die folgenden Arbeitsschritte, die vereinfachend kurz dargestellt werden (detailliertere Ausführungen sind einschlägigen Werken entnehmbar):

- Erstellung einer **Beständedifferenzenbilanz**, bei der die Differenzen aus der Veränderung aller Posten der Bilanz zum Bilanzstichtag im Vergleich zum Vorjahr dargestellt werden.
- Erstellung der **Bewegungsbilanz**; Die Differenzen aus dem ersten Arbeitsschritt werden nach Mittelherkunft und Mittelverwendung sortiert/umgegliedert.
- Kapitalflussrechnung; Die Bewegungsbilanz wird durch Abgrenzung und Zuordnung zu bestimmtem Finanzmittelfonds weiterentwickelt. (Die Aussagen zur Kapitelflussrechnung entstammen aus J. Poll, in: H. Brönner/P. Bareis/K. Hahn/T. Maurer/U. Schramm, Die Bilanz nach Handels- und Steuerrecht, Erscheint ca. 12.2010.)

Die Kapitalflussrechnung ist gemäß § 297 Abs. 1 HGB verpflichtender Bestandteil des **Konzernjahresabschlusses**. Der **deutsche Rechnungslegungsstandard DRS 2** (herausgegeben vom DRSC) enthält die folgend dargestellte inhaltliche Zusammensetzung.

1.		Periodenergebnis einschließlich Ergebnisanteilen von Minderheitsgesellschaftern) vor außerordentlichen Posten
2.	+/–	Abschreibungen/Zuschreibungen auf Gegenstände des Anlagevermögens
3.	+/–	Zunahme/Abnahme der Rückstellungen
4.	+/–	Sonstige zahlungsunwirksame Aufwendungen/Erträge (z.B. Abschreibung auf ein aktiviertes Disagio)
5.	+/–	Gewinn/Verlust aus dem Abgang von Gegenständen des Anlagevermögens
6.	+/–	Zunahme/Abnahme der Vorräte, der Forderungen aus Lieferungen und Leistungen sowie anderer Aktiva, die nicht der Investitions- oder Finanzierungstätigkeit zuzuordnen sind
7.	+/–	Zunahme/Abnahme der Verbindlichkeiten aus Lieferungen und Leistungen sowie anderer Passiva, die nicht der Investitions- oder Finanzierungstätigkeit zuzuordnen sind
8.	+/–	Ein- und Auszahlungen aus außerordentlichen Posten
9.	**=**	**Cashflow aus laufender Geschäftstätigkeit (Summe aus 1 bis 8)**
10.	+/–	Einzahlungen aus Abgängen von Gegenständen des Sachanlagevermögens
11.	–	Auszahlungen für Investitionen in das Sachanlagevermögen
12.	+	Einzahlungen aus Abgängen von Gegenständen des immateriellen Anlagevermögens
13.	–	Auszahlungen für Investitionen in das immaterielle Anlagevermögen
14.	+	Einzahlungen aus Abgängen von Gegenständen des Finanzanlagevermögens
15.	–	Auszahlungen für Investitionen in das Finanzanlagevermögen
16.	+	Einzahlungen aus dem Verkauf von konsolidierten Unternehmen und sonstigen Geschäftseinheiten
17.	–	Auszahlungen aus dem Erwerb von konsolidierten Unternehmen und sonstigen Geschäftseinheiten.
18.	+	Einzahlungen aufgrund von Finanzmittelanlagen im Rahmen der kurzfristigen Finanzdisposition
19.	–	Auszahlungen aufgrund von Finanzmittelanlagen im Rahmen der kurzfristigen Finanzdisposition
20.	**=**	**Cashflow aus der Investitionstätigkeit + (Summe aus 10 bis 19)**
21.		Einzahlungen aus Eigenkapitalzuführungen (Kapitalerhöhungen, Verkauf eigener Anteile, etc.)

22.	-	Auszahlungen an Unternehmenseigner und Minderheitsgesellschafter (Dividenden, Erwerb eigener Anteile, Eigenkapitalrückzahlungen, andere Ausschüttungen)
23.	+	Einzahlungen aus der Begebung von Anleihen und der Aufnahme von (Finanz-) Krediten
24.	-	Auszahlungen aus der Tilgung von Anleihen und der Aufnahme von (Finanz-) Krediten
25.	**=**	**Cashflow aus der Finanzierungstätigkeit + (Summe aus 21 bis 24)**
26.		Zahlungswirksame Veränderungen des Finanzmittelfonds (Summe aus 9, 20, 25)
27.	+/-	Wechselkurs-, konsolidierungskreis- und bewertungsbedingte Änderungen des Finanzmittelfonds
28.	+	Finanzmittelfonds am Anfang der Periode
29.	**=**	**Finanzmittelfonds am Ende der Periode (Summe aus 26 bis 28)**

7.2.1.3.3 Analyse der Gewinn- und Verlustrechnung

Das Ergebnis der Vergangenheitsanalyse soll, durch Bereinigung der Aufwendungen und Erträge um bestimmte Komponenten, ein entsprechendes Ergebnis sein, dass den „normalen" Geschäftsverlauf widerspiegelt (in Anlehnung an WP Handbuch 2008, Band II, 13. Auflage, S. 51).

Im Vordergrund der **Analyse der Gewinn- und Verlustrechnung** steht eine verursachungsgerechte Zuordnung von Aufwendungen und Erträgen im Referenzzeitraum, d.h. es erfolgt eine Bereinigung um wesentliche aperiodische und außerordentliche Ergebniseinflüsse sowie die Eliminierung der Aufwendungen und Erträge, die das nicht betriebsnotwendige Vermögen betreffen. Außerdem sollen Bereinigungen von Erträgen oder Aufwendungen vorgenommen werden, die aus bilanzpolitischen Maßnahmen resultieren.

Bei der Erfolgsanalyse stehen verschiedene Methoden zur Verfügung. Zum Einen werden sog. Erfolgsspaltungskonzepte verwendet und zum Anderen verschiedene Erfolgskennzahlen gebildet. Abbildung 21 zeigt die verschiedenen Methoden zusammenfassend.

Bei der **Erfolgsquellenanalyse** wird das Jahresergebnis nach unterschiedlichen Kriterien zerlegt. Der Ansatz führt zu einer Aufspaltung des bilanziell ermittelten Jahresergebnisses in ein ordentliches Betriebsergebnis, ein ordentliches Finanzergebnis und in ein nicht nachhaltiges Ergebnis (K. Küting/C.-P. Weber, Die Bilanzanalyse, 2006, S. 238).

Als Kriterien für die **bilanzanalytische Aufspaltung in die jeweiligen Ergebnisbeiträge** sind folgende beispielhaft zu nennen:

- Regelmäßigkeit (Nachhaltigkeit) des Erfolges,
- Betriebsbezogenheit,
- Periodenbezogenheit,
- Erfolgswirksamkeit sowie ergänzende Kriterien nach
- Tätigkeitsbereichen, Regionen, Kunden, Zahlungswirksamkeit, Steuerwirksamkeit (s. J. Poll, in: H. Brönner/P. Bareis/K. Hahn/T. Maurer/U. Schramm, Die Bilanz nach Handels- und Steuerrecht, Erscheint ca. 12.2010).

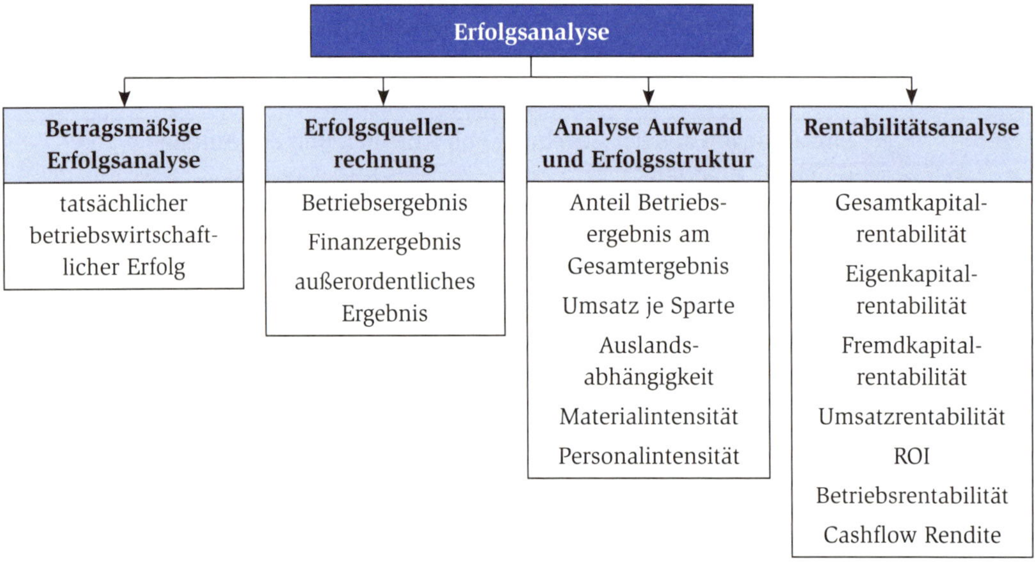

Abb. 21: Cashflow-Analyse (Quelle: in Anlehnung an J. Poll, in: H. Brönner/P. Bareis/K. Hahn/T. Maurer/U. Schramm, Die Bilanz nach Handels- und Steuerrecht, Erscheint ca. 12.2010)

Für ein **Krankenhaus kann das Jahresergebnis in folgende Teilergebnisse** aufgespalten werden.

Teilergebnisse eines Krankenhauses	
	Betriebliches Ergebnis
+/./.	Finanzergebnis
+/./.	Fördermittelergebnis
+/./.	Neutrales Ergebnis
./.	Steuern vom Einkommen und vom Ertrag
=	**Jahresergebnis**

Zunächst wird beispielhaft das **ordentliche Betriebsergebnis** dargestellt. Hierin sind sämtliche Erträge und Aufwendungen enthalten, die aus der laufenden Geschäftstätigkeit, also dem originären Krankenhausbetrieb, resultieren.

Ordentliches Betriebsergebnis eines Krankenhauses	
	Umsatzerlöse
	Krankenhauserlöse
	Ambulante Krankenhausleistungen
	Wahlleistungen
	Nutzungsentgelte
+	Sonstige betriebliche Erträge
+/./.	Bestandsveränderungen
=	**Betriebsleistung**

./.	**Personalaufwand** Löhne und Gehälter Soziale Aufwendungen
./.	**Materialaufwand** Medizinischer Bedarf Wasser, Energie, Brennstoffe Wirtschaftsbedarf Bezogene Leistungen Lebensmittel Andere Leistungen des Wirtschaftsbedarfs Untersuchungen in fremden Instituten Kosten für Krankentransporte Honorare für nicht angestellte Personen
./.	**Abschreibungen**
./.	**Sonstige betriebliche Aufwendungen** Instandhaltung Verwaltungsbedarf Versicherungen, Abgaben Zentrale Verwaltungsdienste Sonstige
=	**Betriebliches Ergebnis**

Im Finanzergebnis werden der Erträgen aus Wertpapieren, Beteiligungen sowie Zinserträgen aus laufenden Bankguthaben sämtliche im Finanzbereich anfallende Aufwendungen, wie Verluste aus Wertpapierverkäufen, Zinsaufwendungen für Kredite und auf Bankkonten, gegenübergestellt.

Als weiteres Teilergebnis ist das **Fördermittelergebnis** zu nennen. Das Fördermittelergebnis ist stets ausgeglichen (d.h. gleich „Null"), was aus der buchhalterischen Erfassung resultiert. Eingehende Fördermittel zur Finanzierung des Anlagevermögens werden zum Einen als Ertrag erfasst und gleichzeitig über den Aufwand neutralisiert. Durch die Aufwandsbuchung wird die Verbindlichkeit, die mit der Verwendungsverpflichtung einhergeht, ausgewiesen. Die Aktivierungsbuchung aufgrund der Anschaffung von gefördertem Anlagevermögen wird durch die Einstellung eines Sonderpostens auf der Passivseite neutralisiert. Genauso verhält es sich mit den aufwandswirksamen Abschreibungen auf das Anlagevermögen, die gleichzeitig zu einer ertragswirksamen Auflösung des Sonderpostens führt. Beispielhaft für die Ertrags- und Aufwandsposten ist ein Fördermittelergebnis nachfolgend dargestellt.

Fördermittelergebnis eines Krankenhauses
Erträge
Erträge aus Zuwendungen zur Finanzierung von Investitionen
Erträge aus der Einstellung von Ausgleichsposten für Eigenmittelförderung
Erträge aus der Auflösung Sonderposten
Zinserträge
Erträge aus der Nutzung gefördertes Anlagevermögen
Erträge aus dem Verkauf gefördertes Anlagevermögen

Fördermittelergebnis eines Krankenhauses
Aufwendungen
Aufwendungen aus der Zuführung zu Sonderposten/Verbindlichkeiten
Aufwendungen aus der Zuführung pauschale Fördermittel nach KHG und Sonderposten
Aufwendungen für Abgänge gefördertes Anlagevermögen
Abschreibungen gefördert
= Fördermittelergebnis

Sämtliche Erträge und Aufwendungen, die den drei vorgenannten Ergebnissen nicht zuzuordnen sind, werden im **neutralen Ergebnis** ausgewiesen. Dabei handelt es sich im Wesentlichen um solche von außerordentlichem, einmaligem oder periodenfremdem Charakter, die nicht mit der direkten laufenden Geschäftstätigkeit zusammenhängen. Beispielhaft können folgende Posten dem neutralen Ergebnis zugeordnet werden.

Neutrales Ergebnis eines Krankenhauses
Erträge
Erträge aus Schadensabwicklungen
Auflösung von Rückstellungen
Herabsetzung Wertberichtigung
Periodenfremde Erträge
Erträge aus dem Abgang von Anlagevermögen
Spenden
Ausgleichsbeträge früherer Geschäftsjahre
Außerordentliche Erträge
Zahlungseingänge abgeschriebene Forderungen
Aufwendungen
Abschreibungen/Wertberichtigungen auf Forderungen
Periodenfremde Aufwendungen
Außerordentliche Aufwendungen
Aufwendungen aus Anlageabgängen
Spenden
= Neutrales Ergebnis

Die **Aufspaltung des Jahresergebnisses** erfordert das Erkennen sämtlicher bzw. nahezu aller bilanzpolitischer Maßnahmen (Wesentlichkeit) sowie eine saubere Trennung der Erfolgsquellen, dem je nach Informationsgrad des Analysten natürliche Grenzen gesetzt sind.

Die **Analyse der Aufwands- und Ertragsstruktur** untersucht die Teilergebnisse durch Vergleichsanalysen, z.B. Vorjahresveränderungen, Soll-Planabweichungen, Branchenvergleiche oder Spartenvergleiche. Zudem werden Kennzahlen gebildet. Einige für ein Krankenhaus relevante Kennzahlen werden nachfolgend kurz dargestellt.

Der **Anteil des ordentlichen Betriebsergebnisses am Gesamtergebnis** (Jahresüberschuss) sollte ein konstanter oder steigender hoher Wert sein, da ein hoher prozentualer Erfolg aus dem eigentlichen Betriebszweck Voraussetzung für eine günstige Prognose der Ertragskraft ist (s. J. Poll, in: H. Brönner/P. Bareis/K. Hahn/T. Maurer/U. Schramm, Die Bilanz nach Handels- und Steuerrecht, Erscheint ca. 12.2010).

Die **Materialintensität** drückt das Verhältnis zwischen dem Materialaufwand und der mit diesem Aufwand realisierten Gesamtleistung (Umsatz +/./. Bestandsveränderungen + aktivierte Eigenleistungen) aus (s. J. Poll, in: H. Brönner/P. Bareis/K. Hahn/T. Maurer/U. Schramm, Die Bilanz nach Handels- und Steuerrecht, Erscheint ca. 12.2010).

Die **Personalintensität** spiegelt das Verhältnis von Personalaufwand zur Betriebsleistung wieder. So sind mit jedem Euro Umsatzerlös durchschnittlich x-Euro Personalaufwand verbunden (s. J. Poll, in: H. Brönner/P. Bareis/K. Hahn/T. Maurer/U. Schramm, Die Bilanz nach Handels- und Steuerrecht, Erscheint ca. 12.2010).

Neben den Intensitätskennzahlen werden auch Rentabilitätskennzahlen gebildet. Mit Hilfe der **Rentabilitätsanalyse** wird untersucht, ob das Unternehmen in der Lage ist bzw. war, mit den ihm zur Verfügung stehenden Mitteln relative Erfolgsbeiträge zu erzielen (vgl. J. Baetge/H.-J. Kirsch/S. Thiele, Bilanzanalyse, 2004, S. 348).

Die **Gesamtkapitalrentabilität** gibt die Verzinsung des gesamten Kapitaleinsatzes im Unternehmen an.

Mit Hilfe der **Eigenkapitalrentabilität** kann ermittelt werden, ob die Investition in das Unternehmen mehr oder weniger rentabel war bzw. ist als eine alternative Kapitalanlage. Investoren kann die Eigenkapitalrentabilität im Zusammenwirken mit anderen Kennzahlen Hinweise auf die zukünftige Unternehmensentwicklung geben. Darüber hinaus lässt die Eigenkapitalrentabilität bei einer stetigen Gewinnthesaurierung, bereinigt um außerordentliche Ergebnisse und unter Berücksichtigung der Dividendenquote, Vermutungen über das zukünftige Gewinnwachstum des Unternehmens zu (zur Eigenkapitalrentabilität s. J. Poll, in: H. Brönner/P. Bareis/K. Hahn/T. Maurer/U. Schramm, Die Bilanz nach Handels- und Steuerrecht, Erscheint ca. 12.2010).

Die **Umsatzrentabilität**, als die Relation zwischen dem erzielten Gewinn und dem Gesamtumsatz, zeigt die Profitabilität des Unternehmens.

Die international gebräuchliche Ertragskennzahl **„EBIT" (Earnings Before Interests and Taxes)** ist eine Messgröße für die operative Ertragskraft eines Unternehmens und wird zur Ermittlung des ordentlichen Betriebsergebnisses herangezogen. Da bei ihrer Ermittlung Zins- und Steuerbelastungen unberücksichtigt bleiben, ermöglicht sie es Unternehmen, unabhängig von der individuellen Kapitalstruktur, vergleichbar zu machen (zum EBIT s. J. Poll, in: H. Brönner/P. Bareis/K. Hahn/T. Maurer/U. Schramm, Die Bilanz nach Handels- und Steuerrecht, Erscheint ca. 12.2010).

Weitere wichtige Krankenhauskennzahlen sollen nur kurz beispielhaft genannt sein, die jedoch im Branchenvergleich von Bedeutung sind, soweit sich vergleichbare Krankenhäuser gegenüberstehen. Folgende **wesentliche Kennzahlen werden bei der Analyse von Krankenhäusern gebildet**:

- Fallzahl,
- Case Mix,
- Case Mix Index,
- krankenhausindividueller Basisfallwert mit Ausgleichen oder ohne Ausgleiche,
- Verweildauer,
- Nutzungsgrad der Betten,
- Erlöse je Fall,
- Erlöse je Vollkraft,
- Personalaufwand je Vollkraft,
- Personalaufwand je Fall und
- Materialaufwand je Fall.

Nach abgeschlossener Analyse der Vermögens-, Finanz- und Ertragslage, die zum Ziel hat, die tatsächliche Ertragskraft sowie die wesentlichen monetären Erfolgsbeiträge herauszufiltern sowie bilanzpolitische Gestaltungen nach Möglichkeit vollständig zu bereinigen/neutralisieren, steht ein Datenmaterial zur Verfügung aus dem heraus die Prognose des künftigen Erfolges aufgestellt werden kann.

Risikoidentifizierung

Die Analyse der oben beschriebenen Themengebiete (rechtliche Verhältnisse, wirtschaftliche Verhältnisse, Markt- und Wettbewerbsanalyse etc.) dient zudem der Identifizierung von Risiken.

Für Krankenhäuser wären insbesondere folgende Risiken zu nennen:

- Änderungen der Krankenhausbedarfsplanung,
- Steigende Konkurrenz durch ambulante und teilstationäre Anbieter,
- Einsparungsverpflichtungen der Krankenkassen,
- Schlechte Behandlungs- und Versorgungsqualität,
- Kostensteigerung aufgrund Leistungsstruktur,
- Fehlsteuerung, Effizienzverluste,
- Fördermittelrückführungen,
- Liquiditätsengpässe,
- Leistungsabbau wegen geforderter Mindestmengen,
- Unterauslastungen wegen verkürzter Verweildauern etc.

Die **festgestellten Risiken sollten nach Möglichkeit quantifiziert werden**, um diese als Wertbeitrag in die Bewertung einfließen zu lassen.

Hierbei bietet sich an, die **festgestellten Risiken zu kategorisieren**. Dabei können verschiedene Risikostufen verwendet werden (z.B. sehr hoch, hoch, mittel, gering, kein Risiko). Je nach Untersuchungsziel (z.B. externe Einflussfaktoren, interne Risiken) werden die Risiken in prozentuale Einflussgrößen umgerechnet. Die so ermittelten Werte ergeben den **individuellen Risikozuschlag für das zu bewertende Krankenhaus**. Wegen detaillierterer Ausführungen s. 7.2.3.1.

7.2.2 Prognose des künftigen Erfolges des zu bewertenden Krankenhauses

Die **Aufstellung von Prognoserechnungen** ist mitunter der schwierigste Teil der Unternehmensbewertung. Für das Ertragswertverfahren sind im Wesentlichen Plan-Gewinn- und Verlustrechnungen sowie Finanzbedarfsplanungen aufzustellen. Zur Konkretisierung der beiden Planungsrechnungen ist zu empfehlen, auch **Planbilanzen** zu erstellen. Aus Vereinfachungsgründen könnte hierauf jedoch verzichtet werden, wenn bestimmte Kapitalflussgrößen die für die Finanzbedarfsplanung von Bedeutung sind, als Verhältnis zu einer bestimmten Bezugsgröße geplant werden (vgl. T. Fries, Unternehmensbewertung von Krankenhäusern, Arbeitsberichte zum Management im Gesundheitswesen, Lehrstuhl für Allgemeine BWL und Management im Gesundheitswesen, Universität zu Köln, Arbeitsbericht Nr. 3, Köln 2003, S. 51).

Als vorteilhaft erweist es sich, bei der Planungsrechnung von dem Rechnungslegungsstandard des zu bewertenden Unternehmens (z.B. HGB, IFRS, IFRS for SME oder US-GAAP) auszugehen, da dies den Vergleich der geplanten Ergebnisse mit den Vergangenheitszahlen erleichtert (WP Handbuch 2008, Band II, 13. Auflage, S. 88).

Für die Ableitung der Überschüsse des betriebsnotwendigen Vermögens ist folgende am Gesamtkostenverfahren orientierte Plan-Gewinn- und Verlustrechnung zu empfehlen.

Planergebnis eines Krankenhauses (in Anlehnung an WP Handbuch 2008, Band II, 13. Auflage, S. 88)	
	Gesamtleistung (inklusive sonstige Erträge)
./.	Materialaufwand
./.	Personalaufwand
./.	Abschreibungen
./.	sonstige Aufwendungen
+	Zinserträge/Beteiligungserträge
./.	Finanzierungsaufwand
./.	Sonstige betriebliche Steuern
./.	Ertragsteuern
=	**Planergebnis**

Für die **Planung der künftigen Erträge und Aufwendungen** sind die folgenden genannten Aspekte, die im Wesentlichen im Rahmen der Vergangenheitsanalyse herausgefiltert wurden, zu berücksichtigen (vgl. ausführlicher WP Handbuch 2008, Band II, 13. Auflage, S. 88 ff.):

- Die geplanten Aufwendungen und Erträge betreffen nur das betriebsnotwendige Vermögen, d.h. Erträge und Aufwendungen, die das **nicht betriebsnotwendige Vermögen b**etreffen, wurden eliminiert, z.B. Grundsteuern und Zinsen für nicht betriebsnotwendige Grundstücke, Erträge und Verluste aus nicht betriebsnotwendigen Beteiligungen etc.
- Sämtliche Erträge und Aufwendungen sind **periodengerecht zugeordnet**, z.B. Halbfertige Arbeiten. Das betrifft im Krankenhaus z.B. die über den Bilanzstichtag hinaus liegenden Patienten, sog. Überlieger (anteilige Realisierung von Gewinnen und Verlusten).
- Zu diesem Bereich gehört auch die Bildung oder Auflösung von Rückstellungen sowie die Eliminierung von außerordentlichen Erträgen und Aufwendungen, die von einmaliger oder nicht repräsentativer Natur sind, z.B. **Stilllegungsverluste**, außerordentliche Abschreibungen.

- Unter einer periodengerechten Zuordnung fällt beispielsweise auch die Periodisierung von langfristig wirkenden hohen Vorleistungen, die über die Vergangenheit auch in die Zukunft reichen. Hierunter können Werbekampagnen, Kosten für Geschäftserweiterungen oder Umstrukturierungsaufwendungen gefasst werden.
- **Unterlassene Aufwendungen** sind zusätzlich zu planen, wenn sie für die nachhaltige Absicherung der Erträge erforderlich sind.
- Bereinigung der (geänderten) Ausübung von **Ansatz- und Bilanzierungswahlrechten**, sofern nennenswerter Einfluss auf das Ergebnis vorliegt (vgl. Vergangenheitsanalyse).
- **Bereinigung sonstiger Erfolgsfaktoren**; d.h. sämtliche **nicht übertragbaren Wertfaktoren** sind nicht mit zu planen, hierbei sind unter anderem die folgenden Ergebniseinflüsse aus der Vergangenheit zu berücksichtigen:
  - personenbezogene, z.B. Unternehmerlohn tätiger Gesellschafter oder Familienmitglieder oder Aufwendungen und Erträge, die die private Sphäre des Unternehmenseigners betreffen,
  - sowie spezifische Erfolgsfaktoren, z.B. Einkaufs- und Absatzbeziehungen und Finanzierungsmöglichkeiten, die je nach Ausgestaltung der Gesellschaftsstruktur (Einzelunternehmen versus Konzern versus wirtschaftlicher Verbund) unterschiedlich ausfallen können.
- **Folgeänderungen vorgenommener Bereinigungsvorgänge**
  Hierbei ist zu beachten, dass die Ergebnisveränderungen aus den Bereinigungen der Vergangenheit keine steuerlichen Auswirkungen für die Zukunft haben, da die steuerrechtliche Veranlagung feststeht sich also durch die analytischen Korrekturen nicht ändert.

7.2.2.1 Planung der Erlöse

Die künftigen Erträge eines Krankenhauses sollten in erster Linie die Umsatzerlöse enthalten, die aus der gewöhnlichen Geschäftstätigkeit resultieren. Diese umfassen mindestens die stationären Krankenhausleistungen, die teilstationären Krankenhausleistungen – soweit vorhanden – und nichtärztliche Wahlleistungen.

Die **Vergütung mit DRG** stellt den überwiegenden Teil der Erlösseite eines Krankenhauses dar. Der Anteil der DRG zusammen mit den Entgelten für Jahresüberlieger betrug im Jahr 2007 rund 96 %, während der übrige Teil des Budgets auf Sonstige Entgelte und Zusatzentgelte entfällt (vgl. J. Klauber/B.-P. Robra/H. Schellschmidt, Krankenhaus-Report 2008/2009, 2009, S. 236).

Stationäre Krankenhausleistungen

Die **Planung der stationären Krankenhausleistungen** beginnt mit der Festlegung des Mengen- und Preisgerüstes für das erste Planjahr und darauf aufbauend schließt die Prognose der weiteren Planjahre an.

Für Krankenhäuser, die DRG abrechnen, sind aufgrund der Budgetberechnung ab dem Jahr 2009 die Fallzahlen, die Summe der Bewertungsrelationen (**Case-Mix**) sowie der Basisfallwert zu prognostizieren. Hierzu bietet sich an, zunächst aus der zuvor erfolgten Analyse der Einzugsgebiete, der demografischen Entwicklung etc. sowie aus dem Mengengerüst der Vergangenheit den zu erwartenden Bedarf möglichst hinreichend genau zu schätzen. Aus der **Nachfrageprognose** entsteht die **Angebotsplanung**, die möglichst je Fachabteilung vorgenommen werden sollte, da hierfür aus der Vergangenheitsanalyse die jeweilige Entwicklung detaillierter ablesbar ist. Zunächst sind dabei die Fallzahlen je DRG zu planen. Anschließend erfolgt die Multiplikation mit den effektiven Bewertungsrelationen, die dem aktuellsten **Fallpauschalenkatalog** (vgl. Fallpauschalenvereinbarung i.V.m. KHEntgG) zu entnehmen sind. Die Summe derer ergibt den **geplanten Case Mix** des Krankenhauses.

Bei der **Planung der Fallzahlen** sind mögliche Schließungen von Fachabteilungen sowie die Erbringung von Mindestmengen zu berücksichtigen (vgl. H. Ruh, Unternehmensbewertung von Krankenhäusern, 2006, S. 212). Die aus den Qualitätssicherungserfordernissen des § 137 SGB V resultierenden sog. Mindestmengen (z.B. bei Transplantationen und bei der Versorgung von Früh- und Neugeborenen) dürfen nicht unterschritten werden, anderenfalls darf die Fachabteilung die medizinische Leistung nicht mehr anbieten.

Die Bewertung des geplanten Mengengerüstes erfolgt mit dem **Basisfallwert**. Für die künftige Planung ist zu empfehlen, den aktuellen Landesbasisfallwert heranzuziehen. Die **Planung mit dem krankenhausindividuellen Basisfallwert** führt unter Objektivierungsgesichtspunkten zu Bewertungsverschiebungen. Die Konvergenzphase endet nach derzeitigem Gesetzesstand am 31.12.2009. Künftig müsste für die Erlösplanung bei Unternehmensbewertungen sogar der bundeseinheitliche Basisfallwert anzusetzen sein, da § 10 Abs. 8 KHEntgG die Angleichung an einen bundeseinheitlichen Basisfallwert ab dem 01.01.2010 vorschreibt.

Ausgleichszahlungen aufgrund von Mehr- oder Mindererlösen nach § 15 Abs. 3 KHEntgG sowie § 4 Abs. 3 KHEntgG sind mangels Prognostizierbarkeit nicht zu planen. Soweit die Ausgleichszahlungen in der Vergangenheit wesentliche Größenordnungen darstellten, sollte über eine Berücksichtigung in geeigneter Form nachgedacht werden. Zur Konkretisierung des geplanten Budgets kann die **Entwicklung des Case-Mix-Indexes als Indikator für die ökonomische Fallschwere** herangezogen werden (vgl. H. Ruh, Unternehmensbewertung von Krankenhäusern, 2006, S. 212).

Bei der **Planung der stationären Krankenhausleistungen für die weiteren Planjahre** sind relativ realitätsnahe Steigerungsraten anzusetzen. Hierbei zu berücksichtigen sind die Vorgaben des § 71 SBG V, wonach Budgetsteigerungen die Veränderungsraten im Bundesgebiet nicht überschreiten dürfen.

Bezüglich der **Budgetentwicklung** bestehen diverse Unsicherheiten. Zu nennen wären die Höhe der festgelegten Bewertungsrelationen anhand vergangenheitsorientierter Fallpauschalenvereinbarungen, die Höhe des angesetzten Basisfallwertes, die Veränderungsraten etc. Diese Unsicherheiten sind aufgrund der zukunftsorientierten Betrachtungsweise des Ertragswertverfahrens unvermeidbar und können über Sicherheitsabschläge bei der Erlösplanung oder im Kapitalisierungszinssatz abgebildet werden.

Krankenhäuser, z.B. mit Schwerpunkt Psychiatrie, die nach der Bundespflegesatzverordnung (BPflV) mit tagesgleichen Pflegesätzen abrechnen, haben für die Erlösplanung eine Leistungs- und Kalkulationsaufstellung durchzuführen. Die **Vergütung (§ 10 BPflV) nach tagesgleichen Pflegesätzen** orientiert sich an den finanzierungsfähigen Kosten laut Krankenhausfinanzierungsgesetz (s. § 7 BPflV). Eine qualitative Erlösplanung steht und fällt in diesem Bereich mit der Qualität der Kostenrechnung (siehe oben zur Analyse des Krankenhauses).

Zu einer Erlösplanung gehört auch immer die **Planung von Erlösschmälerungen**. Hierbei von Bedeutung sind Erlösausfälle wegen Fehlbelegungen im Sinne von § 17c KHG. In diesem Zusammenhang wäre der Vorrang von ambulanten Operationen nach § 115b SGB V vor stationären Leistungen zu nennen oder auch Erlösschmälerungen wegen Überschreitung der

Verweildauern oder wegen fehlerhafter Abrechnungen, z.B. Codierfehler (in Anlehnung an H. Ruh, Unternehmensbewertung von Krankenhäusern, 2006, S. 213). Die Berücksichtigung von Erlösschmälerungen kann in Form von prozentualen Abschlägen erfolgen, die sich an den Ausfällen der Vergangenheit orientieren.

Erlöse aus Wahlleistungen

Wahlleistungen ermöglichen positive Erträge außerhalb der Budgetvereinbarungen. Unter Wahlleistungen sind ärztliche Leistungen, z.B. die Chefarztbehandlung, sowie nicht ärztliche Wahlleistungen, wie z.B. Auswahl der Unterkunft in einem 1-Bett- bzw. 2-Bett-Zimmer, zu fassen.

Soweit Chefärzte oder leitende Ärzte ein in Dienstverträgen eingeräumtes Liquidationsrecht haben, werden statt der ärztlichen Wahlleistungen, die Krankenhäuser direkt mit ihren Patienten abrechnen, sog. Nutzungsentgelte von den liquidationsberechtigten Ärzten erhoben.

Die **Erlöse aus Wahlleistungen für Unterkunft und Verpflegung** sind ihrer Höhe nach begrenzt durch das Urteil des BGH vom 04.08.2000 (III ZR 158/99, BGHZ 145, 66), nach dem die Angemessenheit zwischen Leistung und Preis gefordert wird. Daraufhin haben die Deutsche Krankenhausgesellschaft (DKG) und der Verband der privaten Krankenkassen (PKV) Grenzpreise für bestimmte Wahlleistungen vereinbart (vgl. T. Fries, Unternehmensbewertung von Krankenhäusern, Arbeitsberichte zum Management im Gesundheitswesen, Lehrstuhl für Allgemeine BWL und Management im Gesundheitswesen, Universität zu Köln, Arbeitsbericht Nr. 3, Köln 2003, S. 62).

Zur Planung dieser Erlöse kann auf die Vergangenheitswerte zurückgegriffen und zusammen mit der sozioökonomischen Prognose im Einzugsgebiet (H. Ruh, Unternehmensbewertung von Krankenhäusern, 2006, S. 216) das künftige Angebot geplant werden. Die Anzahl der Patienten im Einzugsgebiet setzt sich aus den Zielgruppen Privatpatienten, gesetzlich Versicherte mit Zusatzversicherungen und Selbstzahlern zusammen. Je nach Zusammensetzung im Einzugsgebiet fällt der Anteil der Wahlleistungen am Gesamterlös oft erheblich unterschiedlich aus.

Bei der Plausibilisierung der Planwerte ist die notwendige Kapazität mit der vorhandenen Kapazität abzugleichen. Gegebenenfalls sind weitere Investitionen notwendig, denen ein Kosten-Nutzen-Kalkül vorausgeht.

Weitere Erlöse und sonstige betriebliche Erträge

Hierunter fallen insbesondere **Erlöse aus ambulanten Leistungen** (z.B. Notfallambulanz, Institutsambulanzen), **Nutzungsentgelte der liquidationsberechtigten Ärzte, Zuweisungen und Zuschüsse der öffentlichen Hand** (z.B. Zuschüsse für Zivildienstleistende, Eingliederungszuschüsse für Arbeitslose, Zuschüsse für Altersteilzeitbeschäftigte, Zuschüsse als Akademisches Lehrkrankenhaus (Aufzählung aus H. Ruh, Unternehmensbewertung von Krankenhäusern, 2006, S. 222), Erlösausgleiche sowie übrige Erträge. Zu den übrigen Erträgen zählen Erstattungen des Personals, Sonstige Kostenerstattungen, Erträge aus Nebenbetrieben, z.B. Cafeteria, Kiosk, Vermietung von Räumen/Gebäuden.

Die aufgezählten weiteren Erlöse und übrigen Erträge machen oft nur einen geringen Anteil am Gesamterlös aus, sodass der Bereich bei der Planung vernachlässigbar ist oder zumindest angelehnt an Vergangenheitswerte unter Berücksichtigung aktueller Tatbestände, wie wirtschaftliche Lage, demografische Entwicklung im Einzugsgebiet, Haushaltspolitische Entwicklungen der öffentlichen Hand.

Hat das Krankenhaus **Erträge aus Nebenbetrieben** in nicht unbeachtlicher Höhe, so sind dessen Umsätze analog der bisherigen Umsätze unter Hinzurechnung realistischer Steigerungspotenziale zu planen.

7.2.2.2 Planung der Aufwendungen

Bei der **Planung der Aufwendungen** kann unter Umständen das Setzen bestimmter Prämissen hilfreich werden. So bietet es sich an eine Kosten-Erlös-Relation aufzustellen, soweit diese in der Vergangenheit eine konstante Entwicklung gezeigt hat. Nicht zu vernachlässigen sind die Preissteigerungen auf dem Beschaffungsmarkt. Konnten diese jedoch in der Vergangenheit durch Preissteigerungen im Absatzmarkt gedeckt werden, würde das kaum eine Rolle spielen. Allerdings kann man diese Rechnung für den Krankenhausmarkt der Vergangenheit kaum aufstellen, auch wenn die Berechnung der DRG kostenbezogen erfolgt.

Der wesentliche Kostenblock im Krankenhaus ist der Personalaufwand, mit derzeit durchschnittlich rund 62 %. Die übrigen Kosten, die im Wesentlichen unter den Materialkosten ausgewiesen werden, schlagen anteilig mit 36,2 % zu Buche. Die folgende Tabelle zeigt den Anteil der wesentlichen Kostenblöcke von Krankenhäusern an den Brutto-Gesamtkosten.

Brutto-Gesamtkosten nach Kostenarten (Quelle: J. Klauber/B.-P. Robra/H. Schellschmidt, Krankenhaus-Report 2008/2009, (2009), S. 270 f.)

Kostenart[1)]	**Anteil an den Brutto-Gesamtkosten in %**	**Veränderung der absoluten Werte zum Vorjahr in %**
Personalkosten insgesamt	**62,3**	**0,6**
Ärztlicher Dienst	16,2	3,0
Pflegedienst	21,0	- 0,9
Medizinisch-technischer Dienst	8,4	0,1
Funktionsdienst	6,0	1,3
Klinisches Hauspersonal	0,7	- 6,2
Wirtschafts- und Versorgungsdienst	2,7	– 4,2
Technischer Dienst	1,3	- 0,7
Verwaltungsdienst	4,1	0,5
Sonderdienste	0,3	- 1,3
Sonstiges Personal	0,5	0,9
Nicht zurechenbare Personalkosten	1,2	15,9
Sachkosten insgesamt	**36,2**	**5,9**
Lebensmittel	2,0	5,3
Medizinischer Bedarf	17,2	5,2

Kostenart[1)]		Anteil an den Brutto-Gesamtkosten in %	Veränderung der absoluten Werte zum Vorjahr in %
dar.:	Arzneimittel	4,1	5,6
	Blut, Blutkonserven und -plasma	1,0	4,8
	Verband-, Heil-, Hilfsmittel	0,4	1,2
	Ärztliches und pflegerisches Verbrauchsmaterial, Instrumente	1,9	5,4
	Narkose- und sonstiger OP-Bedarf	2,0	4,0
	Laborbedarf	1,4	– 0,1
Wasser, Energie, Brennstoffe		2,5	10,8
Wirtschaftsbedarf		3,5	3,4
Verwaltungsbedarf		2,3	6,2
Zentrale Verwaltungsdienste		0,8	– 0,2
Zentrale Gemeinschaftsdienste		0,3	19,9
Versicherungen und sonstige Abgaben		1,0	3,8
Pflegesatzfähige Instandhaltung		4,4	4,7
Wiederbeschaffte Gebrauchsgüter		0,1	– 0,1
Sonstiges		2,1	16,5

1) Es ist kein Vergleich mit den Kosten der Jahre 1996 bis 2001 möglich, da ein anderes Kostenermittlungsprinzip (Nettoprinzip) zugrunde liegt. Nur bereinigte Kosten können über den Wechsel unterschiedlicher Kostenermittlungsprinzipien hinaus verglichen werden.

Personalaufwand

Zur **Schätzung des Personalaufwandes** dient in erster Linie als Bemessungsgrundlage der Personalbestand am Bewertungsstichtag (vgl. WP Handbuch 2008, Band II, 13. Auflage, S. 93). Beschlossene oder künftige Veränderungen im Personalbestand sind zu berücksichtigen. Die durchschnittliche Zusammensetzung eines Krankenhauses in Deutschland zeigt die folgende Abbildung 22.

Den größten Anteil an den Personalkosten haben der Pflegedienst (37,8 %), das Ärztliche Personal (15,6 %) und der Medizinisch-Technische-Dienst (15,5 %).

Die **Planung des Personalaufwands** bedarf einer detaillierten Planung der Vollkräfte je Dienstart und Fachabteilung, die sich einerseits am Personalbestand bei Übernahme orientiert und anderseits das künftige Leistungsspektrum berücksichtigt. Bei dieser Personalbedarfsplanung sind mögliche Umstrukturierungsmaßnahmen sowie Restrukturierungspotenziale zu berücksichtigen.

Ein verlässliches Mengengerüst ist entsprechend mit den **Lohnkosten je Dienstart** zu bewerten. Diese umfassen im Wesentlichen die Brutto-Löhne und Gehälter, die Sozialversiche-

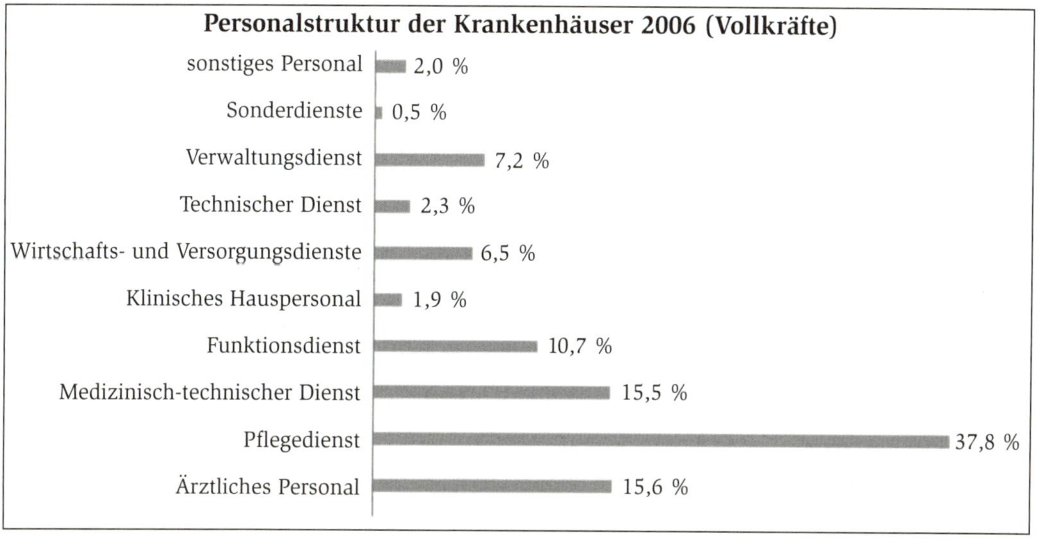

Abb. 22: Personalkostenstruktur des Jahres 2006 (vgl. Statistisches Bundesamt (Hrsg.), Grunddaten der Krankenhäuser, Fachserie 12, Reihe 6.1.1. – 2006 (2007))

rungsbeiträge sowie die Beiträge zur Altersversorgung. In den meisten Fällen sind öffentliche Tarifverträge oder Haustarifverträge vorhanden.

Positive Effekte können durch **Ausgründungen** erreicht werden, die ggf. günstigere Personalkosten bedingen. Zusätzliche Kosten aus Abfindungen, Arbeitsplatzgarantien und der Übernahme von Tarifverträgen müssen geplant werden.

Für die Planung der Personalkosten sind in der Detailplanungsphase Annahmen über Steigerungsraten zu treffen. Bei öffentlichen Tarifverträgen sind diese durch **Festschreibung von Gehaltssteigerungen** aufgrund der Zugehörigkeit zum Betrieb ableitbar.

Sollten **Pensionsverpflichtungen** bestehen, ist der für die Planung anzusetzende jährliche Aufwand aus der Veränderung der jährlich zu ermittelnden Pensionsrückstellung abzuleiten. Diese ist mit dem Barwert der laufenden Pensionszahlungen sowie bereits erdienter Anwartschaften zu bewerten. Da die Berechnung der Pensionsrückstellung in den meisten Fällen durch ein versicherungsmathematisches Gutachten erfolgt, kann die Fortentwicklung der Rückstellung für die Planung z.T. mit erheblichem Aufwand verbunden sein. Der IDW schlägt deshalb vor durch einen Versicherungsmathematiker einen Prozentsatz, der eine durchschnittliche jährliche Belastung gekoppelt an die Lohn- und Gehaltssumme ausdrückt, ermitteln zu lassen, der dann in der Planungsrechnung auf die Lohn- und Gehaltssumme aufgeschlagen wird (vgl. WP Handbuch 2008, Band II, 13. Auflage, S. 95).

Materialaufwand

Es ist empfehlenswert die Materialkosten in Abhängigkeit von den Krankenhauserlösen zu planen. Der **medizinische Bedarf** ist von den Krankenhausleistungen abhängig. So könnte unter Zuhilfenahme gebildeter Kennzahlen der Vergangenheit, wie z.B. Medizinischer Bedarf je Fall etc., die künftige Kostenstruktur analog geplant werden. Preissteigerungen sind auch hier möglichst realistisch zu schätzen und in Form von Steigerungsraten in die Planung zu integrieren.

Kostenpositionen wie **Wirtschaftsbedarf, Lebensmittel und bezogene Leistungen** sind auslastungsabhängig und könnten beispielsweise in Bezug zu den Belegungstagen geplant werden (vgl. H. Ruh, Unternehmensbewertung von Krankenhäusern, 2006, S. 227).

Aufwand für Wasser, Energie und Brennstoffe besteht zum überwiegenden Teil aus Fixkosten, unabhängig von bestimmten Leistungsmengen, wobei Wasser und Energie bezüglich des Verbrauchs in gewissem Umfang auch einen variablen Anteil besitzen. Die Differenzierung in fixe und variable Kosten ist eher schwierig. Aus diesem Grund könnte der aktuelle Verbrauch als Ausgangsgröße herangezogen werden, der mit den künftig zu erwartenden Preisen zu bewerten ist.

Untersuchungen der Vergangenheit haben ergeben, dass die **jährliche Steigerungsrate der Sachkosten** einen Prozentpunkt über der Entwicklung der Verbraucherpreise liegt (vgl. H. Ruh, Unternehmensbewertung von Krankenhäusern, 2006, S. 228).

Fördermittelergebnis

Wie bei den Erläuterungen zur Analyse des Jahresabschlusses beschrieben werden sämtliche aus Förderungen beruhende Geschäftsvorfälle buchhalterisch so abgebildet, dass das Ergebnis stets ausgeglichen ist. Für die künftige Planung der Erträge und Aufwendungen, werden fördermittelbezogene Sachverhalte nicht geplant. Eine Ausnahme bildet die **Planung der künftigen Fördermittelquote im Rahmen der Finanzbedarfsplanung**.

Abschreibungen

Zu planen sind die **Abschreibungen auf aus Eigenmitteln finanziertem Anlagevermögen**. Hierfür ist ein **Investitionsplan** aufzustellen und Annahmen über künftige Förderquoten zu treffen, um den Eigenanteil zu bemessen. Wegen weiterer Ausführungen hierzu s. Kapitel 7.2.2.3.

Sonstige betriebliche Aufwendungen

Zu den wesentlichen Kostenpositionen gehören in diesem Bereich die Verwaltungskosten, Kosten für zentrale Dienstleistungen sowie die Instandhaltungsaufwendungen.

Die **Planung der Instandhaltungskoste**n sind mit der Altersstruktur vorhandenen Anlagevermögens sowie mit dem Investitionsplan in Einklang zu bringen. Die Bewertung orientiert sich an aktuellen Preisen zuzüglich Preissteigerungsraten.

Bei der **Planung der Verwaltungskosten und Kosten für zentrale Dienstleistungen** ist zu berücksichtigen, dass diese bei Aufnahme des Krankenhauses in einen Konzernverbund durch Leistungssynergien meistens erheblich gesenkt werden können (vgl. H. Ruh, Unternehmensbewertung von Krankenhäusern, 2006, S. 231).

Finanzergebnis

Zinserträge bzw. Zinsaufwendungen hängen maßgeblich von der **Finanzbedarfsplanung** ab. Hierdurch entsteht ein Zirkulationsproblem, da Zinsen das Jahresergebnis beeinflussen und damit auch den Kapitalausweis in der Bilanz verändern. Gelöst wird dieses Problem mit einer sog. iterativen Berechnung. Wegen weiterer Einzelheiten s. Kapitel 7.2.2.3.

Steueraufwand

Hinsichtlich der Höhe der anzusetzenden Steuern s. Kapitel 6.3. Je nach Umfang der Steuerpflicht/Steuerermäßigung ist auf Ebene der Krankenhausgesellschaft die anfallende **Ertragsteuerbelastung** zu berechnen.

Einmalige Steuereffekte treten durch die **Grunderwerbsteuer**, die bei der Veräußerung von Grundstücken anfällt, auf. Bei dem meist nicht unerheblichen Immobilienvermögen von Krankenhäusern ist das eine nicht zu unterschätzende Größe. Außerdem sind Steueraufwendungen zu berücksichtigen, wenn der Käufer eines gemeinnützigen Krankenhauses die Gemeinnützigkeit aufgeben möchte, die dann durch Nachversteuerung der letzten zehn Jahre entstehen.

Neben der Planung von Ertragssteuern fallen auch sonstige Steuern an, wie **Kfz-Steuer** oder **Grundsteuer**, wenn keine Grundsteuerbefreiungstatbestände vorliegen.

Vorgenannte Überlegungen gelten im Grunde nur für die nahe Planungsphase (**Detailplanungsphase**). Die Planung der ewigen Rente (**Rentenphase**) erfolgt in der Praxis in der Regel durch Fortschreibung der letzten Detailplanungsperiode. Mengen- und strukturbedingtes Wachstum der finanziellen Überschüsse wird – auf Basis der dann erreichten Kapitalausstattung – pauschal durch den Wachstumsabschlag im Kapitalisierungszinssatz berücksichtigt (Ermittlung des Kapitalisierungszinssatzes, dazu s. Kapitel 7.2.3.1).

Nach detaillierter Planung der einzelnen Erträge und Aufwendungen könnten beispielsweise die Detailplanungsphase sowie die ewige Rente folgendes Aussehen vor Zinsen und Steuern haben.

Ergebnisplanung eines Krankenhauses					
	Detailplanungsphase				
Jahr	**Planjahr 1 T€**	**Planjahr 2 T€**	**Planjahr 3 T€**	**Planjahr 4 T€**	**Ewige Rente T€**
Umsatzerlöse	40.000	41.599	42.846	44.130	44.130
Krankenhauserlöse	38.880	40.435	41.648	42.898	42.898
Ambulante Leistungen	1.000	1.040	1.071	1.103	1.103
Sonstiges (Wahlleistungen, etc.)	20	21	21	21	21
Nutzungsentgelte	100	103	105	107	107
Sonstige betriebliche Erträge	100	100	100	100	100
Ertrag vor Steuern und Zinsen	**40.100**	**41.699**	**42.946**	**44.230**	**44.230**
Personalaufwand	– 24.400	– 25.010	– 25.635	– 26.276	– 26.276
Materialaufwand	– 13.200	– 13.464	– 13.733	– 14.008	– 14.008
Sonstiger betrieblicher Aufwand	– 800	– 816	– 832	– 849	– 849
Aufwand vor Steuern und Zinsen	**– 38.400**	**– 39.290**	**– 40.201**	**– 41.133**	**– 41.133**
Abschreibungen eigenfinanziert	– 50	– 50	- 50	– 50	– 50
Operatives Ergebnis vor Steuern und Zinsen	**1.650**	**2.359**	**2.695**	**3.047**	**3.047**

7.2.2.3 Erstellung eines Finanzplans

Die Finanzbedarfsplanung hat zum Ziel die Zinsergebnisse für die einzelnen Planperioden abzuleiten. In die Finanzplanung fließen insbesondere die **Planung künftiger Investitionen** sowie Annahmen über **Finanzierungsquellen** ein. Die **Finanzbedarfsrechnung** erfasst alle künftige Auszahlungen und alle künftigen Einzahlungen. Es bietet sich an die **Finanzbedarfsplanung** in der Struktur einer **Kapitalflussrechnung** aufzustellen.

Die **Planung der Abschreibungen** beinhaltet einerseits die Abschreibung auf die Buchwerte der in der Vergangenheit angeschafften Anlagegüter und andererseits diejenigen, die aus den künftigen Investitionen resultieren. Die Abschreibungen berechnen sich aus den bilanziell unterstellten betriebsgewöhnlichen Nutzungsdauern der im Investitionsplan enthaltenen künftigen Anschaffungen. Die Abschreibung der Restbuchwerte zu Beginn der Detailplanungsphase könnte über eine durchschnittliche Restnutzungsdauer verteilt werden.

Der **aufzustellende Investitionsplan für die Detailplanungsphase** sollte zwischen Erweiterungs- sowie Ersatz- und Rationalisierungsinvestitionen unterscheiden (vgl. WP Handbuch 2008, Band II, 13. Auflage, S. 96). Der Investitionsbedarf in Krankenhäusern ist in der Regel enorm hoch, da sich in den vergangenen Jahren ein erheblicher Investitionsstau aufgebaut hat. Im Rahmen der Bilanzanalyse (siehe Kapitel 7.2.1.3.1) wird die Zusammensetzung des Anlagevermögens und dessen Altersstruktur bereits untersucht, sodass der Investitionsbedarf darauf aufbauend ermittelt werden kann.

Für die **Phase der ewigen Rente** sind die nachhaltigen jährlichen Ausgaben als sog. nachhaltige, konstante Reinvestitionsrate anzusetzen (vgl. WP Handbuch 2008, Band II, 13. Auflage, S. 96). Dabei werden nur noch Ersatzinvestitionen berücksichtigt.

Für die in einem Krankenhaus zu planenden Investitionen ist eine Vorüberlegung bezüglich der Fördermittelquote für öffentliche Zuwendungen zu Investitionen in das Anlagevermögen anzustellen. Aus der Höhe des geplanten Fördermittelanteils ergibt sich als Residualgröße der **Eigenanteil für Investitionsausgaben**. Nur diese werden in die Finanzbedarfsplanung integriert.

Zur **Schätzung der Förderquote** dienen als Ausgangspunkt bereits vorliegende Fördermittelbescheide. Für künftige Förderungen sind solche Investitionen aus dem Investitionsplan einzubeziehen, für die die Förderungsfähigkeit als wahrscheinlich gilt.

Neben der **Fördermittelfinanzierung** steht die Frage weiterer **Finanzierungsquellen**, wie **Fremdkapital**. Abzuleiten sind demnach das Verhältnis von Eigen- und Fremdkapital zum Gesamtkapital. Die Kapitalstruktur hat bei den Gesamtbewertungsverfahren (Ertragswert- und DCF-Verfahren) eine wesentliche Bedeutung. Die Kapitalstruktur wird in der Praxis im Kapitalisierungszinssatz abgebildet (vgl. Kapitel 7.2.3.1).

Im Finanzbedarfsplan sind die **Ausgaben zur Tilgung von Fremdkapital** zu planen. Dabei ist zu beachten, dass auch Krankenhäuser sich dem **Ratingverfahren der Eigenkapitalrichtlinien der Banken (Basel II)** unterziehen müssen. Gegebenenfalls sollten auch Überlegungen zu Umschuldungen geprüft werden (vgl. H. Ruh, Unternehmensbewertung von Krankenhäusern, 2006, S. 231).

Für die **Fremdkapitalkosten** ist ein **Fremdkapitalzins** zu unterstellen, der durch den künftigen Träger an dessen Fremdkapitalgeber zu leisten ist. Die Fremdkapitalkosten für bestehende Darlehen werden gesondert geplant.

Beispielhaft für eine Finanzbedarfsplanung dient folgende vereinfachte Darstellung. Ausgangspunkt ist der **Liquiditätsbestand zum Beginn der Detailplanungsphase.** Der Liquiditätsbestand erhöht/vermindert sich um das jährliche Jahresergebnis vor Steuern zuzüglich/

abzüglich der Planansätze zu Abschreibungen, Investitionen, Kredittilgung, Ausschüttungen an Anteilseigner sowie Unternehmenssteuern.

Die **Höhe der Ausschüttung** unterliegt einer im Vorfeld festzulegenden Ausschüttungsprämisse. Diese erfolgt in der Regel aufgrund eines am Bewertungsstichtag vorliegenden dokumentierten Unternehmenskonzeptes. Die Ausschüttung wird im Rahmen der Bewertung am ausschüttbaren Gewinn (Jahresergebnis nach Unternehmenssteuern) bemessen.

Die **durchschnittliche Liquidität einer Planperiode** wird dann entweder mit einem üblichen Guthabenzinssatz (im Beispiel 3,5 %) oder mit einem Fremdkapitalzins (im Beispiel 5 %) verzinst.

Beispiel einer Finanzbedarfsplanung					
	Detailplanungsphase				Ewige Rente
Jahr	Planjahr 1 T€	Planjahr 2 T€	Planjahr 3 T€	Planjahr 4 T€	T€
Liquidität 01.01.	**3.000**	**3.217**	**3.677**	**4.255**	**4.959**
Jahresüberschuss vor Steuern	1.709	2.430	2.784	3.159	3.207
Abschreibungen	50	50	50	50	50
Investitionen	- 400	- 400	- 400	- 400	- 50
Erhöhung Umlaufvermögen	0	0	0	0	0
Kredittilgung	- 8	- 9	- 9	- 10	- 27
Ausschüttungen	- 863	- 1.227	- 1.406	- 1.596	- 1.620
Unternehmenssteuern	- 270	- 385	- 441	- 500	- 508
Unter- bzw. Überdeckung	**217**	**459**	**578**	**704**	**1.053**
Liquidität 31.12.	**3.217**	**3.677**	**4.255**	**4.959**	**6.012**
Durchschnittliche Liquidität	3.109	3.447	3.966	4.607	5.485
Zinsen auf den Durchschnittsbestand	**109**	**121**	**139**	**161**	**192**

7.2.2.4 Plausibilisierung der Planungsrechnungen

Die aufgestellten Ertrags-, Bilanz- und Finanzplanungen und die für diese gesetzten Prämissen sind zu plausibilisieren. Getroffenen Annahmen sind zu hinterfragen und falls unplausibel entsprechend zu modifizieren. Die einzelnen Planungsergebnisse sind aufeinander abzustimmen. Bilanz, Gewinn- und Verlustrechnung sowie Finanzbedarfsplanung sind untrennbar miteinander verbunden (vgl. WP Handbuch 2008, Band II, 13. Auflage, S. 57), z.B. resultieren aus geplanten Neukapitalaufnahmen entsprechende Änderungen bei den Zinsaufwendungen und geplante Neuinvestitionen verändern die Höhe der Abschreibungen. Außerdem führen Neuinvestitionen soweit mit Fremdkapital finanziert ebenfalls zu entsprechenden Zinsergebnissen. Zudem ändert sich unter Umständen die Höhe der notwendigen Instandhaltungsmaßnahmen.

Jede Änderung einer Planzahl führt in der Regel zu Folgeänderungen. Im Rahmen der Plausibilisierung ist zu untersuchen, ob alle entsprechenden Auswirkungen einer Planannahme entsprechend im Gesamtplanwerk berücksichtigt wurden. In der Praxis werden die einzelnen **Teil-**

planungen mit Hilfe von Datenverarbeitungsprogrammen so miteinander verknüpft, dass die Änderung einer Planprämisse alle übrigen damit zusammenhängenden Planwerte mit ändert.

Für das Ertragswertverfahren spielt bei der Plausibilisierung der Planungsrechnungen insbesondere die Analyse **der Planung der Gewinn- und Verlustrechnung** eine wesentliche Rolle. Die Entwicklung der jeweiligen Erlös- und Aufwandsposten im Zeitablauf muss nachvollziehbar und begründbar sein (vgl. WP Handbuch 2008, Band II, 13. Auflage, S. 57).

In einem ersten Untersuchungsschritt bedient man sich der Hinzuziehung der **Vergangenheitswerte**. Die jeweilige geplante Entwicklung eines Postens sollte zur Entwicklung des Postens in der Vergangenheit passen. Die oben vorgestellten Analysemethoden zum Jahresabschluss, insbesondere die Kennzahlenbildung, lassen sich gut auf die Planwerke anwenden. Die Entwicklung der jeweiligen Kennzahlen im Zeitablauf ist eine angenehme Vergleichsmethode, um wesentliche Abweichungen auf schnellen Blick erkennbar zu machen.

Festgestellte Abweichungen, z.B. bei den angesetzten Steigerungsraten, die in einem ersten Moment unplausibel erscheinen, müssen begründet werden. Die Planwerte sollten durch geeignete Unterlagen herleitbar sein. Hierzu dienen Geschäftspläne, Gesellschafterbeschlüsse oder sonstige Geschäftsunterlagen, aus denen beispielsweise gewisse Erweiterungsmaßnahmen im Leistungsspektrum bereits sicher geplant oder sogar eingeleitet wurden.

Neben der Plausibilisierung anhand der Vergangenheitsentwicklung steht in einem zweiten Untersuchungsschritt der **Abgleich mit der Markt- und Umweltentwicklung**. Die Planzahlen werden hierbei mit der allgemeinen Entwicklung der Branche, hier dem Krankenhausmarkt, sowie – soweit Unterlagen verfügbar – mit der Entwicklung direkter Konkurrenten verglichen. Weichen die Planzahlen erheblich von der Marktentwicklung ab, so sind hierfür plausible Begründungen festzuhalten oder ggf. die Planwerte anzupassen.

Besondere Entwicklungstendenzen sind nach bestimmten Entscheidungen im Gesundheitssektor zu erahnen. So war es nicht überraschend gewesen, dass sich nach Einführung der DRG-Vergütung die Ausrichtung auf den ambulanten Bereich bei den Krankenhausgesellschaften verstärkt hat. Die Umsetzung in Form der Integrierten Versorgung oder der Gründung von Medizinischen Versorgungszentren sind beispielweise sich daraus ergebenden Folgewirkungen.

Der für das Ertragswertverfahren aufzustellende **Finanzplan** ist daraufhin zu untersuchen, ob der künftige Finanzbedarf durch **Thesaurierungen** oder **Fremdkapitalaufnahme** gedeckt werden (vgl. WP Handbuch 2008, Band II, 13. Auflage, S. 57) kann. Finanzierungsfragen bestehen auch darin, ob beispielsweise die Fremdkapitalgeber in ausreichendem Maße vorhanden wären.

Die Ertragsplanung im oben genannten Beispiel ergeben folgende angesetzte Steigerungsraten sowie folgende Kennzahlen. Da es sich um ein fiktives Krankenhaus handelt, werden keine Plausibilisierungsaussagen getroffen.

Kennzahlen zur Ertragsplanung					
	Detailplanungsphase				**Ewige Rente**
Jahr	**Planjahr 1**	**Planjahr 2**	**Planjahr 3**	**Planjahr 4**	
Veränderungsrate Erlöse in %		4,00	3,00	3,00	0,00
Veränderungsrate sonstige betriebliche Erträge in %		0,00	0,00	0,00	0,00

	Detailplanungsphase				Ewige Rente
Jahr	**Planjahr 1**	**Planjahr 2**	**Planjahr 3**	**Planjahr 4**	
Veränderungsrate Personalaufwand in %		2,50	2,50	2,50	0,00
Veränderungsrate Materialaufwand in %		2,00	2,00	2,00	0,00
Veränderungsrate sonstiger betrieblicher Aufwand in %		2,00	2,00	2,00	0,00
Umsatzrendite	4 %	6 %	6 %	7 %	7 %
Personalquote in % (Anteil an Erlösen)	61,00	60,12	59,83	59,54	59,54
Materialquote in % (Anteil an Erlösen)	33,00	32,37	32,05	31,74	31,74
Anteil Personalkosten an Gesamtkosten	63,54	63,65	63,77	63,88	63,88
Anteil Materialkosten an Gesamtkosten	34,38	34,27	34,16	34,06	34,06

7.2.3 Berechnung des Ertragswertes

Auch wenn für diese Ausführungen auf die Darstellung einer **Planbilanz** verzichtet wurde, ist anzumerken, dass diese untrennbar mit der Ertrags- und Finanzplanung verbunden ist. Die Bilanzansätze sind analog der übrigen Planansätze fortzuentwickeln.

Die künftig anfallenden finanziellen Überschüsse aus der Detail- und Rentenphase ergeben sich aus dem Zusammenspiel der aufgestellten Einzelplanungsrechnungen.

Zu beachten ist, dass das aus der Finanzplanung ermittelte Zinsergebnis in das Jahresergebnis der Ertragsplanung einfließt und umgekehrt das Jahresergebnis in die Finanzplanung. Dieses Abhängigkeitsverhältnis muss über eine iterative Berechnung gelöst werden.

Aus den Einzelplanungen (Bilanz, Gewinn- und Verlustrechnung sowie Finanzplan) berechnen sich für die oben dargestellten Beispiele folgende Jahresergebnisse nach Zinsen, vor Steuern und Ausschüttung.

Ergebnis der Erlös- und Aufwands- sowie Finanzplanung					
	Detailplanungsphase				Ewige Rente T€
Jahr	**Planjahr 1 T€**	**Planjahr 2 T€**	**Planjahr 3 T€**	**Planjahr 4 T€**	
Umsatzerlöse	**40.000**	**41.599**	**42.846**	**44.130**	**44.130**
Krankenhauserlöse	38.880	40.435	41.648	42.898	42.898
Ambulante Leistungen	1.000	1.040	1.071	1.103	1.103
Sonstiges (Wahlleistungen, etc.)	20	21	21	21	21
Nutzungsentgelte	100	103	105	107	107

Jahr	Detailplanungsphase				Ewige Rente T€
	Planjahr 1 T€	Planjahr 2 T€	Planjahr 3 T€	Planjahr 4 T€	
Sonstige betriebliche Erträge	100	100	100	100	100
Ertrag vor Steuern und Zinsen	**40.100**	**41.699**	**42.946**	**44.230**	**44.230**
Personalaufwand	- 24.400	- 25.010	- 25.635	- 26.276	- 26.276
Materialaufwand	- 13.200	- 13.464	- 13.733	- 14.008	14.008
sonstiger betrieblicher Aufwand	- 800	- 816	- 832	- 849	- 849
Aufwand vor Steuern und Zinsen	**- 38.400**	**- 39.290**	**- 40.201**	**- 41.133**	**- 41.133**
Abschreibungen eigenfinanziert	- 50	- 50	- 50	- 50	- 50
Operatives Ergebnis vor Steuern und Zinsen	**1.650**	**2.359**	**2.695**	**3.047**	**3.047**
Zinserträge auf Betriebsmittel	109	121	139	161	192
Zinsaufwand Darlehen	- 50	- 50	- 49	- 49	- 31
Zinsaufwand auf Betriebsmittel	0	0	0	0	0
Ergebnis gewöhnliche Geschäftstätigkeit	1.709	2.430	2.784	3.159	3.207
Sonstige Steuern	0	0	0	0	0
Jahresergebnis vor Steuern	**1.709**	**2.430**	**2.784**	**3.159**	**3.207**

Für die endgültige Ermittlung des Ertragswertes sind drei wesentliche Aspekte noch zu berücksichtigen. Die folgenden Ausführungen befassen sich mit der Ermittlung des Kapitalisierungszinssatzes, der Berücksichtigung von Steuern sowie der Festlegung von Ausschüttungsannahmen.

7.2.3.1 Ermittlung des Kapitalisierungszinssatzes

Für die **Ermittlung des Unternehmenswertes** (auch Marktwert des Eigenkapitals) wird im Rahmen des Ertragswertverfahrens das Verfahren der Nettokapitalisierung verwendet. Hierzu werden die dem Eigenkapitalgeber zustehenden um Fremdkapitalkosten verminderten finanziellen Überschüsse diskontiert, wobei der für die Abzinsung angesetzte Zinssatz zwei wesentliche Aspekte berücksichtigt. Zum Einen werden **persönliche Steuern** (je nach Typisierung des Anteilseigners) integriert und zum Anderen sollte er die **risikoadjustierte Eigenkapitalkosten eines verschuldeten Unternehmens** widerspiegeln.

Das heißt, der **Kapitalisierungszinssatz** (Eigenkapitalkostensatz) repräsentiert die Rendite aus einer zur Investition in das zu bewertende Unternehmen **adäquaten Alternativanlage** und muss dem zu kapitalisierenden Zahlungsstrom hinsichtlich Fristigkeit, Risiko und Besteuerung äquivalent sein.

Als Ausgangs- bzw. Bezugsgröße für die Bestimmung von Alternativrenditen kommen insbesondere **Kapitalmarktrenditen für Unternehmensbeteiligungen** (in Form eines Aktienportfolios) in Betracht.

Bei der **Ermittlung des Kapitalisierungszinssatzes** bedient man sich verschiedener Modellüberlegungen, insbesondere aus der Kapitalmarkttheorie (vgl. WP Handbuch 2008, Band II, 13. Auflage, S. 103), (siehe hierzu die Ausführungen im Kapitel 4.2.4.2). Die Modelle stellen vereinfachende Annahmen auf, um die Komplexität des realen Kapitalmarktes abstrakt darzustellen. In der Praxis wird hierfür das sog. **CAPM** bzw. unter Einbeziehung der persönlichen Ertragsteuern der Anteilseigner (typisiert) das sog. **Tax-CAPM** herangezogen.

Danach ergibt sich die gesuchte Rendite aus den Parametern **risikoloser Basiszinssatz** vor Steuer/nach Steuern, der **Marktrisikoprämie** vor Steuern/nach Steuern und dem **unternehmensindividuellen Risiko**, abgebildet durch den sog. **Beta-Faktor** (vgl. WP Handbuch 2008, Band II, 13. Auflage, S. 103).

Die **Berechnung des Kapitalisierungszinssatzes unter Berücksichtigung von persönlichen Steuern** setzt sich wie folgt zusammen:

$$r_j = r_f\ (1 - Est) + \beta_j * r_z^{nach\ Steuern}$$

r_j = Nettorendite des Unternehmens j
r_f = risikoloser Basiszinssatz
β_j = unternehmensindividueller Beta-Faktor
r_z^{nSt} = Marktrisikoprämie nach Steuern

Ermittlung des risikolosen Basiszinssatzes

Bei der **Bestimmung des Basiszinssatzes** ist von einem landesüblichen Zinssatz für eine quasi risikofreie Kapitalmarktanleihe auszugehen (vgl. WP Handbuch 2008, Band II, 13. Auflage, S. 104).

Nach dem IDW S 1 kann die Ermittlung des Basiszinssatzes unter Berücksichtigung der Zinsentwicklung der Vergangenheit oder anhand von aktuellen Zinsstrukturkurven erfolgen. Im Falle der **Ableitung von Basiszinssätzen aus Zinsstrukturkurven** für Zwecke objektivierter Unternehmenswerte kann auf die Zinsstrukturkurve für Staatsanleihen abgestellt werden, die als risikoneutral gelten.

Da die **Laufzeit der Staatsanleihen** begrenzt ist, besteht die Notwendigkeit, aus dem Erfordernis der Laufzeitäquivalenz (gleiche Fristigkeit der Alternativanlage) heraus, sog. **fristadäquate Zerobondzinssätze** abzuleiten. Aus der Zinsstruktur am Rentenmarkt (Staatsanleihen) lässt sich der Zusammenhang zwischen den Zinssätzen und Laufzeiten, wie er für Zerobonds ohne Kreditausfallrisiko gelten würde, ableiten.

Aus Objektivierungsgründen werden hierfür die **veröffentlichten Zinsstrukturdaten der Deutschen Bundesbank** verwendet. Dabei handelt es sich um Schätzwerte, die auf der Grundlage beobachteter Umlaufrenditen von Kuponanleihen, d.h. von Bundesanleihen, Bundesobligationen und Bundesschatzanweisungen, ermittelt werden. Zur Glättung kurzfristiger Marktschwankungen sowie möglicher Schätzfehler insbesondere bei den für Unternehmensbewertungen typischerweise relevanten langfristigen Renditen kann es sachgerecht sein, nicht allein die zum Stichtag geschätzten Zerobondrenditen zu verwenden, sondern Durchschnittsgrößen.

Für die **Schätzung der jeweils relevanten Zerobond-Zinssätze** wird auf die von der Deutschen Bundesbank verwendete **Svensson-Methode** zurückgegriffen. Dabei wird der Zinssatz z als die Summe aus einer Konstanten und verschiedenen Exponentialtermen und als Funktion von insgesamt sechs Parametern definiert. Die Berechnungsformel zeigt folgende Zusammensetzung:

$$z(T, \beta, \tau) = \beta_0 + \beta_1 \left(\frac{1 - \exp(-T/\tau_1)}{(T/\tau_1)} \right) + \beta_2 \left(\frac{1 - \exp(-T/\tau_1)}{(T/\tau_1)} - \exp(-T/\tau_1) \right) + \beta_3 \left(\frac{1 - \exp(-T/\tau_2)}{(T/\tau_2)} - \exp(-T/\tau_2) \right)$$

Hierbei bezeichnet z (T, β, τ) den Zinssatz für die Laufzeit T in Jahren als Funktion der zu schätzenden Parametervektoren $\beta = [\beta_0, \beta_1, \beta_2, \beta_3]$ und $\tau = [\tau_1, \tau_2]$ (vgl. WP Handbuch 2008, Band II, 13. Auflage, S. 105). Die sechs geschätzten Parameter können täglich bei der Deutschen Bundesbank abgerufen werden (Download bei der Deutschen Bundesbank, Statistik-, Zeitreihen unter http://www.bundesbank.de/statistik/statistik_zeitreihen.php?open = zinsen).

Es wird empfohlen die vollen letzten 3 Monate vor dem Bewertungsstichtag für die Ermittlung des Basiszinssatzes heranzuziehen. Für den Beispielfall ergeben sich für den Zeitraum 01.09.2008 bis 28.11.2008 die Parameter der Zeitreihendatenbank pro Tag, die in der folgenden Tabelle zusammengestellt sind:

Parameter der Zeitreihendatenbank der Deutschen Bundesbank						
Datum	β_0	β_1	β_2	β_3	τ_1	τ_2
01.09.2008	2,54558	1,96206	17,93813	- 14,94925	8,19925	5,77079
02.09.2008	2,60337	1,89502	30,00000	- 26,70001	7,70920	6,34227
03.09.2008	2,56021	1,96906	29,96799	- 26,94598	7,57927	6,15050
04.09.2008	2,59854	1,95580	30,00000	- 26,91848	7,78219	6,33099
05.09.2008	2,55015	2,03941	19,11968	- 16,67926	7,74514	5,31719
08.09.2008	2,59258	1,97180	30,00000	- 27,04659	7,62794	6,14569
09.09.2008	2,59967	1,98721	29,99418	- 27,22913	7,52732	5,99699
10.09.2008	2,57607	2,02737	29,99220	- 27,37417	7,32222	5,80114
11.09.2008	2,61030	2,01099	28,79882	- 26,20685	7,23487	5,65266
12.09.2008	2,67028	1,92098	26,75741	- 24,00587	7,42409	5,70929
....						
17.11.2008	2,33136	- 0,27461	30,00000	- 23,69771	6,68555	5,27534
18.11.2008	2,29028	- 0,32488	30,00000	- 23,60094	6,70694	5,31887
19.11.2008	2,21693	- 0,29953	30,00000	- 23,41067	7,01226	5,64204
20.11.2008	2,12568	- 0,28727	30,00000	- 23,28578	7,42450	6,06570
21.11.2008	2,04686	- 0,26952	30,00000	- 23,06118	7,68653	6,40975

Datum	β_0	β_1	β_2	β_3	τ_1	τ_2
24.11.2008	2,00439	- 0,28776	30,00000	- 22,85212	7,91145	6,71598
25.11.2008	1,99407	- 0,21789	30,00000	- 22,96920	7,85910	6,66255
26.11.2008	1,82508	0,02662	29,99995	- 23,33594	7,44423	6,27882
27.11.2008	1,76774	0,08322	30,00000	- 23,44320	7,24291	6,07916
28.11.2008	1,71272	0,16658	- 23,72832	30,00000	5,56774	6,77960

Aus diesen Parametern lassen sich die Zinssätze hypothetischer Zerobonds nach dieser Methode in Abhängigkeit von der Laufzeit (von 1 bis 249 Jahren) ermitteln:

Schätzung Zerobond-Zinssätze bei 1–249 Jahre Laufzeit in %														
	Laufzeiten in Jahren													
Datum	1	2	3	4	5	6	7	8	9	10	...	247	248	249
01.09.2008	4,247	4,086	4,001	3,971	3,982	4,019	4,075	4,142	4,214	4,286		2,857	2,856	2,854
02.09.2008	4,270	4,131	4,060	4,038	4,053	4,093	4,149	4,214	4,285	4,355		2,913	2,912	2,911
03.09.2008	4,249	4,076	3,982	3,948	3,957	3,995	4,053	4,122	4,198	4,274		2,869	2,868	2,867
04.09.2008	4,289	4,123	4,032	3,998	4,004	4,038	4,092	4,158	4,230	4,304		2,915	2,914	2,913
05.09.2008	4,211	3,979	3,854	3,807	3,816	3,863	3,933	4,018	4,110	4,202		2,855	2,853	2,852
08.09.2008	4,268	4,082	3,982	3,943	3,950	3,988	4,047	4,119	4,198	4,278		2,907	2,906	2,904
09.09.2008	4,252	4,043	3,928	3,883	3,888	3,929	3,992	4,070	4,156	4,243		2,913	2,912	2,911
10.09.2008	4,237	4,009	3,885	3,837	3,843	3,887	3,956	4,039	4,129	4,220		2,882	2,881	2,880
11.09.2008	4,243	4,010	3,886	3,841	3,853	3,902	3,977	4,065	4,160	4,256		2,913	2,912	2,911
12.09.2008	4,243	4,032	3,921	3,884	3,900	3,952	4,027	4,115	4,210	4,305		2,977	2,976	2,975
....														
17.11.2008	2,127	2,276	2,475	2,700	2,935	3,169	3,393	3,603	3,794	3,966		2,630	2,629	2,627
18.11.2008	2,055	2,218	2,425	2,655	2,893	3,128	3,352	3,561	3,751	3,921		2,588	2,587	2,585
19.11.2008	2,039	2,214	2,422	2,645	2,872	3,095	3,307	3,504	3,685	3,847		2,525	2,524	2,523
20.11.2008	1,984	2,166	2,371	2,585	2,800	3,009	3,208	3,393	3,564	3,718		2,447	2,446	2,444
21.11.2008	1,962	2,167	2,382	2,597	2,808	3,010	3,199	3,375	3,535	3,679		2,374	2,372	2,371
24.11.2008	1,936	2,163	2,389	2,610	2,821	3,020	3,205	3,374	3,527	3,665		2,335	2,333	2,332
25.11.2008	1,983	2,200	2,418	2,633	2,839	3,033	3,214	3,381	3,531	3,667		2,322	2,321	2,319
26.11.2008	2,021	2,210	2,409	2,608	2,802	2,987	3,159	3,317	3,461	3,589		2,137	2,136	2,134
27.11.2008	2,006	2,187	2,381	2,578	2,772	2,957	3,130	3,289	3,433	3,561		2,073	2,072	2,070
28.11.2008	1,980	2,130	2,310	2,505	2,702	2,895	3,077	3,245	3,397	3,531		2,005	2,004	2,003

Zur Glättung kurzfristiger Marktschwankungen sowie möglicher Schätzfehler wird hieraus der jeweilige Mittelwert gebildet und die damit stetige Verzinsung in effektive (jährliche) Zinsen $[\exp(z(T,\beta,\tau))-1]$ übergeleitet. Der Mittelwert steht in der mittleren Zeile, die Effektivverzinsung ist in der letzten Zeile abgebildet.

Ableitung Effektivzinssätze für 1–249 Jahre Laufzeit in %													
Laufzeiten in Jahren													
1	**2**	**3**	**4**	**5**	**6**	**7**	**8**	**9**	**10**	**...**	**247**	**248**	**249**
3,01 %	3,11 %	3,22 %	3,35 %	3,49 %	3,63 %	3,77 %	3,89 %	4,01 %	4,12 %	...	3,47 %	3,47 %	3,47 %
3,06 %	3,16 %	3,27 %	3,40 %	3,55 %	3,69 %	3,84 %	3,97 %	4,10 %	4,21 %	...	3,53 %	3,53 %	3,53 %

Aus dieser Zinsstrukturkurve ist ein barwertäquivalenter über alle Perioden **einheitlicher Basiszinssatz** abzuleiten.

Dafür wird eine gegebene Zahlungsreihe mit den oben aufgeführten periodenspezifischen effektiven Zinssätzen diskontiert. Für die Zahlungsreihe wurde eine typisierte Wachstumsrate von 0,5 % unterstellt. Zu dem hieraus ermittelten Barwert wird dann mithilfe finanzmathematischer Grundsätze der sog. barwertäquivalente auf 0,25 Prozentpunkte gerundete Basiszinssatz berechnet.

Folgende Zahlungsreihe auf der nächsten Seite wurde mit den oben errechneten effektiven Zinssätzen diskontiert und ergab einen Barwert von 2.683.

Der zu dieser Zahlungsreihe ermittelte barwertäquivalente für alle Perioden einheitliche Zinssatz zum 31.12.2008 beträgt 4,0 %.

Zur Diskontierung der geplanten Überschüsse des zu bewertenden Krankenhauses ist der „risikolose" Basiszinssatz zu erweitern um einen Risikozuschlag, der durch die Hinzurechnung der Marktrisikoprämie, unter Berücksichtigung des individuellen Unternehmensrisikos ermittelt wird.

Berücksichtigung des Risikos

Die finanziellen Überschüsse der Zukunft können nicht mit Sicherheit prognostiziert werden. Unternehmerisches Engagement ist stets mit Risiken und Chancen verbunden. Für die Übernahme unternehmerischer Unsicherheit werden Risikoprämien gezahlt. Dabei ist zu berücksichtigen, dass Marktteilnehmer zukünftige Risiken stärker gewichten als zukünftige Chancen (**Risikoaversion**). Unter Berücksichtigung dieser Risikoeinstellung kann Unsicherheit mithilfe zweier Varianten abgebildet werden: Als Abschlag von den finanziellen Überschüssen oder als Zuschlag zum Kapitalisierungszinssatz.

In der Bewertungspraxis werden Risiken über den Kapitalisierungszinssatz abgebildet (sog. **Zinszuschlagsmethode** oder auch **Risikozuschlagsmethode**). Als Risiken werden in der Literatur folgende genannt (Aufzählung nach V. Peemöller, Praxishandbuch der Unternehmensbewertung, 2009, S. 312):

- Operatives Risiko des zu bewertenden Unternehmens, das unvorhersehbare Ergebnisbeeinträchtigungen auf die prognostizierten Überschüsse (z.B. durch Betriebsstörungen, Umstrukturierungen, Haftungsfälle etc.) abbildet.
- Marktrisiken der jeweiligen Branchen- und Umweltsituation, insbesondere Risiken, die aus dem Tätigkeitsfeld stationäre Krankenhausleistungen und dessen wirtschaftlichen Rahmenbedingungen resultieren.
- Unternehmensspezifische Kapitalstrukturrisiko, dessen Höhe von der Gesamtkapitalrendite, dem Verschuldungsgrad und dem Fremdkapitalzins abhängt.
- Fungibilitätsrisiko wegen fehlender Marktgängigkeit ganzer Unternehmen im Vergleich zur Alternativanlage.

Laufzeit	1	2	3	4	5	6	7	8	9	10	...	247	248	249
Finanzieller Überschuss	100,00	100,50	101,00	101,51	102,02	102,53	103,04	103,55	104,07	104,59		341,08	342,78	344,50
Effektiver Zinssatz	3,058 %	3,163 %	3,270 %	3,402 %	3,547 %	3,694 %	3,837 %	3,972 %	4,096 %	4,209 %		3,533 %	3,532 %	3,531 %
Barwertfaktor	0,9703	0,9396	0,9080	0,8748	0,8401	0,8044	0,7683	0,7323	0,6968	0,6621		0,0002	0,0002	0,0002
Barwert	97	94	92	89	86	82	79	76	73	69		0	0	0
Barwert 1 per Stichtag	**2.683**													

Der Risikozuschlag ist markt- und branchenbezogen unter Einbeziehung der individuellen Risikosituation des zu bewertenden Unternehmens/Krankenhauses zu bemessen (vgl. WP Handbuch 2008, Band II, 13. Auflage, S. 107).

Das IDW und auch die internationale Praxis orientiert sich bei der **Ermittlung der Risikozuschläge** am Kapitalmarkt. Nach dem CAPM bzw. Tax-CAPM setzt sich der Risikozuschlag aus der Marktrisikoprämie vor bzw. nach persönlichen Einkommensteuern und dem unternehmensindividuellen **Beta-Faktor als Risikomaß** zusammen (vgl. WP Handbuch 2008, Band II, 13. Auflage, S. 107). Die entsprechende Ermittlung wird an einer späteren Stelle erörtert.

Ermittlung eines individuellen Risikozuschlags ohne Kapitalmarktbezug

Zunächst werden kurz Überlegungen getroffen, wie **Risikozuschläge ohne Kapitalmarktorientierung** ermittelt werden können. Zur Berücksichtigung allgemeiner und unternehmensspezifischer Risiken wird in der Praxis insbesondere hinsichtlich des Grades der Risikoaversion vielfach nur mit Hilfe von Typisierungen ein Risikozuschlag festzulegen sein.

In der Fachliteratur werden hierzu verschiedene Konzepte diskutiert, um abstrakte Risikoabschläge zu ermitteln, ohne exakte Kenntnisse der individuellen Risikonutzenfunktionen zu haben (vgl. WP Handbuch 2008, Band II, 13. Auflage, S. 107).

Für die oben aufgeführten Risikofelder (ohne Kapitalstrukturrisiko) könnten allgemeingültige sowie unternehmensspezifische Fragen entwickelt werden, deren Beantwortung in verschiedenen Ausprägungen erfolgen. Das Ergebnis einzelner Antworten wird unterschiedlich gewichtet. Unter Zuhilfenahme von Durchschnittsgleichungen werden daraus entsprechende Risikozuschläge berechnet.

Folgende Beispiele sollen diese Vorgehensweise verdeutlichen. Die Beispiele beziehen sich auf Möglichkeiten des wirtschaftlichen Risikos, des **Fungibilitätsrisikos** sowie sonstiger spezifischer Risiken des zu bewertenden Unternehmens/Krankenhauses, ohne den Anspruch auf Vollständigkeit oder Allgemeingültigkeit zu erheben.

Für die **Ermittlung der wirtschaftlichen Risiken** können individuelle Fragen herangezogen werden, die die wirtschaftliche Lage des Krankenhauses abbilden sollen. Die folgenden Beispielfragen führen zu einem wirtschaftlichen Risiko von 0,42.

Ermittlung des wirtschaftlichen Risikos				
1.	**Wie ist die aktuelle finanzielle Situation des Unternehmens im Vergleich zum letzten Bilanzstichtag?**			
	viel besser	besser	gleich	schlechter
			x	
2.	**Werden regelmäßig und zeitnah betriebswirtschaftliche Auswertungen erstellt?**			
	ja	überwiegend	zum Teil	nein
	x			
3.	**Existieren Plan-Bilanzen/GuV für die nächsten 2–3 Geschäftsjahre?**			
	ja	überwiegend	zum Teil	nein
	x			
4.	**Wie ist die künftige Entwicklung des Unternehmens – gemessen an der VFE-Lage – anhand der Planzahlen und Prognosen einzuschätzen?**			
	viel besser	besser	gleich	schlechter
			x	
5.	**Wie ist das Bilanzierungsverhalten des Unternehmens?**			
	sehr konservativ	langfristig	neutral	kurzfristig/ progressiv
			x	
6.	**Werden die Planungen/Prognosen unter einer konservativen Berücksichtigung der wirtschaftlichen Rahmenbedingungen erstellt?**			
	ja	überwiegend	zum Teil	nein
	x			
7.	**Sind die Zukunftsprognosen plausibel im Vergleich zu den Einschätzungen anderer Unternehmen der Branche?**			
	ja	überwiegend	zum Teil	nein
	x			
8.	**Wurden Planungen in der Vergangenheit stets eingehalten?**			
	ja	überwiegend	zum Teil	nein
		x		
9.	**Wird die Bonität wichtiger Geschäftspartner vor Vertragsabschluss überprüft?**			
	ja	überwiegend	zum Teil	nein
			x	

Ermittlung des wirtschaftlichen Risikos				
10.	**Verfügen die Kunden, gegenüber denen (große) Forderungen bestehen, über eine gute Bonität?**			
	ja	überwiegend	zum Teil	nein/unbekannt
			x	
11.	**Kam es in letzter Zeit zu Forderungsausfällen?**			
	nein	gering	normal	erheblich
			x	
12.	**Wie beurteilen Sie die Entwicklung anhand der ermittelten Kennzahlen insgesamt im Vergleich zum Vorjahr?**			
	viel besser	besser	gleich	schlechter
			x	
	Ergebnis der wirtschaftlichen Analyse = 0,42			

Für das Fungibilitätsrisiko könnte folgende rechnerische Ermittlung dienen:

Ermittlung des Fungibilitätsrisikos							
Dringlichkeit		**extrem gering**	**sehr gering**	**gering**	**hoch**	**sehr hoch**	**extrem hoch**
Markteffizienz		1	2	3	4	5	6
Extremer Verkäufermarkt	1						
Ausgeprägter Verkäufermarkt	2	x					
Eher Verkäufermarkt	3						
Eher Käufermarkt	4						
Ausgeprägter Käufermarkt	5						
Extremer Käufermarkt	6						
→ Mobilitätsrisiko		0,26					

Für **spezifische Risiken des Krankenhauses** könnten folgende Abfragen erfolgen. Im Beispielsfall wurde ein spezifisches Risiko von 0,11 ermittelt.

Ermittlung des spezifischen Risikos					
Ausprägung		**irrelevant**	**gering**	**mittel**	**groß**
Kriterium		**(entsprechendes bitte ankreuzen)**			
Beschaffungsrisiko					
– Lieferantenprobleme		x			
– Personalprobleme			x		
– Konkurrenzrisiko			x		

Ermittlung des spezifischen Risikos					
Ausprägung		**irrelevant**	**gering**	**mittel**	**groß**
Kriterium		**(entsprechendes bitte ankreuzen)**			
– etc. (bitte ergänzen)					
– etc. (bitte ergänzen)					
Absatzrisiko					
– volatiler Kundenstamm		x			
– schlechte Zahlungsmoral		x			
– Qualitätsprobleme		x			
– hohe Kosten			x		
– etc. (bitte ergänzen)					
– etc. (bitte ergänzen)					
Finanzierungsrisiko					
– unzureichende Pauschalfördermittel			x		
– unterfinanzierte Einzelfördermaßnahme		x			
– fristinkongruente Einzelfördermaßnahme		x			
– langfristige Vermögenswerte kurzfristig finanziert		x			
– Sozialtarifvertrag/Liquiditätsabfluss		x			
– etc. (bitte ergänzen)					

Risikozuschlag anhand Kapitalmarktorientierung

Aufgrund der internationalen Praxis sowie der Vorgaben des IDW den Risikozuschlag durch Rückgriff auf kapitalmarkttheoretische Modelle sowie empirischer Daten zu ermitteln, sollte die oben dargestellte konzeptionelle Ermittlung unternehmensindividueller Risikozuschläge zur Plausibilitätsbeurteilung bzw. zur Anpassung der aus Kapitalmarktdaten ermittelten Risikoprämie herangezogen werden.

Die weiteren Ausführungen beziehen sich auf die **Ermittlung der Marktrisikoprämie aus Kapitalmarktdaten**. Das systematische Anpassungsmaß wird als **Beta-Faktor** bezeichnet. Dabei wird der **durchschnittliche Beta-Faktor einer sog. Peer Group** (Vergleichsunternehmen) herangezogen, der gegebenenfalls aufgrund individueller Besonderheiten des zu bewertenden Krankenhauses angepasst wird.

Marktrisikoprämie

Anhand empirischer Untersuchungen wird eine **Marktrisikoprämie**, die den Unterschiedsbetrag zwischen Renditeerwartung des Marktportfolios und dem prognostizierten Basiszinssatz darstellt, in Höhe von 4,0 % bis 5,0 % vor persönlichen Ertragsteuern bzw. 5 % bis 6 % nach persönlichen Ertragsteuern angenommen.

Die folgende Tabelle zeigt entsprechend ermittelte Marktrisikoprämien. Dabei wurden die **Marktrisikoprämien für die Jahre 1955 bis 2003 auf Grundlage des DAX sowie des C-DAX** sowie eines typisierten persönlichen Ertragsteuersatzes von 35 % unter Zugrundelegung des für den Abzinsungsfall als relevant erachteten arithmetischen Mittels ermittelt (vgl. WP Handbuch 2008, Band II, 13. Auflage, S. 109).

Marktrisikoprämien nach Stehle		
	Vor ESt	**Nach ESt**
C-DAX-Portfoliorendite	12,40 %	11,60 %
REXP-Portfoliorendite	6,94 %	4,50 %
Marktrisikoprämie C-DAX	**5,46 %**	**6,66 %**
DAX-Portfoliorendite	12,96 %	11,54 %
REXP-Portfoliorendite	6,94 %	4,50 %
Marktrisikoprämie DAX	6,02 %	7,04 %

Unternehmensspezifischer Beta-Faktor

Der **Beta-Faktor** (Anpassungsmaß zur Marktrisikoprämie) gibt die Schwankungsbreite (Volatilität) des Kurses einer Aktie oder einer Branche (**Peer Group**) im Verhältnis zum Gesamtmarkt an (vgl. WP Handbuch 2008, Band II, 13. Auflage, S. 110). Der Beta-Faktor ist zukunftsbezogen zu schätzen. In der Praxis dienen zunächst als Ausgangsgröße die Beta-Faktoren der Vergangenheit. Die Berechnung ergibt sich aus der Kovarianz zwischen Aktienrendite des zu bewertenden Unternehmens oder vergleichbarer Unternehmen und der Rendite eines Aktienindex dividiert durch die Varianz des Aktienindex.

Für Krankenhäuser, die börsennotiert sind, ist die Ermittlung für die Vergangenheit unproblematisch. Diese können von verschiedenen Datenbanken abgerufen werden. Beispielhaft genannte werden nachfolgend die Beta-Faktoren (umgerechnet als Ausdruck eines unverschuldeten Unternehmens) für eine ausgewählte Peer Group.

Übersicht Beta-Faktoren (unverschuldet) für börsennotierte Krankenhäuser mit Abrufdatum 28.06.2005 (Quelle: Tabelle gekürzt entnommen aus H. Ruh, Unternehmensbewertung von Krankenhäusern, 2006, S. 291)		
Datum: 26.08.2005		**Beta-Faktor unverschuldet**
Unternehmen	**WKN**	**250 Tage**
Curanum AG	524070	0,43
Eifelhöhen-Klinik AG	565360	0,06
Euromed AG	570680	0,50
Marseille-Kliniken AG	778300	0,10
Maternus-Kliniken AG	604400	0,03
MediClin AG	659510	0,50
Rhön Klinikum AG	704230	0,38
Median		**0,38**

Aufgrund der Vergangenheitsorientierung sind die ermittelten Beta-Faktoren um außergewöhnliche Umstände der Vergangenheit zu bereinigen sowie hinsichtlich künftiger Entwicklungen anzupassen.

Bei der Bewertung eines Krankenhauses stünde an erster Stelle die Berechnung des eigenen Beta-Faktors. Ist das Krankenhaus nicht börsennotiert, kann dieser nicht ermittelt werden. Deshalb behilft man sich in der Praxis damit, den **Median der Beta-Faktoren einer Peer-Group** zu verwenden.

Dazu müssen Beta-Faktoren vergleichbarer Krankenhäuser berechnet werden. Das bedeutet, dass die zusammengestellte Peer-Group insbesondere hinsichtlich Leistungsangebot, Unternehmensgröße und Kapitalstruktur annähernd identisch sein sollte.

Da dies in der Praxis kaum der Fall sein wird, erfolgen individuelle Anpassungen. Die wesentlichste Änderung ergibt sich aus der abweichenden Kapitalstruktur. **Der unternehmensindividuelle Beta-Faktor eines verschuldeten Unternehmens/Krankenhauses** wird dann wie folgt berechnet:

$$\beta^v = \beta^u * \left(1 + \frac{FK_M}{EK_M}\right)$$

mit:

β^v = Betafaktor des verschuldeten Unternehmens
β^u = Beta-Faktor des unverschuldeten Unternehmens
FK_M = **Marktwert** des Fremdkapitals zum 01.01.
EK_M = **Marktwert** des Eigenkapitals zum 01.01.

Die Marktwerte von Eigen- und Fremdkapital sind mithilfe finanzmathematischer Berechnungen zu ermitteln. Hierbei zu beachten, dass durch die Ermittlung des Marktwertes des Eigenkapitals Zirkulationsprobleme entstehen, da diese Werte gerade erst zu ermitteln sind. Die in der Praxis verwendeten Datenverarbeitungsprogramme finden die finanzmathematische Lösung, in denen dieses Problem bereits berücksichtigt ist.

Unter Zugrundelegung der oben dargestellten Planungsrechnungen können unter Berücksichtigung eines Wachstumsabschlages von 0,5 % in der Rentenphase (vgl. bezüglich des Wachstumsabschlages die Erläuterungen zur Ertragsplanung) folgende **Kapitalisierungszinssätze** berechnet werden:

Für die Planjahre zugrunde zulegender Kapitalisierungszinssatz vor Steuern unter Verwendung von Kapitalmarktdaten					
Jahr	**1**	**2**	**3**	**4**	**Rentenphase**
Basiszinssatz	**4,00 %**	**4,00 %**	**4,00 %**	**4,00 %**	**4,00 %**
Marktrisikoprämie (Risikozuschlag)	6,00 %	6,00 %	6,00 %	6,00 %	6,00 %
Betafaktor-Branche (Median)	0,38	0,38	0,38	0,38	0,38
Eigenkapital, Marktwert (in T€)	27.421	28.070	28.481	28.779	
Fremdkapital, Marktwert (in T€)	1.000	992	983	974	
Verschuldungsgrad					21,66 %

Jahr	1	2	3	4	Rentenphase
Individueller Beta-Faktor (verschuldet)	0,394	0,393	0,393	0,393	0,462
Angepasster Risikozuschlag (Beta-Faktor * Marktrisikoprämie)	**2,36 %**	**2,36 %**	**2,36 %**	**2,36 %**	**2,77 %**
Wachstumsabschlag					**0,50 %**
Kapitalisierungszinssatz vor Steuern	**6,36 %**	**6,36 %**	**6,36 %**	**6,36 %**	**6,27 %**

Der **angepasste Risikozuschlag je Planungsperiode** errechnet sich als Produkt aus der Marktrisikoprämie und dem individuellen Beta-Faktor. Der **Kapitalisierungszinssatz für die Rentenphase** wird aus den errechneten Barwerten der Nettozuflüsse für die Eigenkapitalgeber ermittelt. Es handelt sich um den barwertäquivalenten Zinssatz zu dieser Zahlungsreihe.

Das im **Kapitalisierungszinssatz abgebildete Risiko aus den Kapitalmarktdaten** könnte wie oben ausgeführt gegebenenfalls durch individuelle Risikofaktoren des Unternehmens/Krankenhauses ergänzt werden.

Der oben berechnete Kapitalisierungszinssatz könnte unter Zugrundelegung der in der folgenden Tabelle ermittelten Risikofaktoren ergänzt werden.

Zusammensetzung der individuellen Risikofaktoren			
	Risikofaktor	**Marktrisikoprämie**	**Angepasste Risikoprämie**
⇒ Risiko der wirtschaftlichen Analyse (maximal 1)	0,22	5 %	1,10 %
⇒ spezifisches Risiko (maximal 1)	0,11	5 %	0,55 %
⇒ Mobilitätsrisiko	0,26	5 %	1,30 %
Unternehmensindividueller Risikozuschlag			**2,95 %**

Ermittlung Kapitalisierungszinssatz durch Erweiterung um individuelle Risikofaktoren					
Jahr	**1**	**2**	**3**	**4**	**Rentenphase**
Basiszinssatz	**4,00 %**	**4,00 %**	**4,00 %**	**4,00 %**	**4,00 %**
Marktrisikoprämie (Risikozuschlag)	6,00 %	6,00 %	6,00 %	6,00 %	6,00 %
Betafaktor-Branche (Median)	0,38	0,38	0,38	0,38	0,38
Eigenkapital, Marktwert (in T€)	27.421	28.070	28.481	28.779	
Fremdkapital, Marktwert (in T€)	1.000	992	983	974	
Verschuldungsgrad					21,66 %
Individueller Beta-Faktor (verschuldet)	0,394	0,393	0,393	0,393	0,462

Jahr	1	2	3	4	Rentenphase
Angepasster Risikozuschlag (Beta-Faktor * Marktrisikoprämie)	2,36 %	2,36 %	2,36 %	2,36 %	2,77 %
Unternehmensindividueller Risikozuschlag	2,95 %	2,95 %	2,95 %	2,95 %	2,95 %
Wachstumsabschlag					0,50 %
Kapitalisierungszinssatz vor Steuern	9,31 %	9,31 %	9,31 %	9,31 %	9,22 %

7.2.3.2 Berücksichtigung von Steuern

Steuern auf Unternehmensebene

In einem ersten Schritt unterliegen die geplanten künftigen finanziellen Überschüsse der Ertragsteuerbelastung (vgl. Kapitel 6.3).

Krankenhäuser nach § 67 AO sind von der **Gewerbesteuer befreit**. Ansonsten ist der Gewerbeertrag nach den Vorschriften des Gewerbesteuergesetzes zu ermitteln. Für die Höhe der Gewerbesteuer sind zwei Elemente heranzuziehen. Zum Einen der Steuermessbetrag, der sich durch Multiplikation des Gewerbeertrags mit der Steuermesszahl von 3,5 % (§ 11 GewStG) unter Abzug möglicher Freibeträge errechnet, sowie dem Hebesatz der Gemeinde.

Bei Nichtvorliegen der Gemeinnützigkeit fällt Körperschaftsteuer in Höhe von 15 % (§ 23 KStG) und Solidaritätszuschlag in Höhe von 5,5 % (§ 4 SolzG) an. Der kombinierte Steuersatz beträgt 15,83 %.

Die körperschaftsteuerliche Bemessungsgrundlage ist im Wesentlichen nach § 8 KStG zu ermitteln. Für **enthaltene Beteiligungserträge aus Anteilen an Kapitalgesellschaften** gilt § 8b KStG (95 % der Erträge sind steuerfrei). Außerdem ist die **Beschränkung der Abzugsfähigkeit von Zinsaufwendungen nach § 8a KStG** zu beachten.

Die geplanten Überschüsse werden auf Unternehmensebene nach Steuern wie folgt darstellbar sein:

Jährliche Überschüsse nach Unternehmenssteuern					
Jahr	Plan 1	Plan 2	Plan 3	Plan 4	Rentenphase
	T€	T€	T€	T€	T€
Ergebnis vor Steuern	**1.709**	**2.430**	**2.784**	**3.159**	**3.207**
Korrekturen aufgrund steuerlicher Vorschriften	**0**	**0**	**0**	**0**	**0**
– steuerfreie Erträge (z.B. Beteiligungserträge)					
– Beschränkung Zinsabzug					
Steuerliche Bemessungsgrundlage	1.709	2.430	2.784	3.159	3.207
– Gewerbesteuer	0	0	0	0	0
– Körperschaftsteuer	– 256	– 364	– 418	– 474	– 481

Jahr	Plan 1	Plan 2	Plan 3	Plan 4	Rentenphase
	T€	T€	T€	T€	T€
– Solidaritätszuschlag	– 14	- 20	– 23	– 26	– 26
Ergebnis nach Unternehmenssteuern	**1.438**	**2.045**	**2.344**	**2.659**	**2.700**

Besteuerung der Anteilseigner

Die geplanten Ausschüttungen an Anteilseigner unterliegen der Kapitalertragsteuer (§ 43 Abs. 1 Nr. 1 i.V.m. §§ 43a, 44 EStG) von 25 % zuzüglich Solidaritätszuschlag. Der kombinierte Steuersatz beträgt hierfür 26,38 %.

Sofern Anteilseigner natürliche Personen oder Personengesellschaften sind, kann die auf Unternehmensebene anfallende Gewerbesteuer (i.d.R. bei Krankenhäusern = 0) auf die persönliche Ertragsteuer angerechnet werden und zwar mit dem 3,8 fachen des festgesetzten Gewerbesteuermessbetrages (§ 35 EStG).

Werden die Anteile durch die Anteilseigner in dessen Betriebsvermögen gehalten, so gelten die Regelungen als Abgeltungssteuer (§ 43 Abs. 5 i.V.m. § 32d EStG) aufgrund der Vorgaben des § 20 Abs. 8 EStG nicht. In diesen Fällen gelten die Regelungen der § 3 Nr. 40 EStG und (sog. **Teileinkünfteverfahren**). Der kombinierte Ertragsteuersatz – ohne Gewerbesteueranrechnung – beträgt 15,83 % (60 %).

Da die Überschüsse der Kapitalmarktanlage der persönlichen Ertragsbesteuerung der Unternehmenseigner unterliegen, ist auch für die **Diskontierung der nach Ausschüttung verbleibenden Überschüsse der Kapitalisierungszinssatz** um eine typisierte Steuerbelastung zu kürzen.

Für das folgende Beispiel wurde ein typisierter Ertragsteuersatz von 26,38 % angesetzt. Der Kapitalisierungszinssatz berechnet sich dann wie folgt:

Kapitalisierungszinssatz nach typisierter Ertragsteuer unter Berücksichtigung des individuellen Beta-Faktors					
Jahr	**1**	**2**	**3**	**4**	**Rentenphase**
Basiszinssatz	**4,00 %**	**4,00 %**	**4,00 %**	**4,00 %**	**4,00 %**
Marktrisikoprämie (Risikozuschlag)	6,00 %	6,00 %	6,00 %	6,00 %	6,00 %
Betafaktor-Branche (Median)	0,38	0,38	0,38	0,38	0,38
Eigenkapital, Marktwert (in T€)	27.421	28.070	28.481	28.779	
Fremdkapital, Marktwert (in T€)	1.000	992	983	974	
Verschuldungsgrad					21,66 %
Individueller Beta-Faktor (verschuldet)	0,394	0,393	0,393	0,393	0,462
Angepasster Risikozuschlag (Beta-Faktor * Marktrisikoprämie)	**2,36 %**	**2,36 %**	**2,36 %**	**2,36 %**	**2,77 %**

Jahr	1	2	3	4	Rentenphase
Wachstumsabschlag					0,50 %
Kapitalisierungszinssatz vor Steuern	6,36 %	6,36 %	6,36 %	6,36 %	6,27 %
Kapitalisierungszinssatz nach individueller Steuerbelastung	4,68 %	4,68 %	4,68 %	4,68 %	4,62 %

Oben dargestellte Zinssätze stellen Terminzinssätze dar und sind noch entsprechend in sog. **Kassazinssätze** umzurechnen. Für die Rentenphase erfolgt wiederum die barwertäquivalente Ermittlung des Kassazinssatzes aus der Zahlungsreihe der Barwerte der Nettozuflüsse an die Eigenkapitalgeber.

Für die Kapitalisierung der Nettozuflüsse an Eigenkapitalgeber heranzuziehende Kassazinssätze					
Jahr	1	2	3	4	Rentenphase
Kassazinssatz nach individueller Steuerbelastung	4,68 %	4,68 %	4,68 %	4,68 %	4,63 %

7.2.3.3 Berücksichtigung der Ausschüttungsquote

Unter der Prämisse, dass nicht voll ausgeschüttet wird, sondern ein Teil der geplanten Überschüsse thesauriert werden, sind die Annahmen über die **Verwendung der Thesaurierungsbeiträge** zu treffen. In der Praxis wird in der Regel die kapitalwertneutrale Wiederanlage angenommen.

Thesaurierungen führen zu nachhaltig wachsenden Nettozuflüssen an die Anteilseigner. Dieses thesaurierungsbedingte Wachstum wird vereinfachend im Zähler des Bewertungskalküls, d.h. im ausschüttbaren Ergebnis, abgebildet (vgl. WP Handbuch 2008, Band II, 13. Auflage, S. 115).

Hierzu werden die nicht der persönlichen Einkommensteuerbelastung unterliegenden Thesaurierungsbeträge für Bewertungszwecke in jeder Periode unmittelbar dem Anteilseigner (fiktiv) zugerechnet (vgl. WP Handbuch 2008, Band II, 13. Auflage, S. 115).

Sofern diese bereits im Investitionsplan berücksichtigt wurden, ist alternativ nur in der Rentenphase ein Wertbeitrag aus der Thesaurierung (**Thesaurierungsbetrag der Rentenphase**) fiktiv hinzuzurechnen.

Für die in diesem Kapitel beispielhafte Berechnung erfolgt die Berücksichtigung der Thesaurierung durch Wiederanlage der thesaurierten Beträge.

7.2.3.4 Ergebnis aus dem Ertragswertverfahren

Nach Berechnung der Unternehmenssteuern nach den oben beschriebenen Grundsätzen sowie nach Abzug der Ausschüttung berechnet sich der Unternehmenswert für das Musterkrankenhaus mit den oben aufgestellten Planungsrechnungen unter Zugrundelegung des Kapitalisierungszinssatzes nach Steuern wie folgt:

Ergebnis – Ertragswertberechnung						
Jahr		**Plan 1**	**Plan 2**	**Plan 3**	**Plan 4**	**Rentenphase**
		T€	**T€**	**T€**	**T€**	**T€**
Ergebnis vor Steuern		**1.709**	**2.430**	**2.784**	**3.159**	**3.207**
Gewerbesteuer		0	0	0	0	0
Körperschaftsteuer		- 256	- 364	- 418	- 474	- 481
Solidaritätszuschlag		- 14	- 20	- 23	- 26	- 26
Ergebnis nach Unternehmenssteuern		**1.438**	**2.045**	**2.344**	**2.659**	**2.700**
Ausschüttungsquote	60,00 %					
davon Ausschüttung		863	1.227	1.406	1.596	1.620
davon Thesaurierung		575	818	937	1.064	1.080
persönliche ESt Anteilseigner auf Ausschüttung		228	324	371	421	427
Kapitalisierungsgröße		635	904	1.035	1.175	1.193
Kapitalisierungszinssätze		4,68 %	4,68 %	4,68 %	4,68 %	4,63 %
Vervielfältiger		0,95525	0,91252	0,87171	0,83273	20,21665
Barwert Nettoeinkommen		**607**	**824**	**903**	**978**	**24.109**
Ertragswert	**27.421**					

7.2.3.5 Plausibilisierung des Ertragswertes/Sensitivitätsanalyse

Zur **Plausibilisierung des ermittelten Ertragswertes** dienen aus verschiedenen Transaktionsverfahren bekannte Kennzahlen – z.B. Kaufpreis in Prozent der Umsatzerlöse. Diese liegen bei Krankenhäusern der Maximal- und Schwerpunktversorgung bei ca. 70 % des Umsatzes, bei Spezialkliniken tendenziell auch höher. In Einzelfällen wurden auch Kaufpreise von bis zu 130 % des Umsatzes gezahlt.

Für oben genanntes Beispiel beträgt der Unternehmenswert rund 70 % des Umsatzes (bei Umsatzerlösen von 40.000 T€ in der ersten Planungsperiode).

Multiplikatorverfahren

Zur Plausibilisierung der Unternehmenswerte sind Markt- und Vergleichsdaten heranzuziehen. Diese sind zum einen Börsenpreise oder Unternehmenswerte werden mittels sog. **Multiplikatoren** ermittelt.

Anhand dieser Bewertungsmethode wird das zu bewertende Unternehmen in den Vergleich mit Unternehmen ähnlicher operativer und finanzieller Struktur gestellt.

Der Multiplikator ist eine Kennzahl, die aus einer Stromgröße, z.B. Umsatzerlöse, oder einer Bestandsgröße, z.B. Buchwert des Eigenkapitals sowie einer Wertgröße, z.B. Börsenwert oder Transaktionspreis, besteht. Diese Kennzahl repräsentiert das Vielfache, das bei der zugrunde gelegten Transaktion für die betreffende Bezugsgröße bezahlt wurde.

Zahlreiche Transaktionen der vergangenen Jahre (2003 bis 2006) haben gezeigt, dass die **Unternehmenswerte von Krankenhausgesellschaften** stabil um ein Umsatz-Multiple von 1,0 schwanken.

Als weiterer Multiplikator kommt auch der **Enterprise Value/EBITDA (Unternehmenswert im Verhältnis zum Betriebsergebnis vor Abschreibungen)** infrage. Dieser liegt bei Bewertungen von Krankenhausgesellschaften der vergangenen Jahre zwischen 11 und 27.

Sensitivitätsanalyse

Neben den beschriebenen Plausibilitätsuntersuchungen sind auch die sog. **Sensitivitätsanalysen** heranzuziehen. Hierzu werden die bei den Einzelplanungsrechnungen gesetzten Prämissen im Einzelnen verändert und der Unternehmenswert entsprechend neu berechnet.

Entweder stellt sich heraus, dass die Veränderung der Prämissen keine nennenswerte Änderung des Unternehmenswertes bewirkt oder es werden extrem unterschiedliche Werte ermittelt, die die Anpassung der ursprünglichen Berechnung notwendig machen.

7.3 Bewertung des Krankenhauses nach DCF-Verfahren

Nach den **Discounted-Cashflow-Verfahren** wird der Wert eines Unternehmens durch Diskontierung von zukünftigen Cashflows ermittelt. Der IDW unterscheidet dabei drei Berechnungsvarianten der **DCF-Verfahren**:

1. das Konzept der gewogenen Kapitalkosten (Weighted-Average-Cost-of-Capital-Ansatz),
2. das Konzept des angepassten Barwertes (Adjusted-Present-Value-Ansatz) und
3. das Konzept der direkten Ermittlung des Wertes des Eigenkapitals (Equity-Ansatz).

Aufgrund verschiedener Berechnungstechniken unterscheiden sich die einzelnen Verfahren. Nach dem WACC-Ansatz und dem APV-Ansatz bestimmt sich der Marktwert des Eigenkapitals – der eigentliche Unternehmenswert – indirekt als Differenz des Unternehmensgesamtwertes und des Marktwertes des Fremdkapitals (Entity-Ansatz).

Bei dem Equity-Ansatz ermittelt man den Marktwert des Eigenkapitals direkt durch Diskontierung der den Eigenkapitalgebern zustehenden Cashflows. Alle Methoden führen jedoch grundsätzlich zu übereinstimmenden Ergebnissen (vgl. WP Handbuch 2008, Band II, 13. Auflage, S. 124). Im Folgenden wird das Konzept der gewogenen Kapitalkosten (WACC-Ansatz) dargestellt.

7.3.1 Das Konzept der gewogenen Kapitalkosten (WACC-Ansatz)

Grundsätzliches Vorgehen

Der **WACC-Ansatz** ist in der Bewertungspraxis die am weitesten verbreitete DCF-Methode. Er zählt zu den **Verfahren der Bruttokapitalisierung**. Der IDW bezieht sich bei der Ermittlung des Unternehmenswertes nach dem DCF-Verfahren auf die **Free Cashflow-Methode**.

Der Unternehmenswert lässt sich in zwei Schritten ermitteln. Zuerst wird der Marktwert des Gesamtkapitals des Unternehmens berechnet. Die Ausgangsbasis bilden die periodenspezifischen Free Cashflows. Diese werden für die Dauer des Planungszeitraums prognostiziert und mit den gewogenen durchschnittlichen Kapitalkosten diskontiert (vgl. V. Peemöller, 2009, S. 347). Die gewogenen Kapitalkosten beinhalten sowohl gewichtete Eigenkapitalkosten als auch gewichtete Fremdkapitalkosten. Für die Zeit nach dem Planungshorizont wird ein sog. Residualwert oder Restwert angesetzt. Er beinhaltet vereinfachte pauschalisierte Annahmen über die weitere Entwicklung der Free Cashflows. Ist im Unternehmen nicht betriebsnotwendiges Vermögen vorhanden, so wird dieses gesondert bewertet und anschließend zum Unternehmensgesamtwert hinzugerechnet (vgl. V. Peemöller, 2009, S. 69; WP Handbuch 2008, Band II, 13. Auflage, S. 126).

Für den ersten Schritt zur **Ermittlung des Gesamtkapitals** wird folgende Berechnungsformel herangezogen:

$$GK = \sum_{t=1}^{T} \frac{FCF_t}{(1 + WACC)^t} + \frac{RW}{(1 + WACC)^T} + NBV$$

GK Marktwert des Gesamtkapitals
FCF_t erwarteter Free Cashflow der Periode t
T Dauer des Planungszeitraums
t Periodenindex
WACC gewogene durchschnittliche Kapitalkosten
RW Residualwert
NBV Barwert des nicht betriebsnotwendigen Vermögens

In einem zweiten Schritt berechnet man den **Marktwert des Fremdkapitals** durch Diskontierung der Cashflows, die den Fremdkapitalgebern zufließen. Hierbei ist ein Zinssatz zu wählen, der das Risikopotenzial dieser Zahlungsströme widerspiegelt. Die Differenz aus dem Marktwert des Gesamtkapitals und dem Marktwert des Fremdkapitals ergibt den **Marktwert des Eigenkapitals** (vgl. WP Handbuch 2008, Band II, 13. Auflage, S. 127).

$$FK = \sum_{t=1}^{T} \frac{CF_t^{FK}}{(1 + i)^t}$$

$$EK = GK - FK$$

FK Marktwert des Fremdkapitals
EK Marktwert des Eigenkapitals
i risikoäquivalente Renditeforderung der Fremdkapitalgeber
CF_t^{FK} Cashflow der Fremdkapitalgeber in Periode t

Bestimmung der künftigen Cashflows

Ausgangsbasis für die Bestimmung der künftigen Cashflows bilden die Planbilanzen sowie die Plan-Gewinn- und Verlustrechnungen für die Planungsperioden. Alle für die Plan-Kapitalflussrechnung relevanten Daten werden in eine **Finanzierungsrechnung** übertragen, sodass die zu erwartenden Ein- und Auszahlungsströme zwischen dem Unternehmen und seiner Umwelt abgebildet werden können. Bei der Ermittlung des Cashflows wird i.d.R. die indirekte Methode gewählt. Der Cash Flow zeigt die liquiden Mittel, die dem Kapitalgeber tatsächlich zufließen.

Free Cashflow-Ansatz (Quelle: WP Handbuch 2008, Band II, 13. Auflage, S. 129	
	Jahresergebnis (nach Gewerbeertragsteuer und Körperschaftsteuer bzw. ausländische Unternehmensteuer der Kapitalgesellschaften)
+	Fremdkapitalzinsen
./.	Unternehmensteuerersparnis infolge der Abzugsfähigkeit der Fremdkapitalzinsen (Tax-Shield)
./.	bei unmittelbarer Typisierung: persönliche Ertragsteuern der Unternehmenseigner unter der Annahme einer fiktiven vollständigen Eigenfinanzierung
+	Abschreibungen und andere zahlungsunwirksame Aufwendungen
./.	zahlungsunwirksame Erträge
./. / +	Investitionsauszahlungen/Einzahlungen aus Desinvestitionen
+ / ./.	Verminderung/ Erhöhung des Nettoumlaufvermögens
=	**Free Cashflow**

Nach dem **Free Cashflow-Ansatz** ist der Cashflow unabhängig von der Kapitalstruktur des zu bewertenden Unternehmens. Aus diesem Grund sind die Fremdkapitalzinsen dem Jahresergebnis hinzuzurechnen.

Durch die **Abschreibungen** werden Anschaffungskosten abnutzbarer Vermögensgegenstände des Anlagevermögens auf deren Nutzungsdauer verteilt. Somit sind Abschreibungen nicht mit Auszahlungen verbunden und werden als auszahlungsloser Aufwand zum Jahresergebnis addiert. Weitere zahlungsunwirksame Aufwendungen aber auch zahlungsunwirksame Erträge sind für die Berechnung des Cashflows ebenfalls zu korrigieren.

Die **prognostizierten Free Cashflows** beziehen sich auf künftige Perioden. In diesen Free Cashflows sind jedoch Auszahlungen enthalten, die für die Erzielung der Free Cashflows notwendig sind. Zur Aufrechterhaltung der zukünftigen Erfolgskraft sind Investitionen in das Anlagevermögen in Form von Ersatz- oder Erweiterungsinvestitionen erforderlich. Da diese finanziellen Mittel nicht zur Bedienung der Kapitalgeber zur Verfügung stehen, werden sie bei der Ermittlung des Cashflows als Auszahlungen subtrahiert. Freisetzungen gebundener Mittel in Form von Desinvestitionen erhöhen den Cashflow. Weiterhin sind Veränderungen des Nettoumlaufvermögens (**Working Capital**) zwischen zwei aufeinanderfolgenden Bilanzstichtagen zu berücksichtigen. Das Nettoumlaufvermögen entspricht der „Differenz aus Umlaufvermögen und den kurzfristigen Verbindlichkeiten und Rückstellungen" (WP Handbuch 2008, Band II, 13. Auflage, S. 131). Eine Zunahme wird als Mittelabfluss und eine Abnahme als Mittelzufluss interpretiert und ist entsprechend anzupassen (vgl. V. Peemöller, 2009, S. 357 ff.).

Zum Ansatz der typisierten persönlichen Ertragsteuer des Anteilseigners wird auf die Ausführungen unter Kapitel 7.2.3.2 verwiesen. In der Regel sind dies somit 26,83 %.

Der Ansatz des sog. Tax-Shields aufgrund der Unternehmenssteuerersparnis durch Abzugsfähigkeit der Fremdkapitalzinsen wird wie folgt berechnet:

Beispielhafte Berechnung des Tax-Shield			
Gewerbesteuersatz		15,40 %	
Körperschaftsteuersatz		15,83 %	
		Steuerbelastung	**Tax-Shield in %**
Ergebnis vor Zinsen	24.228	7.566	
Ergebnis nach Zinsen	21.053	6.575	
		(Tax-Shield)	
Differenz	**3.175**	**992**	**31,230**

Der Free Cashflow umfasst somit das gesamte Finanzpotenzial, das zur Bedienung der Eigenkapitalgeber in Form von Dividendenzahlungen und der Fremdkapitalgeber in Form von Zins- und Tilgungsleistungen zur Verfügung steht.

Im **WACC-Ansatz** wird unterstellt, dass diese Überschüsse dem Unternehmen auch tatsächlich entzogen werden. Die tatsächliche Ausschüttungsfähigkeit der prognostizierten Cashflows – anders als beim Ertragswertverfahren – ist nicht relevant. Fließen die entziehbaren Cashflows nicht den Eigenkapitalgebern zu, wird die Annahme getroffen, dass der im Unternehmen verbleibende Teil zum gewogenen Kapitalkostensatz vor Steuern verzinst wird (vgl. WP Handbuch 2008, Band II, 13. Auflage, S. 128).

Ermittlung des Residualwertes

Für die **Bestimmung des Residualwertes** bestehen zwei Möglichkeiten. Häufig wird eine dauerhafte Fortführung des Unternehmens unterstellt. Jedoch kann auch eine geplante Veräußerung des Unternehmens in die Wertermittlung einbezogen werden. Falls der Fortführung bzw. Liquidation keine rechtlichen oder wirtschaftlichen Gegebenheiten entgegenstehen, ist der jeweils höhere Wert maßgebend (vgl. IDW S 1, Tz. 129).

Der **Fortführungswert** entspricht dem Barwert des Cashflows nach Ablauf des Planungszeitraumes. Um diesen zu ermitteln werden Annahmen getroffen, die einen Cashflow nach der Planungsphase abbilden sollen. Von besonderer Bedeutung sind hierbei Annahmen über:

- Höhe des nominellen und realen Wachstums nach dem Planungszeitraum,
- Höhe des prozentualen Anteils des Betriebsergebnisses am Umsatz,
- Höhe der notwendigen Investitionen zur Generierung von Wachstum,
- Höhe der Veränderung des Nettoumlaufvermögens zur Generierung von Wachstum,
- Höhe der Rentabilität der Investition und der Veränderung des Nettoumlaufvermögens (vgl. K. Born, 2003, S. 103).

Die künftigen Cashflows werden für die Phase nach dem Detailplanungszeitraum (ewige Rente) als konstanter Wert unterstellt. Auch die gewichteten durchschnittlichen Kapitalkosten werden i.d.R. als konstant angenommen (vgl. IDW S 1, Tz. 130). Somit wird eine gleichbleibende Kapitalstruktur unterstellt. Der Residualwert wird auf den Bewertungsstichtag abgezinst und lässt sich somit wie folgt darstellen.

$$RW = \frac{FCF_{T+1}}{WACC_{T+1}}$$

RW	Residualwert
FCF_{T+1}	gleichbleibender Cashflow nach Ende des Planungszeitraums
T	Dauer des Planungszeitraums
WACC	gewogene durchschnittliche Kapitalkosten

Im Falle der geplanten Veräußerung des Unternehmens ist der Residualwert als der voraussichtliche Veräußerungswert des Unternehmens abzüglich entstehender Kosten anzusetzen (vgl. IDW S 1, Tz. 131).

Wert des nicht betriebsnotwendigen Vermögens

Die **Ermittlung des bewertungsrelevanten Cashflows** basiert auf Überschüssen aus dem operativen Geschäft. Jedoch verfügen Unternehmen neben dem betriebsnotwendigen Vermögen häufig auch über nicht betriebsnotwendige Vermögensteile. Darunter fallen Vermögensgegenstände deren Veräußerung zu keiner Beeinträchtigung der operativen Geschäftstätigkeit führt. Das können u.a. Grundstücke, Gebäude oder Wertpapiere sein. Im Rahmen der Unternehmensbewertung müssen diese einschließlich dazugehöriger Schulden separat bewertet und dem Barwert der Cashflows hinzugefügt werden (vgl. D. Ernst/S. Schneider/B. Thielen, 2006, S. 116).

Die **Bewertung des nicht betriebsnotwendigen Vermögens** erfolgt unter Berücksichtigung ihrer bestmöglichen Verwertung und Verwendung freigesetzter Mittel. Übersteigt der Liquidationswert der Vermögensgegenstände den Barwert der finanziellen Überschüsse im Falle des Verbleibs im Unternehmen, so stellt die Liquidation die bessere Verwertungsform dar. Bei der **Ermittlung des Liquidationswertes** sind die Liquidationserlöse um die Kosten der Liquidation zu minimieren und auf den Bewertungsstichtag abzuzinsen. Hierbei sind steuerliche Folgen auf Unternehmensebene zu berücksichtigen. Werden dem nicht betriebsnotwendigen Vermögen Schulden zugerechnet, so sind die Liquidationserlöse vorab um die bei Ablösung anfallenden Ausgaben zu kürzen. Der **Liquidationswert des nicht betriebsnotwendigen Vermögens** erhöht den Marktwert des Gesamtkapitals (vgl. IDW S 1, Tz. 60–62).

Ermittlung der Kapitalkosten

Die zukünftigen Cashflows und der Residualwert sind nach dem **WACC-Ansatz** mit den **gewogenen Kapitalkosten** abzuzinsen. Dieser Mischzins hängt sowohl von den Eigenkapitalkosten und den Fremdkapitalkosten ab als auch vom Verschuldungsgrad infolge der fehlenden Finanzierungsneutralität der (Unternehmens-)Besteuerung (vgl. IDW S 1, Tz. 133). Die **Gewichtung der jeweiligen Kapitalkosten der Eigen- und Fremdkapitalgeber** erfolgt entsprechend dem relativen Anteil am Gesamtkapital des Unternehmens. Als Grundlage dienen die Marktwerte im Planungszeitraum, da diese die tatsächlichen Ansprüche der Kapitalgeber widerspiegeln (vgl. WP Handbuch 2008, Band II, 13. Auflage, S. 132).

Die **gewichteten Kapitalkosten** werden nach folgender Formel berechnet:

$$WACC = r_{EK} * \underbrace{\frac{EK_{MW}}{EK_{MW} + FK_{MW}}}_{\text{gewichtete Eigenkapitalkosten}} + r_{FK,n.St.} * \underbrace{\frac{FK_{MW}}{EK_{MW} + FK_{MW}}}_{\text{gewichtete Fremdkapitalkosten}}$$

r_{EK} Renditeforderung der Eigenkapitalgeber
r_{EK} Fremdkapitalkosten nach Steuern
EK_{MW} Marktwert des Eigenkapitals
FK_{MW} Marktwert des Fremdkapitals

Der Vorteil dieses Modells liegt in der Berücksichtigung sämtlicher Kapitalquellen. Die Formel der gewichteten Kapitalkosten kann problemlos um weitere Finanzierungsquellen erweitert werden. Somit können auch **Renditeansprüche von Mezzanine-Kapitalgebern** einbezogen werden (vgl. D. Ernst/S. Schneider/B. Thielen, 2006, S. 46).

Bestimmung der Kapitalstruktur

Die **Bestimmung der Marktwerte von Fremd- und Eigenkapital** gestaltet sich in der Praxis schwierig. Der Marktwert des Fremdkapitals kann unter Beachtung von Fristigkeiten und Risiko aus den aktuellen Kapitalmarktkonditionen abgeleitet werden. Der **Marktwert des Eigenkapitals** lässt sich allerdings nur näherungsweise bestimmen, da dieser dem gesuchten Unternehmenswert entspricht.

Zum Bewertungsstichtag besteht eine feste Kapitalstruktur im zu bewertenden Unternehmen. Diese kann i.d.R. jedoch nicht pauschal für zukünftige Planungsperioden unterstellt werden. Viele Unternehmen planen eine Zunahme des Cashflows, der oft zur Rückführung von Bankverbindlichkeiten genutzt wird. Somit verändert sich die Kapitalstruktur im Zeitverlauf, was die Festlegung einer Zielkapitalstruktur zur Folge hat. Vorstellbar wäre eine Zielkapitalstruktur, die dem gewogenen Durchschnitt der Bewertungsstruktur zum Stichtag und der Kapitalstruktur im Terminal Value entspricht. Zur Bestimmung der Zielkapitalstruktur sollten auch Kapitalstrukturen vergleichbarer Unternehmen hinzugezogen werden. Annahmen, die auf der eigenen Finanzierungspolitik beruhen, können somit plausibilisiert werden. Ergeben sich deutliche Abweichungen, so sind diese kritisch zu hinterfragen. Ist vorhersehbar, dass sich die Relation der Marktwerte von Eigen- und Fremdkapital im Planungszeitraum ändert, so sollten die gewogenen Kapitalkosten für jede Planungsperiode separat berechnet werden (vgl. D. Ernst,/S. Schneider/B. Thielen, 2006, S. 49 f.; U. Schacht/M. Fackler, 2009, S. 218).

Bestimmung der Fremdkapitalkosten

Die **Fremdkapitalkosten** errechnen sich als gewogener durchschnittlicher Kostensatz der einzelnen Fremdkapitalformen. Für das Fremdkapital, das nicht verzinslich ist, wie z.B. Pensionsrückstellungen sind Zinssätze für fristadäquate Kredite (vgl. WP Handbuch 2008, Band II, 13. Auflage, S. 132) zu verwenden.

Die Fremdkapitalkosten berechnen sich unter Berücksichtigung der Unternehmenssteuern sowie der typisierten Ertragsbesteuerung des Anteilseigners sowie der Ausschüttungsquote. Dazu wird folgende Berechnungsformel verwendet:

$r_{FK}^{nSt} = r_{FK} * (1 - 0{,}75 * s_{gew} - s_{KSt}) * (1 - q * 25\% - (1 - q) * s_{eff}^{K})$

mit

r_{FK}^{nSt} = Fremdkapitalkosten nach Steuern
r_{FK} = Fremdkapitalkosten
s_{gew} = Gewerbesteuer
s_{KSt} = Körperschaftsteuer
s_{eff}^{K} = effektiver Veräußerungsgewinnsteuersatz (p.a.)
q = Ausschüttungsquote

Bestimmung der Eigenkapitalkosten

Hierzu wird auf die Ausführungen zur Ermittlung des Kapitalisierungszinssatzes beim Ertragswertverfahren verwiesen.

Wiederholend sei festgehalten, dass sich die Renditeforderung der Eigentümer aus einem sicheren Basiszinssatz und einem Risikozuschlag zusammensetzt. Nach dem **Tax-CAPM** besteht sie aus den Parametern risikoloser Basiszinssatz nach Steuern, der Marktrisikoprämie nach Steuern und dem Beta-Faktor, der das unternehmensindividuelle Risiko der Gesellschaft abbildet (vgl. WP Handbuch 2008, Band II, 13. Auflage, S. 103).

Der **Eigenkapitalkostensatz nach Steuern** beträgt beispielhaft:

Eigenkapitalkostensatz nach typisierter Ertragsteuerbelastung					
Jahr	**1**	**2**	**3**	**4**	**Rentenphase**
Basiszinssatz	**4,00 %**	**4,00 %**	**4,00 %**	**4,00 %**	**4,00 %**
Marktrisikoprämie (Risikozuschlag)	6,00 %	6,00 %	6,00 %	6,00 %	6,00 %
Betafaktor-Branche (Median)	0,38	0,38	0,38	0,38	0,38
Eigenkapital, Marktwert (in T€)	27.421	28.070	28.481	28.779	
Fremdkapital, Marktwert (in T€)	1.000	992	983	974	
Verschuldungsgrad					21,66 %
Individueller Beta-Faktor (verschuldet)	0,394	0,393	0,393	0,393	0,462
Angepasster Risikozuschlag (Beta-Faktor * Marktrisikoprämie)	**2,36 %**	**2,36 %**	**2,36 %**	**2,36 %**	**2,77 %**
Wachstumsabschlag					**0,50 %**
Kapitalisierungszinssatz vor Steuern	**6,36 %**	**6,36 %**	**6,36 %**	**6,36 %**	**6,27 %**
Kapitalisierungszinssatz nach individueller Steuerbelastung	**4,68 %**	**4,68 %**	**4,68 %**	**4,68 %**	**4,62 %**

Der **WACC** kann beispielsweise wie folgt berechnet werden:

Ermittlung des WACC (gewogener Kapitalkostensatz)						
Jahr		**1**	**2**	**3**	**4**	**Renten-phase**
Eigenkapitalkostensatz nach typisierter Ertragsteuerbelastung		4,68 %	4,68 %	4,68 %	4,68 %	4,63 %
Fremdkapitalkostensatz		5,00 %	5,00 %	5,00 %	5,00 %	5,00 %
Ausschüttungsquote	60,00 %					
Gewerbesteuer	0,00 %					
Köperschaftsteuer inklusive Solidaritätszuschlag	15,83 %					
Veräußerungsgewinnsteuer	26,38 %					
Eigenkapital, Marktwert (in T€)		27.421	28.070	28.481	28.779	
Fremdkapital, Marktwert (in T€)		1.000	992	983	974	
WACC		**4,65 %**	**4,65 %**	**4,65%**	**4,65 %**	**4,64 %**

Der **WACC in der Rentenphase** ist als barwertäquivalenter Zinssatz für die Zahlungsreihe Barwerte der Nettozuflüsse für Eigen- und Fremdkapitalgeber ermittelt worden.

Für die **Planung der Cashflows der Planungsperioden** sind Plan-Gewinn- und Verlustrechnungen sowie Plan-Bilanzen aufzustellen. Zu den Planungsansätzen s. Kapitel 7.2.2.

Der Unternehmenswert unter Verwendung des **DCF-Verfahrens nach dem Konzept der gewogenen Kapitalkosten** würde sich unter den in der folgenden Tabelle angegebenen Werten und Annahmen wie folgt berechnen:

Berechnung des Unternehmenswertes nach dem DCF-Verfahren (WACC-Ansatz)						
Jahr		**1**	**2**	**3**	**4**	**Renten-phase**
		T€	**T€**	**T€**	**T€**	**T€**
Ergebnis nach Unternehmenssteuern		**1.438**	**2.045**	**2.344**	**2.659**	**2.700**
EBT (Ergebnis vor Steuern)		**1.709**	**2.430**	**2.784**	**3.159**	**3.207**
Fremdkapitalzins		50	50	49	49	31
EBIT (Ergebnis vor Zinsen und Steuern)		**1.759**	**2.479**	**2.833**	**3.208**	**3.239**

Jahr		**1**	**2**	**3**	**4**	**Renten-phase**
		T€	**T€**	**T€**	**T€**	**T€**
Berechnung Steuern auf EBIT:						
Korrekturen aufgrund steuerlicher Vorschriften		**0**	**0**	**0**	**0**	**0**
– steuerfreie Erträge (z.B. Beteiligungserträge)						
– Beschränkung Zinsabzug						
Steuerliche Bemessungsgrundlage		**1.759**	**2.479**	**2.833**	**3.208**	**3.239**
Gewerbesteuer		0	0	0	0	0
Körperschaftsteuer		264	372	425	481	486
Solidaritätszuschlag		15	20	23	26	27
Summe Steuern auf EBIT		**278**	**392**	**448**	**508**	**513**
Tax Shield		8	8	8	8	5
Ergebnis nach Steuern und vor Zinsen		1.488	2.095	2.393	2.708	2.731
Thesaurierung		575	818	937	1.064	1.080
Zahlung an Eigenkapitel- und Fremdkapitalgeber		913	1.277	1.455	1.644	1.651
Ausschüttung an die Anteilseigner		863	1.227	1.406	1.596	1.620
Persönliche Ertragsteuern Anteilseigner		– 228	– 324	– 371	– 421	– 427
Tatsächlicher Zufluss Anteilseigner		635	904	1.035	1.175	1.193
Zinsen		50	50	49	49	31
Tilgung		8	9	9	10	27
Annuität für Darlehen		58	58	58	58	58
Persönliche Steuern der Fremdkapitalgeber		– 13	– 13	– 13	– 13	– 13
Tatsächlicher Zufluss Fremdkapitalgeber		45	45	45	45	46

Jahr		1	2	3	4	Renten-phase
		T€	T€	T€	T€	T€
Free Cash Flow – Tatsächlicher Zufluss gesamt		680	949	1.081	1.220	1.238
WACC		4,65 %	4,65 %	4,65 %	4,65 %	4,64 %
Barwerte		650	866	943	1.017	
Summe Barwerte Detailplanungsphase	3.477					
Barwert Residualwert	24.944					
Barwert nicht betriebsnotwendiges Vermögen	0					
GESAMTKAPITAL zu Beginn Periode 1	**28.421**					
Marktwert Fremdkapital zu Beginn Periode 1	– 1.000					
Marktwert Eigenkapital zu Beginn Periode 1	**27.421**					

Sofern gleiche Annahmen und Bedingungen vorliegen, führt die Berechnung von Unternehmenswerten mit dem Ertragswertverfahren oder der DCF-Verfahren zu gleichen Ergebnissen.

8. Aktuelle Rechtsprechung zur Unternehmensbewertung

8.1 Anzuwendende Bewertungsmethoden

Das **Ertragswertverfahren** dominiert weiterhin die aktuelle Rechtsprechung. In seinem Beschluss vom 28.01.2009 (26 W 7/07, ZIP 2009, 1122 L) führt das OLG Düsseldorf aus, dass die Ertragswertmethode „allgemein anerkannt und verfassungsrechtlich unbedenklich ist, um die volle Entschädigung für das Anteilseigentum zu berechnen“.

8.2 Ermittlung des zu kapitalisierenden Ergebnisses

Gemäß dem Beschluss des OLG Düsseldorf vom 17.11.2008 (17.11.2008, 26 W 6/08 (AktE), GWR 2009, 276496) ist bei der Ermittlung der zu kapitalisierenden finanziellen Überschüsse die Plausibilität der Planungsrechnungen entscheidend. Entsprechend des Beschlusses bilden **Planungsrechnungen**, soweit vorhanden, die Grundlage für die Zukunftsprognose der finanziellen Überschüsse in der Detailplanungsphase und sind „Ergebnis der jeweiligen unternehmerischen Entscheidung der für die Geschäftsführung verantwortlichen Personen“. Dabei ist darauf zu achten, dass zugrundeliegende unternehmerische Entscheidungen auf zutreffenden Informationen sowie realistischen und widerspruchsfreien Annahmen beruhen. Ein sachverständiger Bewerter muss in der Lage sein, anhand dieser Angaben die Plausibilität der Planungsrechnungen beurteilen zu können. Lässt sich die Plausibilität nicht belegen, sind die Basisannahmen durch sachgerechte Prognosen anzupassen oder zu ersetzen. Als maßgebend wird der Informationsstand, der bei angemessener Sorgfalt am Bewertungsstichtag vorherrschte, angesehen. Demzufolge sind noch nicht eingeleitete Maßnahmen, Ertragspotenziale oder Belastungen sowie nicht konkretisierte Investitionen für die Ermittlung des zu kapitalisierenden Ergebnisses für die Bemessung unbedeutend. Werden sie jedoch durch eine Dokumentation im Unternehmenskonzept hinreichend präzisiert, so können sie berücksichtigt werden (OLG Düsseldorf vom 17.11.2008, a.a.O.).

8.3 Ermittlung des Kapitalisierungszinssatzes

In einem weiteren Urteil des OLG Düsseldorf vom 07.05.2008 (26 W 16/06 (AktE), BeckRS 2008, 17151) hat das OLG Düsseldorf in Fortführung seiner bisherigen Rechtsprechung beschlossen, dass für die **Ermittlung des Basiszinssatzes** die Durchschnittsbildung über Vergangenheitswerte als vertretbar anzusehen ist (der zugrunde liegende Sachverhalt bezog sich auf die Bemessung einer vollen Entschädigung nach § 327b AktG). Ein reines Abstellen auf die Verhältnisse zum Bilanzstichtag ist für die Berechnung nicht zulässig. Nach Meinung des OLG wäre eine rein stichtagsbezogene Rendite für die Bemessung „nicht hinreichend aussagekräftig". Der Basiszinssatz ist daher aus Sicht des Stichtags und der langfristig erwartenden Rendite festverzinslicher Wertpapiere unter Beachtung von Reinvestitionen zu ermitteln.

Weiterhin besteht die Möglichkeit einen marktorientierten Basiszins unter Verwendung von Zinsstrukturkurven (**Svensson-Verfahren**) abzuleiten. Mit dem Beschluss des OLG Karlsruhe vom 16.07.2008 (12 W 16/02, NZG 2008, 791 L) betonte das OLG Karlsruhe, dass diese Methode auch für frühere Bewertungsstichtage angewendet werden kann. Damit nähert sich die Rechtsprechung an die Empfehlungen des IDW an. Das Gericht argumentiert wie folgt: Durch die Verwendung der berufsständisch empfohlenen Zinsstrukturkurve auch für vergangene Stichtage besteht nicht mehr die Notwendigkeit, den stetigen wirtschaftswissenschaftlichen Fortschritt bezüglich Bewertungsmethoden und Theorien für vergangene Stichtage zu berücksichtigen und dies gegebenenfalls immer wieder neu gerichtlich zu entscheiden.

Literaturverzeichnis

Baetge, Jörg/Kirsch, Hans-Jürgen/Thiele, Stefan, Bilanzanalyse, 2. Auflage 2004, Düsseldorf, IDW;

Born, Karl, Unternehmensanalyse und Unternehmensbewertung, 2. Auflage 2003, Stuttgart, Schäffer-Poeschel;

Daul, Gisela, Praktikerhandbuch zur Bewertung von Krankenhäusern, Vorsorge- und Rehabilitationseinrichtungen, Pflegeeinrichtungen, Band 3: Controlling/Qualität, 1. Auflage 2002;

Ernst, Dietmar/Schneider, Sonja/Thielen, Bjoern, Unternehmensbewertungen erstellen und verstehen, 3. Auflage 2008, München, Vahlen;

Fries, Trutz, Unternehmensbewertung von Krankenhäusern, Arbeitsberichte zum Management im Gesundheitswesen, Lehrstuhl für Allgemeine BWL und Management im Gesundheitswesen, Universität zu Köln, Arbeitsbericht Nr. 3, Köln 2003;

Funk, Joachim, Aspekte der Unternehmensbewertung in der Praxis, zfbfb 1995, S. 491;

Gabler Wirtschaftslexikon, 17. Auflage 2010, Wiesbaden, Gabler;

Göllert, Kurt, Problemfelder der Bilanzanalyse: Einflüsse des BilMoG auf die Bilanzanalyse, DB 2009, S. 1773;

Graumann, Matthias/Schmidt-Graumann, Anke, Rechnungslegung und Finanzierung der Krankenhäuser, 1. Auflage 2007; Herne, nwb;

Helmig, Bernd, Ökonomischer Erfolg in öffentlichen Krankenhäusern, 1. Auflage 2005, Berlin, BWV - Berliner Wissenschafts-Verlag;

Hertwig, Stefan, Praxis der öffentlichen Auftragsvergabe, 4. Auflage 2009, München, Beck;

Högemann, Bernd, Due Diligence – Prüfung und Unternehmensbewertung von Akutkrankenhäusern, 1. Auflage 2006, Thieme, Stuttgart;

Holzapfel, Hans-Joachim/Pöllath, Reinhard, Unternehmenskauf in Recht und Praxis, 13. Auflage 2008, Köln, RWS;

Klauber, Jürgen/Robra, Bernt-Peter/Schellschmidt, Henner, Krankenhausreport 2007, 1. Auflage 2007, Stuttgart, Schattauer;

Klauber, Jürgen/Robra, Bernt-Peter/Schellschmidt, Henner, Krankenhausreport 2008/2009, 1. Auflage 2009, Stuttgart, Schattauer;

Küting, Karlheinz/Weber, Claus-Peter, Die Bilanzanalyse, 8. Auflage 2006, Stuttgart, Schäffer-Poeschel;

Lutz, Jürg, Zusammenschlüsse öffentlicher Unternehmen – Kooperationen und Fusionen im Spitalsektor, 1. Auflage 2004, Bern, Haupt;

Marten, Kai-Uwe/Köhler, Annette G., Due Diligence in Deutschland – Eine empirische Untersuchung, Finanz Betrieb 1999, S. 337;

Moxter, Adolf, Grundsätze ordnungsmäßiger Unternehmensbewertung, 2. Auflage Nachdruck 1991, Wiesbaden, Gabler;

Peemöller, Volker H., Praxishandbuch der Unternehmensbewertung, 4. Auflage 2009, Herne, nwb;

Petersen, Karl/Zwirner, Chistian/Künkele, Kai Peter, Umstellung auf das deutsche Bilanzrecht: Fallstudie zu den Auswirkungen des Übergangs auf die Rechnungslegungsvorschriften nach dem BilMoG, KoR 2009, S. 3;

Poll, Jens/Dulle, Silke, Vergaberechtliche Fragen bei Privatisierungen im Gesundheitswesen, in: Medizinrecht heute: Erfahrungen, Analysen, Entwicklungen, Festschrift 10 Jahre Arbeitsgemeinschaft Medizinrecht im DAV, 1. Auflage 2008, S. 799, Bonn;

Poll, Jens/Kolm, Lars-Olaf, Due Diligence und Unternehmensbewertungen von Krankenhäusern, Das Krankenhaus 2004, S. 96;

Reuter, Alexander/Lenz, Susanne, Unternehmensbewertungen nach der Neufassung des IDW-Standards S 1 – Modifikation für aktienrechtliche Zwecke, DB 2006, S. 1689;

Ruh, Hartmut, Unternehmensbewertung von Krankenhäusern, 1. Auflage 2006, München, Utz;

Schacht, Ulrich/Fackler, Matthias, Praxishandbuch Unternehmensbewertung, 2. Auflage 2009, Wiesbaden, Gabler;

Scheben, Barbara/Pauka, Marc, Vergaberechtliche Beschaffungsregeln für Krankenhäuser, Das Krankenhaus 2010, S. 42;

Schmidt, Oliver, Das Krankenhaus in der Beratung, 1. Auflage 2010, Wiesbaden, Gabler;

Schultze, Wolfgang, Methoden der Unternehmensbewertung, 2. Auflage 2003, Düsseldorf, IDW;

Teichmann, Rene, in: Branchenorientierte Unternehmensbewertung, Hrsg. J. Drukarczyk, D. Ernst, 2. Auflage 2007, München, Vahlen;

Vera, Antonio/Fries, Trutz, Unternehmensbewertung von Krankenhäusern, Finanz Betrieb 2004, S. 49;

WP Handbuch 2008, Band II, 13. Auflage 2007, Düsseldorf, IDW.

Stichwortregister

A

B

C

D